Verfahren zur Erarbeitung von Internationalisierungskonzepten
für (Einkaufs-)Kooperationen des Einzelhandels

Europäische Hochschulschriften
Publications Universitaires Européennes
European University Studies

Reihe V
Volks- und Betriebswirtschaft

Série V Series V
Sciences économiques, gestion d'entreprise
Economics and Management

Bd./Vol. 2497

PETER LANG
Frankfurt am Main · Berlin · Bern · Bruxelles · New York · Wien

Rüdiger Maass

Verfahren zur Erarbeitung von Internationalisierungskonzepten für (Einkaufs-)Kooperationen des Einzelhandels

PETER LANG
Europäischer Verlag der Wissenschaften

Die Deutsche Bibliothek - CIP-Einheitsaufnahme

Maass, Rüdiger:

Verfahren zur Erarbeitung von Internationalisierungskonzepten für (Einkaufs-)Kooperationen des Einzelhandels / Rüdiger Maass. - Frankfurt am Main ; Berlin ; Bern ; Bruxelles ; New York ; Wien : Lang, 1999

(Europäische Hochschulschriften : Reihe 5, Volks- und Betriebswirtschaft ; Bd. 2497)
Zugl.: Fribourg, Univ., Diss., 1999
ISBN 3-631-35158-5

ISSN 0531-7339
ISBN 3-631-35158-5

Meinen Eltern

Danksagung

Zu Beginn dieser Arbeit möchte ich allen Personen danken, die zur Entstehung dieser Dissertation beigetragen haben.

Ein besonderer Dank gilt meinem Doktorvater, Prof. Dr. Rudolf Grünig, der durch seine strukturierte Unterstützung und seine menschliche Art diese Arbeit in entscheidendem Masse geprägt und vorangetrieben hat. Besonders für die konstruktive Korrektur in der zeitlich angespannten Endphase sei ihm herzlich gedankt.

Einen ganz speziellen Dank möchte ich auch dem zweiter Referenten meiner Dissertation, Prof. Dr. Dr.h.c. Ernst-Bernd Blümle, aussprechen. Als mein langjähriger Chef an der Universität Fribourg hat er nicht allein die Wahl des Themas entscheidend mitgeprägt, sondern es immer wieder verstanden, die Arbeit mit dem nötigen väterlichen Druck dem Ende entgegenzutreiben. Ohne sein unterstützendes Engagement in allen Bereichen hätte der Verfasser nie die Ruhe gefunden, diese Dissertation abzuschliessen. Hierfür - sowie für sehr schöne und persönlich entscheidende Jahre - bin ich Prof. Blümle zu tiefstem Dank verpflichtet.

Des weiteren danke ich allen Mitarbeitern am *Forschungsinstitut für Verbands- und Genossenschafts-Management (VMI)* sowie am *Seminar für Kooperation und Distribution* der Universität Fribourg für eine Arbeitsathmosphäre, die ihresgleichen sucht. Prof. Dr. R. Purtschert, durch dessen Vertrauensvorschuss ich viel lernen durfte, Dr. G. Kaufmann, Dr. S. Schnyder, Dr. U. Bumbacher, A. Aebi, die gute Seele des VMI, C. Kaeser, F. Hiltpolt, Ch. Bühler, T. Weng, Ch. Schoenig, M. Müller, J. Walker und R. Stuber. Madame Girod, Dr. T. Stehle und Dr. J.M. Etlin danke ich für die Nachhilfe in Buchhaltung und Kassenführung.

Christine Lanner danke ich sehr herzlich für die vorbildliche und wertvolle Durchsicht der Arbeit. Besonders danke ich auch Dr. H. Lichtsteiner, nicht zuletzt für den guten Ratschlag „I.w.D.w.“, den ich immer beherzigt habe.

Dem Zentralverband gewerblicher Verbundgruppen, dem Österreichischen Genossenschaftsverband, dem Baden-Württembergischen Genossenschaftsverband und dem Schweizerischen Gewerbeverband danke ich für die Unterstützung meiner Untersuchung. Auch bin ich allen Einkaufskooperationen zu Dank verpflichtet, die sich an der empirischen Untersuchung beteiligt haben.

Ein ganz besonderes Dankeschön geht an die Experten, welche mit mir in Gesprächen ihre umfassenden Erfahrungen teilten. Besonders hervorheben möchte ich hier die Herren Ch. Blaser und W. Blank, die mir mehrfach ihren Sachverstand zur Verfügung stellten.

N. Rohrer danke ich für ihre liebevolle Unterstützung, die mir auch in den unvermeidlichen kleineren und grösseren „Disskrisen“ den nötigen Halt gegeben hat.

Abschliessend möchte ich von ganzem Herzen meinen Eltern danken. Sie haben es mir ermöglicht zu studieren und mich schon sehr früh davon überzeugt, diesen manchmal steinigen Weg zu gehen - ein Schritt, den ich zu keiner Minute bereut habe. Ihnen sei diese Arbeit gewidmet.

Zürich, im Mai 1999

Rüdiger Maass

Inhaltsübersicht

Inhaltsverzeichnis

Abbildungsverzeichnis

Tabellenverzeichnis

Abkürzungsverzeichnis

AA	American Airlines
a.M.	am Main
Art.	Artikel
AG	Aktiengesellschaft
AMS	Associated Marketing Services
BA	British Airways
Bd.	Band
BFuP	Betriebswirtschaftliche Forschung und Planung
BWL	Betriebswirtschaftslehre
CS	Credit Suisse
DG Bank	Deutsche Genossenschaftsbank
d.h.	das heisst
EDEKA	Einkaufszentrale der Kolonialwarenhändler
EG	Europäische Gemeinschaft
EG	Eingetragene Genossenschaft
EHI	EuroHandelsinstitut e.V.
EHU	Einzelhandelsunternehmen
EKG	Einkaufsgenossenschaft/-en
EKK	Einkaufskooperation/-en
EMD	European Marketing Distribution
ESG	Einkaufsvereinigung Schweizerischer Gärtnermeister und Floristen

et al.	und andere
EU	Europäische Union
ev.	eventuell
e.V.	eingetragener Verein
EWIV	Europäische Wirtschaftliche Interessenvereinigung
f.	folgende
ff.	fortfolgende
GDI	Gottlieb Duttweiler-Institut
ggf.	gegebenenfalls
GmbH/Ges.m.b.H.	Gesellschaft mit beschränkter Haftung
HG	Handelsgenossenschaft
Hrsg.	Herausgeber
inkl.	inklusive
Int.	Internationalisierung
Jg.	Jahrgang
Kap.	Kapitel
KG	Kommanditgesellschaft
KMU	Kleine und mittlere Unternehmen
Mass.	Massachusetts
Mio.	Million/-en
Mrd.	Milliarde/-n
Nr.	Nummer
o.J.	ohne Jahresangabe
o.S.	ohne Seitenangabe
o.V.	ohne Verfasser
ÖS	Österreichische Schilling

pers.	persönlich/-e
reg.Gen.m.b.H.	registrierte Genossenschaft mit beschränkter Haftung
resp.	respektive
REWE	Revisionsverband der Westkauf-Genossenschaften
S.	Seite
Schweiz.	schweizerisch/-e
sFr.	Schweizer Franken
SKA	Schweizerische Kreditanstalt
sog.	sogenannte
sonst.	sonstige
Sp.	Spalte
Tsd.	Tausend
u.a.	unter anderem
u.ä.	und ähnliche
UGAL	Union der genossenschaftlichen Einkaufskooperationen Europas
UN	United Nations
vgl.	vergleiche
WF	Wirtschaftlicher Fachdienst
WWZ	Wirtschaftswissenschaftliches Zentrum, Basel
z.B.	zum Beispiel
ZEV	Zentrale Einkaufsvereinigung
ZGV	Zentralverband Gewerblicher Verbundgruppen
e.V.	eingetragener Verein
zit.	zitiert

I. Einleitung

1. Überblick

Im folgenden Kapitel wird zuerst die Problemstellung der Arbeit umschrieben und anschliessend ihre Zielsetzung vorgestellt. Der dritte Abschnitt definiert den Gegenstand der Arbeit, woraufhin im vierten Abschnitt der Aufbau dargestellt wird. Abschliessend wird die Arbeit wissenschaftstheoretisch eingeordnet.

2. Problemstellung

Die weltwirtschaftliche Verflechtung hat in den letzten Jahren eine in der Wirtschaftsgeschichte bisher ungekannte Intensität erreicht. Internationaler Handel stellt nicht mehr nur die Ausnahme dar und ist nicht mehr auf wenige spezialisierte Unternehmen beschränkt. Er bildet mittlerweile einen beherrschenden Faktor der wirtschaftlichen, politischen, gesellschaftlichen und kulturellen Entwicklung in der Welt,[1] der stetig an Bedeutung gewinnt.[2] Verstärkt, begleitet und ermöglicht wird die Internationalisierung des Handels durch die rasante Globalisierung der Kapitalmärkte.[3]

Vor dem Hintergrund der zunehmenden Globalisierung der Märkte,

---

1 Vgl. Steeger (1996), 4 ff., Meissner (1995 a), S. 6, Zeilberger (1986), S. 1, sowie Voss (1989), S. 125 ff.

2 Vgl. M+M Eurodata (1995), S. II, 2, und Broll (1993), S. 7.

3 Vgl. Tietz (1991), S. 4.

„dem jüngsten Phänomen der Weltwirtschaft"[4], kommt auch der Frage nach der Öffnung und der internationalen Ausrichtung des traditionell binnenmarktorientierten Einzelhandels[5] eine steigende Bedeutung zu.[6] Zwar ist die Internationalisierung des Einzelhandels kein neues Phänomen, jedoch hat sie seit Mitte dieser Dekade stark an Bedeutung gewonnen.[7] Die fortschreitende europäische Integration, die Sättigung der Inlandsmärkte,[8] der technische Fortschritt,[9] die wachsende Mobilität der Konsumenten,[10] die Angleichung der Konsumgewohnheiten,[11] die Konkurrenz durch inländische und ausländische Unternehmen[12]

---

4 Gemperle (1997), S. 14.

5 Der Begriff *Einzelhandel*, der eher in Deutschland und Österreich verwendet wird, und der in der Schweiz gebräuchliche Terminus *Detailhandel* bezeichnen denselben Wirtschaftssektor und werden deshalb in der Folge synonym verwendet.

6 Vgl. Schanz (1995), S. 11, Blümle/Halm (1994), S. 203, Tietz (1994), S. 29, Halm (1995), S. 1, Hug (1992), S. 32, Weder (1991), S. 3, sowie Weder (1989), S. 1.

7 Als Beispiel können die Direktinvestitionen deutscher Unternehmen im Ausland angeführt werden, die im Zeitraum von 1980 bis 1992 im Handel um 243% gestiegen sind. Vgl. hierzu Kutschker/Mösslang (1996), S. 323, sowie allgemein zur Thematik die Untersuchungen von Halm (1995) und Rapp (1995). Vgl. auch M+M Eurodata (1995), S. II, 2, wo zum Ausdruck gebracht wird, dass ein Handelsunternehmen, das nicht heute bereits über Standbeine vor allem im europäischen Ausland verfügt, bereits in naher Zukunft nur noch von regionaler Bedeutung sein wird. Vgl. auch Dupuis/Prime (o.J.), S. 1, die einen guten Überblick über Studien zur Internationalisierung des Einzelhandels geben.

8 Vgl. Siebermann (1997 b), S. 21, sowie Gieskes (1997), S. 21.

9 Vgl. u.a. Blümle (1994 b), S. 16.

10 Vgl. Hill et al. (1995), S. 21 ff.

11 Vgl. beispielsweise Grünig/Heckner (1996), S. 271.

12 Vgl. Blümle (1994 a), S. 91, M+M Eurodata (1995), S. II, 2, o.V. (1997 a), S. 29, sowie Tietz (1994), S. 566 ff. *Tietz* führt aus, dass dies vor allem für den Food-Sektor gilt, die Bedeutung ausländischer Firmen im Nonfood-Bereich bislang jedoch eher gering ist (unter 5% am Gesamtvolumen).

sowie die verstärkte Konzentration[13], all dies sind Tendenzen, mit denen sich der Einzelhandel heute konfrontiert sieht.[14] Sie schlagen sich seit Jahren auf den Heimmärkten in rückläufigen Branchenumsätzen nieder.[15] Zudem haben sie viele Einzelhandelsfirmen dazu bewogen,

---

13 Vgl. Ledermann (1996), S. 45 ff., M+M Eurodata (1995), II, 2 und III, 2 ff., Schweiz. Verkaufsförderungs-Forum (1996), S. 28, Tietz (1991), S. 4, sowie Maurer (1996), S. 56 und 64, der dies bezogen auf den österreichischen Einzelhandel darstellt, wo die Konzentration seit dem Konkurs des Konsum-Konzerns 1994 verstärkt voranschreitet. In der Schweiz ist in diesem Zusammenhang in jüngster Zeit vor allem die Übernahme der Globus-Gruppe durch die Migros zu nennen, durch den in einigen Bereichen des schweizerischen Einzelhandels ein Marktanteil des Migros-Genossenschaftsbundes von beinahe 50% entstanden ist (vgl. speziell hierzu Rietmann (1997 a), S. 3, Schöne (1997), S. 23, Hauser/Müller (1997), S. 7, sowie Flütsch/Balzli (1997), S. 65 ff.). Zur Konzentration im deutschen Einzelhandel, vgl. beispielsweise Sigrist (1997), S. 33. Neben der Konzentration auf dem deutschen Markt setzen sich die Tendenzen auch grenzüberschreitend fort. So wurde im Juli 1996 die österreichische BML-Gruppe, welche u.a. die Billa-Geschäfte umfasst, durch den deutschen Marktführer REWE übernommen, wodurch die REWE auf einen Schlag rund 30%-Marktanteil im österreichischen Einzelhandel auf sich vereinen konnte (vgl. hierzu REWE-Zentral AG (1997), S. 24, Schwarz (1996), S. 25, Kattinger (1996), S. 46, Gieskes (1997), S. 21, sowie Deutsche Genossenschaftsbank (1996), S. 6 und 41). International sorgte vor allem die Mehrheitsbeteiligung der französischen Intermarché an der deutschen Spar-Handels AG, durch die der nach der deutschen Metro zweitgrösste europäische Einzelhandelskonzern entstand, sowie das inzwischen gescheiterte Fusionsbestreben von Casino und Rallye durch Promodès für Aufsehen (vgl. hierzu Wyss (1998), S. 32, Rietmann (1997 b), S. 1, Bartu (1997 a), S. 25, Bartu (1997 b), S. 25, o.V. (1997 e), S. 17, und Martin (1997), S. 32). Zur Konzentrationstendenz im europäischen Einzelhandel allgemein, vgl. auch Rexrodt (1995), S. 24, und o.V. (1993 b), S. 19.

14 Vgl. zu allen genannten Faktoren auch Halm (1995), S. 1 f., Blümle (1994 b), S. 16, Tietz (1994), S. 29 und 583 f., Leuenberger (1997), S. 20, und Kaynak (1988), S. 3 ff.

15 Vgl. o.V. (1997 a), S. 29, Müller (1997), S. 5, o.V. (1997 b), S. 23, und Siebenmann (1997), S 21. In jüngerer Zeit gehen vor allem aus diesem Grunde selbst Branchen-Leader im Einzelhandel wie Tengelmann, REWE oder die Metro vermehrt Kooperationen mit mittelständischen Unternehmen ein, um noch ein Wachstum erzielen zu können und ihre Einkaufsmacht weiter zu stärken (vgl. Pellinghausen (1997), S. 50 ff.).

vermehrt internationale Märkte in ihre Aktivitäten einzubeziehen.[16]

Eine Internationalisierung der Tätigkeit stellt aber nicht nur eine Chance für den Einzelhandel dar, sondern ist immer auch mit Problemen und Gefahren verbunden. Dies hängt vor allem damit zusammen, dass die Unternehmen bei ihren Entscheidungen von Rahmenbedingungen abhängen, die im Ausland bestimmt werden und daher nur schwer beeinflussbar sind.[17]

„In dieser Situation einer zunehmenden Wettbewerbsintensivierung gewinnen Kooperationssysteme ... zunehmend an Bedeutung."[18] Eine mögliche Art der Kooperation zwischen den Einzelhandelsunternehmen stellen hierbei *Einkaufskooperationen* dar. Schon entstehungsgeschichtlich waren diese Gebilde vornehmlich darauf angelegt, für kleine und mittlere Unternehmen günstige Einkaufsbedingungen zu schaffen, damit diese im Wettbewerb mit Grossunternehmen bestehen konnten.[19] So führt *Wellenbeck* aus, dass der selbständige mittelständische Einzelhandel um so stärker ist, je stärker die Einkaufskooperationen des Einzelhandels sind.[20] Es wird sogar die Meinung vertreten, dass es ohne Einkaufskooperationen heute, von einigen spezialisierten Unternehmen abgesehen, keinen mittelständischen Einzelhandel mehr gäbe[21] oder zumindest die Vielfalt an Betriebsgrössen und Betriebstypen wesentlich verringert wäre.[22] Kooperationen stellen also ein

---

16 Diese Tendenzen betreffen nicht nur den Einzelhandel, sondern beinahe alle Branchen der Wirtschaft. Vgl. beispielsweise Grünig/Heckner (1996), S. 268, welche dies für alle Unternehmen, unabhängig vom Tätigkeitsbereich feststellen.

17 Vgl. Welfens (1990), S. 2.

18 Lubritz (1995), S. 16. Ähnlich auch bei Rotering (1993), S. 1.

19 Vgl. allgemein zur kooperativen Selbsthilfe für den Mittelstand die Ausführungen von *Wladarsch* in: o.V. (1992), S. 17), sowie Lingenfelder (1996), S. 29, und Aschhoff (1989), S. 120 ff. Zur generellen Thematik der Kooperation von Klein- und Mittelbetrieben, vgl. Pichler/Pleitner/Schmidt (1996), S. 22 f.

20 Vgl. Wellenbeck (1995), S. 17.

21 Vgl. Hahn (1990), S. 594 f. Zum mittelständischen Einzelhandel und seinen Erfolgsfaktoren, vgl. Hurth (1997), S. 5 ff.

22 Vgl. o.V. (o.J.), S. 6.

wichtiges Instrument der Mittelstandspolitik dar.[23]

Analog zu ihren Mitgliedern waren Einkaufskooperationen bei ihrer Gründung und zumeist noch lange Zeit danach vornehmlich regional ausgerichtet. Heute sind jedoch auch diese Gebilde vermehrt gezwungen, neue Beschaffungsmärkte und Tätigkeitsfelder zu erschliessen und länderübergreifend tätig zu werden.[24] Nur so können sie ihre langfristige internationale Wettbewerbsfähigkeit[25] sichern. So wird die Basis zur Beschaffung im Inland immer kleiner und die Notwendigkeit zur internationalen Beschaffung, dem sogenannten *global sourcing*[26] immer grösser.[27]

Auch wenn bereits zu Beginn dieses Jahrhunderts erste Einkaufskooperationen des Einzelhandels internationale Aktivitäten aufnahmen,[28] so ist die Internationalisierung gerade im Bereich der kleineren und

---

23 Vgl. Österreichischer Genossenschaftsverband (1997), S. 81.

24 Ein Beispiel einer zunehmenden Öffnung von Einkaufskooperationen ist beispielsweise die deutsche REWE. „Firmen wie REWE, die vor noch nicht allzu langer Zeit als oberste Firmenmaxime die Festigung und den Ausbau ihres Marktanteiles im deutschen Handel angab und Pläne für Auslandsengagements weit von sich wies, sind inzwischen dabei, sich tatkräftig neue Märkte in West- und Osteuropa zu erschliessen." (M+M Eurodata (1995), S. II, 2).

25 Unter *internationaler Wettbewerbsfähigkeit* wird verstanden, dass ein national tätiges Unternehmen dazu in der Lage ist, seine „Marktstellung im Stammland und auf Auslandsmärkten zu behaupten und auszubauen, und dabei im internationalen .. [Vergleich] zumindest durchschnittliche Gewinne zu erzielen." (Hill et al. (1995), S. 38).

26 Vgl. zum *global sourcing* beispielsweise Laseter/Ramachandran/Leary (1997).

27 Vgl. Ledermann (1996), S. 165. Zwar bezieht der Autor diese Äusserung nur auf den Lebensmitteleinzelhandel; dies gilt jedoch nach Meinung des Verfassers analog für den Nonfood-Bereich.

28 So begann der Nürnberger Bund Grosseinkauf eG bereits im Jahr seiner Gründung 1901 mit der Internationalisierung, 1925 folgte die Sütex Textilverbund eG und in den 30er Jahren eine ganze Reihe weiterer Genossenschaften. Für weitere Beispiele, vgl. Gobbers (1992), S. 197 f.

mittleren Einkaufskooperationen nur wenig vorangeschritten.[29]

3. Gegenstand der Arbeit

Untersuchungsobjekte dieser Dissertation sind die Einkaufskooperationen des Einzelhandels. Die Beschränkung der Arbeit auf die Einkaufskooperationen des Einzelhandels impliziert, dass diesbezügliche Zusammenschlüsse des Handwerks nicht berücksichtigt werden.[30] Da jedoch Überschneidungen zwischen beiden Bereichen denkbar sind, werden diejenigen Einkaufskooperationen zum Einzelhandel gezählt, welche mehr als 50% ihres Umsatzes in diesem Bereich erwirtschaften.[31]

Geographisch betrachtet wird sich der empirische Teil der Arbeit neben der Deutschschweiz auch auf Deutschland und Österreich, also den gesamten deutschsprachigen Raum erstrecken.

Um den Gegenstand der Arbeit für die empirische Studie weiter zu

---

29 Vgl. u.a. Tietz (1993 b), S. 457, und M+M Eurodata (1995), S. II, 2 f., wo jedoch gesagt wird, dass die Alternative der Fokussierung auf den Heimmarkt nicht impliziert, dass die kleinen und mittleren Firmen zwangsläufig weniger erfolgreich agieren. Bei Briw (1991), S. 52 f., wird angeführt, dass die grossen Unternehmen im europäischen Einzelhandel nur durch das Eingehen von Auslandsengagements ihre heutige Grösse erreichen konnten. Zur Dualität der Internationalisierung, vgl. Richenberger (1997), S. 17.

30 Vgl. zu den Einkaufskooperationen des Handwerks Schnyder (1997), S. 18 f.

31 *Schnyder* bezeichnet als gutes Beispiel für die Abgrenzungsproblematik zwischen Einkaufskooperationen des Handwerks und des Einzelhandels die Einkaufsvereinigung schweizerischer Gärtnermeister und Floristen (ESG) als Einkaufskooperation des Handwerks (vgl. Schnyder (1997), S. 18). Da diese Organisation, mit deren Geschäftsführer ein Experteninterview geführt wurde, jedoch mehr als die Hälfte ihres Umsatzes durch Einzelhandelstätigkeit erzielt, wird sie in der vorliegenden Arbeit zu den Einkaufskooperationen des Einzelhandels gezählt.

konkretisieren, untersucht sie lediglich den Nonfood-Bereich.[32] Zu diesem Sektor werden alle diejenigen Einkaufskooperationen gezählt, deren Umsatz zu einem überwiegenden Teil[33] im Nichtlebensmittel-Bereich erzielt wird. Diese Einschränkung erfolgt vor allem deshalb, weil im Food-Sektor aufgrund der starken Konzentration nur noch einige wenige, zumeist in Aktiengesellschaften umgewandelte Einkaufskooperationen existieren.[34] Sie sind auch von ihrer Grösse her kaum mit denen des übrigen Einzelhandels zu vergleichen.[35] Ausserdem war es unumgänglich, dass sich die empirische Untersuchung aus praktischen Gründen auf Kooperationen in der Rechtsform der Genossenschaft beschränkt.[36]

---

32 Zum Nonfood-Bereich werden alle Produkte gezählt, die keine Nahrungsmittel jeglicher Art, also beispielsweise auch kein Tierfutter darstellen (vgl. hierzu Migros-Genossenschafts-Bund (1996), bei dem dieselbe Unterteilung vorgenommen wird). Auch der Genussmittelbereich (Tabak etc.) wird entgegen der häufig anzutreffenden Unterteilung zum Nicht-Lebensmittelsektor gerechnet, da zum einen die Abgrenzung nicht eindeutig ist und zum anderen die Einkaufskooperationen dieses Sektors nicht die Merkmale aufweisen, die den Verfasser dazu bewogen haben, die Einkaufskooperationen des Lebensmittelsektors auszuklammern (vgl. hierzu auch Schweiz. Verkaufsförderungs-Forum (1996), S. 11 f., wo Tabakprodukte ebenfalls zum *Fachhandel Nonfood* gezählt werden).

33 Unter einem *überwiegenden Teil* werden mehr als 50% des Gesamtumsatzes verstanden. So wird beispielsweise die Markant-Einkaufskooperation, die im übrigen auch nicht die Rechtsform der Genossenschaft aufweist, nicht in die Untersuchung einbezogen, da sie 1994 lediglich rund 24% ihres Umsatzes im Nonfood-Bereich erzielte, obwohl dies absolut einem Wert von über 18 Mrd. DM entsprach (vgl. M+M Eurodata (1995), S. III, 5).

34 Nach einer aktuellen Studie der *M+M Eurodata* über den Lebensmitteleinzelhandel, hielten 1995 die zehn grössten Unternehmen in Europa 31.2% des Marktes mit stark steigender Tendenz. In der Schweiz besassen die fünf grössten Firmen der Branche einen Marktanteil von 62%, in Deutschland von 61% und in Österreich von 57% (vgl. Rüedi (1996), S. 40). Vgl. zur marktbeherrschenden Stellung von Migros und COOP in der Schweiz Ledermann (1996), S. 41 ff. In Deutschland ist die Konzentration mit der Vormachtstellung von EDEKA und REWE ebenfalls stark vorangeschritten (vgl. hierzu Rüedi (1996), S. 40).

35 Zudem besteht besonders im Nonfood-Einzelhandel eine Notwendigkeit, die Datenlage zu verbessern (vgl. Lingenfelder (1996), S. 46).

36 Vgl. zur Auswahl der Stichprobe Kapitel 4, Abschnitt 4.3.

Es kann zusammenfassend festgehalten werden, dass die vorliegende Arbeit generell die Einkaufskooperationen des Einzelhandels. untersucht. Die empirische Erhebung beschränkt sich jedoch auf den Nonfood-Sektor, den deutschsprachigen Raum sowie die Einkaufskooperationen in der Rechtsform der Genossenschaft.

4. Zielsetzung

Die vorliegende Arbeit verfolgt als Hauptzielsetzung die Erarbeitung eines praktisch-normativen Verfahrens zur Erstellung von Internationalisierungskonzepten für Einkaufskooperationen des Einzelhandels.

Stellt die Internationalisierung des Einzelhandels allgemein einen Bereich dar, mit dem sich die Betriebswirtschaftslehre (BWL) aufgrund der relativen Neuheit des Phänomens erst in jüngster Zeit, d.h. konkret seit Beginn dieser Dekade, verstärkt auseinandersetzt,[37] so trifft dies insbesondere auf den Sonderfall der Einkaufskooperationen des Einzelhandels zu. Zwar erschienen schon Ende der 80er Jahre und gerade im Zuge des europäischen Einigungsprozesses einige Publikationen, die sich mit diesem Problem befasst haben. Diese waren jedoch vornehmlich auf ein Land, eine Branche oder ein Unternehmen beschränkt. Lediglich die Studie von *Gobbers*[38] hat sich umfassend mit

---

[37] Vgl. die z.B. Studien von Blümle/Briw (1990) und Halm (1995) zur Internationalisierung des Schweizer Detailhandels allgemein und diejenige von Rapp (1995) zur Internationalisierung von Schweizer Handelsunternehmen nach Ostmitteleuropa. *Marschner* stellt jedoch fest, dass trotz der grossen Bedeutung der internationalen Wirtschaftsbeziehungen kaum internationale Handelsforschung in der Literatur existiert (vgl. Marschner (1994), S. 1 und 22 f.). Auch nach *Lingenfelder* hat die Internationalisierung des Einzelhandels lange keine Beachtung in der BWL gefunden hat, dass die Literatur zu diesem Thema jedoch in den letzten Jahren wohl wegen der wachsenden Dynamik der Branche, „explosionsartig gestiegen ist" (Lingenfelder (1996), S. 7, S. 19 ff. und 44).

[38] Vgl. Gobbers (1992).

dieser Problematik befasst. Sie bleibt jedoch einerseits auf Deutschland beschränkt, und andererseits verfolgt sie eine empirische Zielsetzung.[39] Man kann also festhalten, dass die Internationalisierung von Einkaufskooperationen in der betriebswirtschaftlichen Forschung bislang kaum Beachtung fand.[40]

Diese Lücke versucht die vorliegende Arbeit zu schliessen. Sie versucht, den aktuellen Stand der Internationalisierung von Einkaufskooperationen des Einzelhandels aus dem deutschsprachigen Raum zu erfassen und zu analysieren. Mit Hilfe einer Literaturanalyse und einer eigenen empirischen Untersuchung sollen grundlegende Erkenntnisse über das Ausmass der Internationalisierung, die gewählten Markteintrittsstrategien, die Motive und Problemfelder der Internationalisierung und die gemachten Erfahrungen im länderübergreifenden Vergleich gewonnen werden.

Aufbauend auf diesen Erkenntnissen stellt das Hauptziel dieser Dissertation die Erarbeitung eines praktisch-normativen Verfahrens zur Erstellung von Internationalisierungskonzepten von Einkaufskooperationen dar. Diese Vorgehensempfehlung soll Entscheidungsträgern, welche die Internationalisierung ihrer Unternehmung vorbereiten, eine Hilfe in die Hand geben. Sie soll es ihnen ermöglichen, die richtigen Massnahmen zum richtigen Zeitpunkt zu ergreifen und so die Internationalisierung strukturiert ablaufen zu lassen.

5. Aufbau

Nach der Einleitung in diesem Kapitel sollen in einem zweiten Kapitel

[39] Auch wird in dieser Arbeit sehr stark auf genossenschaftsspezifische Aspekte eingegangen, was die praktische Verwendbarkeit einschränkt.

[40] Ein konkreter Überblick über die Studien wird nochmals zum Ende des dritten Kapitels gegeben.

die Aussagen zu den Einkaufskooperationen des Einzelhandels in der Literatur dargestellt werden. Der Reihe nach werden der Einzelhandel als Teil des Handels, der Einkauf als betriebliche Funktion des Einzelhandels und die Einkaufskooperationen des Einzelhandels als Form der kollektiven Erfüllung der Einkaufsfunktion dargestellt. Die Einkaufskooperationen werden begrifflich gegenüber verwandten Unternehmenstypen abgegrenzt, ihre Wesensmerkmale, Arten, Funktionen und Entstehung dargestellt, und sie werden als Dienstleistungsbetriebe eingeordnet. Es wird in diesem Kapitel zudem umfassend auf den Kooperationsgedanken eingegangen, da dieser massgeblich das Wesen der Einkaufskooperationen bestimmt und in Zukunft aufgrund der eingangs beschriebenen veränderten Rahmenbedingungen auch für andere Arten von Unternehmen zunehmend wichtiger wird. Abschluss dieses Kapitels bildet eine vergleichende Analyse der empirischen Aussagen über die Bedeutung der Einkaufskooperationen des Einzelhandels in der Schweiz, in Deutschland und in Österreich.

Hieran schliesst sich Kapitel III mit den Aussagen der Literatur über die Internationalisierung von Einkaufskooperationen des Einzelhandels an. Eingangs werden der Begriff sowie die Motive, Auslöser und Vorteile der Internationalisierung dargestellt. Danach werden die drei strategischen Grundfragen hergeleitet, die sich eine Einkaufskooperation im Verlauf ihres Internationalisierungsprojektes in dieser Reihenfolge zu stellen hat: *welche Tätigkeit* sie im Ausland ausführen möchte, *wo*, d.h. in welchem geographischen Raum sie dies zu tun gedenkt, und *mit welcher Strategie* sie vorgehen möchte. Diese drei Fragen geben die Struktur des letzten Teils des Kapitels vor: Es werden mögliche Tätigkeiten einer Einkaufskooperation im Ausland aufgezeigt, auf die Frage der Länderauswahl eingegangen und Internationalisierungsstrategien für die Einkaufskooperationen des Einzelhandels im einzelnen dargestellt und bewertet. Der letzte Abschnitt stellt überblicksweise die empirischen Aussagen über die Internationalisierung von Einkaufskooperationen des Einzelhandels aus dem deutschsprachigen Raum vor, wobei nur auf Einzelaussagen, nicht aber auf umfassende Studien zurückgegriffen werden kann.

In Kapitel IV folgt die Anlage und Auswertung der empirischen Untersuchung über den aktuellen Stand der Internationalisierung der Einkaufskooperationen des Einzelhandels im deutschsprachigen Raum. Nach Ausführungen zum Untersuchungsdesign und der Aufstellung Arbeitshypothesen, werden in einem zweiten Abschnitt die Ergebnisse der schriftlichen Befragung dargestellt. Der dritte Abschnitt stellt einen länderübergreifenden Vergleich der Ergebnisse dar. Schliesslich werden die eingangs aufgestellten Hypothesen evaluiert. Da bislang weder zum Sektor der Einkaufskooperationen des Einzelhandels noch zu deren Internationalisierung umfassende Studien vorliegen, kann die Untersuchung lediglich explorativen Charakter haben. Dies hat zur Folge, dass die Ergebnisse eher Tendenzen als gesicherte Erkenntnisse darstellen.

In Kapitel V wird als Kernstück der Arbeit ein praktisch-normatives Verfahren zur Erarbeitung von Internationalisierungskonzepten für Einkaufskooperationen entwickelt. Dieses basiert auf den Erkenntnissen der Literaturanalyse der Kapitel II und III, vor allem aber auf den Ergebnissen der empirischen Studie gemäss Kapitel IV.

Kapitel VI umfasst die Schlussfolgerungen, einen Ausblick und weiterreichende Fragestellungen.

Jedes Kapitel wird überblicksweise eingeleitet und am Ende thesenartig zusammengefasst. Dies soll sicherstellen, dass zu jeder Zeit der Überblick über Gesamtarbeit gewährleistet ist. Hierbei wird eine Redundanz in Kauf genommen.

Zur Verdeutlichung ist der Aufbau der Arbeit und das Vorgehen der Erarbeitung sowie die Abhängigkeiten unter den Kapiteln in folgender Abbildung dargestellt.

Abbildung 1-1: Aufbau der Arbeit[41]

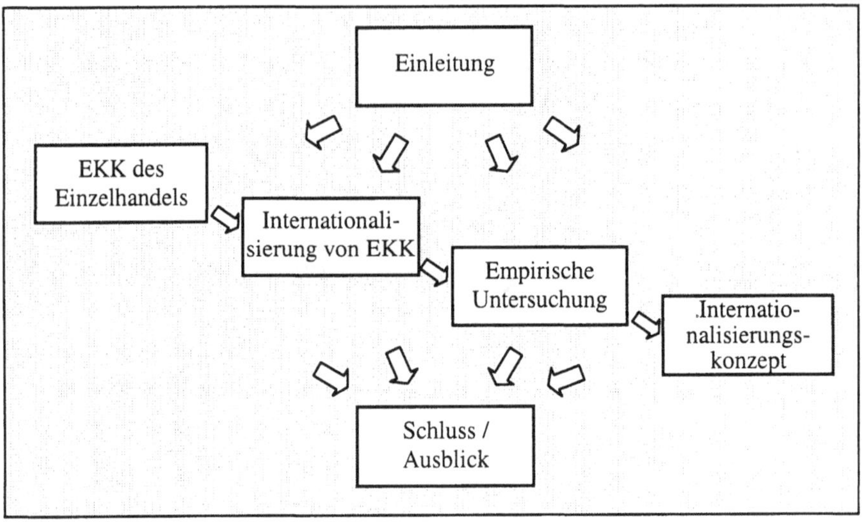

6. Wissenschaftstheoretische Einordnung der Arbeit

6.1 Die drei Forschungsrichtungen der Betriebswirtschaftslehre

In der Betriebswirtschaftslehre lassen sich generell drei Forschungsrichtungen unterscheiden:[42]

- die theoretische oder empirisch-analytische Forschungsrichtung,
- die praktisch-normative oder pragmatische Forschungsrichtung,
- die ethisch-normative oder normensetzende Forschungsrichtung.

Ziel der ethisch-normativen oder normensetzenden BWL ist die

41 Quelle: Eigene Darstellung.

42 Diese Einteilung in drei Forschungsrichtungen wurde von *Schönpflug* entworfen und hat sich heute weitgehend in der Betriebswirtschaftslehre durchgesetzt (vgl. Grünig (1984), S. 12).

Überprüfung der Ziele und des Handelns des Unternehmers auf ihre ethische Vertretbarkeit hin.

Die ethisch-normative Forschungsrichtung ist wissenschaftlich umstritten, da die Wertung, ob Ziele und Handlungsweisen ethisch vertretbar sind, nicht intersubjektiv nachprüfbar ist.

Die theoretische bzw. empirisch-analytische Forschungsrichtung der BWL hat zum Ziel, durch statistisch korrekte, empirische Untersuchungen Erkenntnisse über bestimmte Teilbereiche der Realität zu erlangen bzw. zu untersuchen, ob sich im Vorfeld der Untersuchung aufgestellte Hypothesen bewahrheiten oder verworfen werden müssen.

Die praktisch-normative bzw. pragmatische Forschungsrichtung bezweckt, dem Praktiker in der Unternehmung bei seinem zentralen Problem, der Entscheidungsfindung, zu helfen. Dies, indem sie ihm Entscheidungshilfen für einen klar definierten Bereich der Realität in Form von Verfahren, Verhaltensempfehlungen und Kriterien zur Bewertung konkreter Situationen zur Verfügung stellt.

Ist das Ziel einer empirischen Arbeit im oben erwähnten Sinne einzig das Erarbeiten von wissenschaftlichen Grundlagen, ohne dabei deren praktische Verwendbarkeit zu evaluieren, so geht die praktisch-normative Betriebswirtschaftslehre einen Schritt weiter und sucht die Umsetzung der theoretischen Ergebnisse auf die betriebliche Praxis. Dabei müssen die zentralen Aussagen der praktisch-normativen BWL - im Gegensatz zur empirisch-analytischen Forschungsrichtung - nicht umfassend wissenschaftlich belegt sein, sondern können auf der Basis schwächer abgestützten Wissens erarbeitet werden.

6.2 *Wahl der praktisch-normativen Forschungsrichtung*

Aufgrund der oben beschriebenen Zielsetzung ordnet sich die vorliegende Dissertation in die praktisch-normative Forschungsrichtung der

Betriebswirtschaftslehre ein. Zwar stellt ein grosser Teil dieser Arbeit eine empirische Untersuchung dar. Sie hat jedoch explorativen Charakter und verfolgt lediglich das Ziel, die gewonnenen Erkenntnisse in für den Praktiker verwendbare Ergebnisse umzusetzen.

6.3 Die Aussagekategorien der praktisch-normativen Betriebswirtschaftslehre und ihre Bedeutung in der vorliegenden Arbeit

In der praktisch-normativen Forschungsrichtung der BWL existieren drei Arten sog. *praktisch-normativer Empfehlungen* (substantielle Empfehlungen, Kriterien und Verfahren), die auf *formalen Grundlagen* (Begriffssysteme und deskriptive Modelle) und *substantiellen Grundlagen* (Einzelbeispiele, empirische Erhebungen, Theorien und Hypothesen) basieren.

Formale Grundlagen sind unerlässlich, um das Forschungsobjekt zu definieren und zu beschreiben. So ist eingangs dieser Arbeit genau festzulegen, welche Organisationen untersucht werden und durch welche Merkmale sich diese charakterisieren.

Darauf aufbauend können durch empirische Erhebungen, wie dies in dieser Arbeit im vierten Kapitel geschieht, substantielle Grundlagen erarbeitet werden, die dazu dienen, das Objekt, in diesem Falle die Einkaufskooperationen des Einzelhandels im deutschsprachigen Raum, näher zu untersuchen.

Schliesslich werden die hierbei gewonnenen Erkenntnisse in Form von Empfehlungen für den Praktiker umgesetzt. Im vorliegenden Falle besteht die Umsetzung in der Entwicklung eines Verfahrens.

Zusammenfassend zeigt die folgende Abbildung 1-2 das Wissenschaftsprogramm der praktisch-normativen Betriebswirtschaftslehre. Durch unterschiedliche Schraffierungen ist die Bedeutung der einzelnen Aussagekategorien für die vorliegende Arbeit verdeutlicht.

Abbildung 1-2: Das Wissenschaftsprogramm der praktisch-normativen Betriebswirtschaftslehre[43]

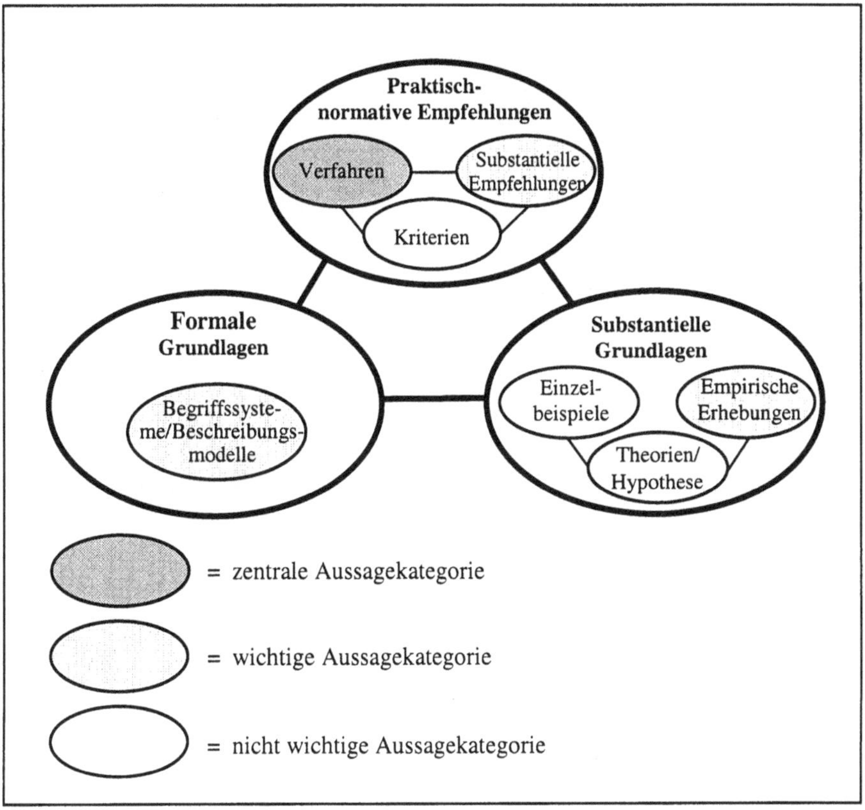

[43] Quelle: Eigene Darstellung, in Anlehnung an Grünig (1995), S. 3.

II. Die Einkaufskooperationen des Einzelhandels in der Literatur

1. Überblick

In diesem Kapitel werden systematisch die Grundlagen zu den Einkaufskooperationen des Einzelhandels erarbeitet. Zu Beginn, im zweiten Abschnitt, wird auf den Handel allgemein eingegangen, woraufhin im dritten Abschnitt der Einzelhandel in diesen eingeordnet wird. Der Einkauf als betriebliche Funktion des Einzelhandels wird in einem vierten Abschnitt beleuchtet, worauf im fünften Abschnitt die Einkaufskooperationen als Form der kollektiven Erfüllung der Einkaufsfunktion für den Einzelhandel dargestellt werden. Im sechsten Abschnitt schliesslich wird die Struktur des Sektors der Einkaufskooperationen des Einzelhandels in der Schweiz, in Deutschland und in Österreich erläutert.

2. Der Handel

2.1 Begriff

Generell lässt sich der komplexe Begriff des Handels auf institutionelle und funktionale Weise definieren.[44]

Institutionell versteht man unter Handel „alle marktlichen Organe, deren Haupttätigkeit im An- und Verkauf von Gütern besteht, an denen ...

---

[44] Vgl. Barth (1988), S. 13, und Hansen (1990), S. 1.

keine grundsätzlichen produktionstechnischen Veränderungen vorgenommen werden."[45] Institutionell wird der Handel also als die Gesamtheit der Handelsbetriebe gesehen.

Die funktionale Sichtweise betrachtet den Handel als Tätigkeit. Sie unterscheidet zwischen Handel im weiteren und im engeren Sinne. Unter Handel im weiteren Sinne versteht man den Austausch von Waren und Dienstleistungen zwischen Wirtschaftssubjekten. Im engeren Sinn bezeichnet der Begriff nur den „Austausch von Waren zwischen Handelsbetrieben oder mit Lieferanten und Abnehmern, die nicht Handelsbetriebe sind."[46] Der vorliegenden Arbeit liegt der weite Begriff des Handels zugrunde. Dies im Hinblick auf die Einkaufskooperationen, deren Haupttätigkeit neben dem reinen Warenhandel im Auftrag der Mitglieder das Zurverfügungstellen von Dienstleistungen für Mitglieder einer Einkaufskooperation darstellt.

2.2 Arten

Der Handel lässt sich nach dem *Autonomiegrad*, der *geographischen Ausrichtung*, dem *Eigentumsübertrag der Ware*, der *Trägerschaft* des Handels und der *Einbindung gegenüber den Marktpartnern* kategorisieren, wie in Tabelle 2-1 dargestellt ist.[47]

Einkaufskooperationen stellen eine spezifische Form von Handelsbetrieben dar. Sie sind in der Regel selbständig, können jedoch auch Verbänden angegliedert sein.[48] Wie im weiteren Verlauf der Arbeit noch dargestellt wird, können Einkaufskooperationen sowohl binnen- als auch aussenorientiert sein.

---

45 Gümbel (1985), S. 18.

46 Tietz (1993 a), S. 4.

47 Vgl. Tietz (1993 a), S. 26 f.

48 Ein Beispiel ist die HG Commerciale, die Handelsgenossenschaft des Schweizerischen Baumeisterverbandes.

Tabelle 2-1: Arten des Handels[49]

Unterscheidungskriterien	*Ausprägungen*		
Autonomiegrad	selbständig		angegliedert
Geographische Ausrichtung	binnenorientiert		aussenorientiert
Eigentumsübertrag der Waren	Eigenhandel	Kommis-sionhandel	Handelsvermitt-lungshandel
Trägerschaft	Kaufmanns-handel	Produzen-tenhandel	Konsumenten-handel
Einbindung gegenüber den Marktpartnern	Grosshandel		Einzelhandel

In bezug auf den Eigentumsübertrag der Waren betreiben Einkaufskooperationen entweder *Eigenhandel* (in eigenem Namen und auf eigene Rechnung), *Kommissionshandel* (in eigenem Namen auf fremde Rechnung) oder auch *Handelsvermittlungshandel* (in fremdem Namen und auf fremde Rechnung). Träger von Einkaufskooperationen sind selbständige Kaufleute.

Für die folgenden Abschnitte ist vor allem die Unterscheidung nach der Einbindung gegenüber den Marktpartnern relevant. So wird im nächsten Abschnitt der Einzelhandel definiert und zum Grosshandel abgegrenzt.

[49] Quelle: Eigene Darstellung, in Anlehnung an Tietz (1993 a), S. 26 f.

3. Der Einzelhandel

Wie der Handel allgemein, lässt sich auch der Einzelhandel, neben dem Grosshandel die zweite Betriebsform des Handels, auf institutionelle und auf funktionale Weise definieren.[50] Unter „Einzelhandel im funktionalen Sinne [versteht man] ... die wirtschaftliche Tätigkeit des Umsatzes (Beschaffung und Absatz) von Handelswaren und sonstigen Leistungen an Letztverbraucher."[51] Im Gegensatz dazu gibt der Grosshandel (im funktionalen Sinne) seine beschafften Waren vor allem an „Wiederverkäufer, Weiterverarbeiter, gewerbliche Verwender oder Grossverbraucher"[52] weiter.

Im institutionellen Sinne gehören zum Einzelhandel alle Institutionen, die zumindest zum überwiegenden Teil dem Einzelhandel im funktionalen Sinne zuzurechnen sind (Einzelhandelsunternehmen, Einzelhandelsbetrieb u.ä.).[53]

Verglichen mit dem Handel allgemein, besitzt der Einzelhandel nach seiner Stellung im Wirtschaftsablauf also noch das zusätzliche Charakteristikum des Absatzes an den Endverbraucher.[54] So ist auch ein entscheidendes Merkmal des Einzelhandels, dass bei ihm in der Regel pro Einkauf bzw. Zeiteinheit Mengen abgesetzt werden, wie sie ein Konsument gewöhnlich zum privaten Verbrauch nachfragt.[55]

Problematisch ist die genaue quantitative Abgrenzung des Einzelhandels gegenüber dem Grosshandel, die seit einigen Jahren Anlass zur

---

50 Vgl. Barth (1988), S. 91. *Barth* nennt an gleicher Stelle noch den Aussenhandel als dritte Betriebsform. Es ist jedoch nicht schlüssig, warum diesem nicht der Binnenhandel gegenübergestellt wird.

51 Tietz (1993 a), S. 27.

52 Tietz (1993 a), S. 26.

53 Vgl. Tietz (1993 a), S. 27.

54 Vgl. Hansen (1990), S. 1.

55 Vgl. Seÿffert (1972), S. 88.

Diskussion gibt. So existieren Einzelhändler, die Grossverbraucher wie Hotels und Restaurants beliefern, und Grosshändler, welche ihre Waren direkt an bestimmte Konsumenten vertreiben.[56]

In dieser Arbeit werden all diejenigen Unternehmen zum Einzelhandel gezählt, die zum *überwiegenden Teil*[57] ihre Waren an Endverbraucher absetzen.

4. Der Einkauf als betriebliche Funktion des Einzelhandels

4.1 Begriff

Der Einkauf bzw. die Beschaffung stellt eine der Grundfunktionen von Wirtschaftsunternehmen dar.[58]

Unter dem Begriff der *Beschaffung* wird allgemein die Versorgung der Unternehmung mit Arbeit, Kapital, Informationen, Rechten, Dienstleistungen, Handelswaren, also mit Potential- bzw. Repetierfaktoren verstanden.[59] Dies wird auch als Beschaffung im weiteren Sinne bezeichnet.[60] „Der Begriff *Einkauf* wird enger gefasst als der Begriff *Beschaffung* und bezieht sich nur auf die Beschaffung von Werkstoffen, Waren und Betriebsmitteln, schliesst dagegen die Beschaffung des Kapitals und der Arbeitskräfte aus."[61] Einkauf wird auch als Beschaffung im

---

56 Vgl. Halm (1995), S. 16. Zu neuen Vertriebsformen im Handel allgemein, vgl. beispielsweise Tietz (1994), S. 251 ff.

57 Das heisst, bei denen der Einzelhandels-Umsatz mehr als 50% des Gesamtumsatzes ausmacht.

58 Vgl. Arnold (1993), S. 235.

59 Vgl. Thommen (1992), S. 21.

60 Vgl. beispielsweise Sauer (1982), S. 14.

61 Wöhe (1990), S. 509; im Original nicht kursiv hervorgehoben.

engeren Sinne bezeichnet.[62]

In Theorie und Praxis werden jedoch häufig beide Begriffe synonym verwendet,[63] wobei *Beschaffung* eher für die entsprechende Tätigkeit in der Industrie und *Einkauf* traditionell eher für den Handel benutzt wird,[64] bei dem der Einkauf gar die Schlüsselfunktion darstellt.[65] Im folgenden wird daher nur der Begriff *Einkauf* verwendet.

4.2 Arten

Betrachtet man die Arten des betrieblichen Einkaufs, so können Meinung des Verfassers folgende Formen unterschieden werden:

- *Direkter Einkauf – Einkauf über Zwischenhändler*: Einkauf kann direkt beim Produzenten oder auch bei einem Zwischenhändler erfolgen.
- *Inländischer - ausländischer Einkauf*: Güter können im Inland, aber auch im Ausland beschafft werden.
- *Einmaliger - mehrmaliger Einkauf*: Einige Güter, vor allem Investitionsgüter, werden in bestimmten Perioden nur einmal, andere, Konsumgüter, mehrmals beschafft.

Im vorliegenden Fall der Internationalisierung der Einkaufskooperationen des Einzelhandels ist besonders der direkte, mehrmalig stattfindende Einkauf im Ausland von Interesse.

---

62 Vgl. Sauer (1982), S. 14. *Koppelmann* unterscheidet die Begriffe auf andere Weise. Für ihn stellt der Einkauf eine Teilfunktion der Beschaffung dar, die sich hauptsächlich mit Verhandlungen mit Lieferanten und deren Pflege befasst (vgl. Koppelmann (1993), S. 14).

63 Vgl. beispielsweise Arnold (1993), S. 234.

64 Vgl. Grochla/Schönbohm (1980), S. 5, und Sauer (1982), S. 14, der den Begriff der *Einkaufsgenossenschaft* als Beispiel hierfür nennt.

65 Vgl. Grochla/Schönbohm (1980), S. 5.

5. Die Einkaufskooperationen des Einzelhandels als Form der kollektiven Erfüllung der Einkaufsfunktion

5.1 Zwischenbetriebliche Kooperationen

5.1.1 Allgemeines

Unternehmen verhalten sich zielstrebig, wobei bei aller Vielfalt der spezifischen Ziele jedes einzelnen Unternehmens in der profitorientierten Erwerbswirtschaft die Gewinnerzielung das oberste Ziel darstellt.[66] Bei Einkaufskooperationen steht neben diesem materiellen Ziel gleichwertig als übergeordnete Zielsetzung die Fremdbedarfsdeckung, also die Befriedigung der Bedürfnisse ihrer Mitglieder.

Grundsätzlich kann jedes Unternehmen seine Ziele, sei es auf Gesamtunternehmens- oder auf Geschäftsfeldebene, auf drei Arten erfüllen. Zum einen kann ein Unternehmen versuchen, seine Ziele selbst, im eigenen Unternehmen, zu erreichen (*Aufgabenintegration*). Zum anderen steht die Übertragung betrieblicher Aufgaben auf fremde Institutionen zur Auswahl (*Aufgabenauslagerung*). Die dritte, in der vorliegenden Arbeit relevante und im folgenden genauer dargestellte Möglichkeit der Zielerreichung ist die gemeinsame Erfüllung der Aufgaben durch Kooperation mit anderen sozialen Systemen (*kooperative Aufgabenerfüllung*).[67] „Kooperation kann sich sowohl an den Schnittstellen der Unternehmung mit relevanten Teilen ihrer Umwelt - also *zwischenbetrieblich* - als auch an den Schnittstellen der vertikal und horizontal arbeitsteilig gegliederten und harmonisierten Unternehmung - also *innerbetrieblich* - vollziehen."[68] Da die innerbetriebliche Kooperation in dieser Arbeit nur am Rande von Interesse ist, wird auf sie nicht weiter eingegangen.

---

66 Vgl. Schwarz (1979), S. 39.

67 Vgl. Bidlingmaier (1974), Sp. 1124.

68 Bleicher (1991), S. 144. Zu volkswirtschaftlichen Erklärungsansätzen der Kooperation, vgl. Balling (1997), S. 51 ff.

Aufgrund der eingangs erwähnten verschärften weltweiten Konkurrenzsituation, kommt der zwischenbetrieblichen Zusammenarbeit bzw. Unternehmenskooperation heute eine steigende wirtschafts- und betriebspolitische Bedeutung zu,[69] weshalb genauer auf diese eingegangen werden soll. So werden im folgenden der Begriff, die Arten sowie die Motive von zwischenbetrieblichen Kooperationen dargestellt.

5.1.2 Begriff

Im Gegensatz zur Konzentration, welche die Aufgabe der rechtlichen, finanziellen und wirtschaftlichen Selbständigkeit zur Folge hat, versteht man unter zwischenbetrieblicher Kooperation die Abstimmung der Interessen von Unternehmen in Teilbereichen der betrieblichen Tätigkeit.[70]

„Zwischenbetriebliche Kooperation liegt immer dann vor, wenn zwei oder mehrere Unternehmungen freiwillig vereinbaren, gewisse Aufgaben gemeinschaftlich zu erfüllen. Sie gehen dabei von der Erwartung aus, hierdurch höhere Zielniveaus und/oder einen höheren Grad der Zielerfüllung zu erreichen als bei individuellem Vorgehen."[71]

Als grundlegende Voraussetzungen einer Kooperation können demnach die Existenz von mindestens zwei Entscheidungseinheiten, die Freiwilligkeit des Zusammenschlusses und eine Vereinbarung zwischen den Wirtschaftssubjekten festgehalten werden.[72] *Rotering* nennt die Autonomie und die gegenseitige Abhängigkeit (Interdependenz) als

---

69 Vgl. Bidlingmaier(1974), Sp. 1124.

70 Vgl. Tietz (1993 a), S. 253.

71 Bidlingmaier (1974), Sp. 1125 f. Im gleichen Sinne auch Zeilberger (1996), S. 8, und Kutschker/ Mösslang (1996), S. 326. Nach *Mugler* ist zwar eine exakte abgrenzende Definition aufgrund der Fülle der Erscheinungsformen nur sehr schwer vorzunehmen (vgl. Mugler (1994), S. 22); nach Auffassung des Verfassers lassen sich jedoch einige Grundelemente bestimmen, die auf alle Kooperationsformen zutreffen.

72 Vgl. Bidlingmaier (1974), Sp. 1124 f.

konstitutive Merkmale von zwischenbetrieblichen Kooperationen.[73] Für *Schwarz* sind ausserdem die gemeinsamen Ziele und die Erfüllung von Teilaufgaben der sonst selbständigen Beteiligten grundlegende Elemente.[74]

5.1.3 Arten

In der betriebswirtschaftlichen Literatur finden sich verschiedene Ansätze der Typologisierung von zwischenbetrieblichen Kooperationsformen, die im Überblick in Tabelle 2-2 dargestellt sind. Die für Einkaufskooperationen relevanten Unterscheidungskriterien zwischenbetrieblicher Kooperation werden im folgenden näher erläutert.

In bezug auf die Art der betroffenen Funktion sind für diese Arbeit vor allem die Beschaffungskooperationen von Interesse. Gerade in der Vergangenheit übernahmen Einkaufskooperationen hauptsächlich eine Funktion, den Einkauf. Heute nehmen diese jedoch auch zunehmend andere Funktionen für ihre Mitglieder, beispielsweise im Bereich des Marketing, wahr. Einkaufskooperationen bestehen fast immer aus mehreren Kooperationspartnern. Dies geschieht normalerweise allein aus dem Grund, um ausreichend grosse Einkaufsvolumina zu erzielen.

Betrachtet nach den Wirtschaftsstufen der Kooperationspartner handelt es sich bei Einkaufskooperationen um horizontale zwischenbetriebliche Zusammenschlüsse.

Die Zusammenarbeit in der Kooperation ist in der Regel redistributiv[75]

---

73 Vgl. Rotering (1993), S. 7.

74 Vgl. Schwarz (1979), S. 64 ff.

75 Vgl. Rotering (1993), S. 52 ff. Unter *redistributiven Kooperationen* werden solche verstanden, die durch Zusammenlegung von Ressourcen gemeinsame Ziele verfolgen und den gemeinsamen Ertrag untereinander aufteilen (redistribuieren). In *reziproken Kooperationen* tauschen die Partner gleichwertige Güter aus, wodurch es nicht zu einem Verteilungsproblem kommt, da der Ertrag getrennt bei den Kooperationspartnern anfällt.

und unbefristet oder zumindest auf einen langen Zeitraum hin angelegt.

Da in bezug auf die übrigen Kriterien keine allgemeingültigen Aussagen für Einkaufskooperationen gemacht werden können, wird auf diese nicht weiter eingegangen.

Tabelle 2-2: Arten zwischenbetrieblicher Kooperation[76]

<table>
<tr><th>Unterscheidungskriterien</th><th colspan="12">Ausprägungen</th></tr>
<tr><td>Art betroffene Funktionen</td><td colspan="3">Beschaffung</td><td colspan="3">Absatz</td><td colspan="3">Verwaltung</td><td colspan="3">Aus-/ Weiterbildung</td></tr>
<tr><td>Anzahl betroffene Funktionen</td><td colspan="6">eine</td><td colspan="6">mehrere</td></tr>
<tr><td>Anzahl Kooperationspartner</td><td colspan="6">einer</td><td colspan="6">mehrere</td></tr>
<tr><td>Wirtschaftsstufen der Kooperationspartner</td><td colspan="6">vertikal</td><td colspan="6">horizontal</td></tr>
<tr><td>Verteilung der Erträge</td><td colspan="6">redistributiv</td><td colspan="6">reziprok</td></tr>
<tr><td>Dauer der Kooperation</td><td colspan="6">befristet</td><td colspan="6">unbefristet</td></tr>
<tr><td>Stufe der Kooperation</td><td colspan="4">primär</td><td colspan="4">sekundär</td><td colspan="4">tertiär</td></tr>
<tr><td>Art der Zusammenarbeit</td><td colspan="6">direkt</td><td colspan="6">indirekt</td></tr>
<tr><td>Wagnisgrad</td><td colspan="6">offensiv</td><td colspan="6">defensiv</td></tr>
<tr><td>Kooperationsintensität</td><td colspan="6">stark</td><td colspan="6">schwach</td></tr>
</table>

[76] Quelle: Eigene Darstellung, in Anlehnung an Bidlingmaier (1974), Schwarz (1979), Porter/Fuller (1989), Rotering (1993) sowie Tietz (1993 a). Für weitere Unterteilungskriterien, vgl. Hillig (1997), S. 118 f., der beispielsweise noch die geographische Ausdehnung als Unterscheidungsmöglichkeiten nennt.

5.1.4 Motive und Ziele

In zunehmenden Masse werden heute zwischenbetriebliche Kooperationen als Mittel zur Lösung unternehmerischer Probleme eingegangen.[77] Die Motive sind hierbei vor allem

- die Globalisierung nationaler Märkte,
- die Reife bzw. Sättigung der klassischen Märkte mit verschärftem Wettbewerb und stagnierendem Wachstum,
- erhöhte Eintrittsbarrieren für den Eintritt in neue Märkte und
- zunehmend schwerer kalkulierbare Risiken durch technischen Fortschritt, verkürzte Produktlebenszyklen, politische Risiken, Währungskrisen etc.[78]

Welche Gründe im Einzelfall ausschlaggebend sind, hängt stark von der Branche der Unternehmen ab. So sind beispielsweise Firmen in forschungsintensiven Branchen zusehends gezwungen, Kooperationen einzugehen, da sie die hohen Kosten in Verbindungen mit den immer kürzeren Produktlebenszyklen nicht allein tragen können.[79] Für den Einzelhandel stellt besonders der verschärfte Wettbewerb einen Hauptgrund für Kooperationen dar.

Aus den Motiven der Kooperation folgen die Ziele, welche mit dieser verfolgt werden:[80]

- Kostensenkung durch Erfahrungskurveneffekte[81],
- Aufbau einer Einkaufsmacht,
- Verwaltungsvereinfachungen etc.,
- Realisierung qualitativer Wettbewerbsvorteile,

---

77 Vergleiche hierzu die aktuellen Diskussionen zu den Problemen Strategischer Allianzen und ähnlicher Kooperationsformen, wie beispielsweise bei Sutter (1996).

78 Vgl. Bleicher (1992), S. 308, und Hillig (1997), S. 113 f.

79 Vgl. Hillig (1997), S. 113.

80 Vgl. Rotering (1993), S. 32 ff., Tietz (1993 a), S. 1529, Bleicher (1992), S. 308 f., Hermann (1989), S. 2 f., und Grochla/Schönbohm (1980), S. 115.

81 Zum Modell der Erfahrungskurve, vgl. beispielsweise Grünig (1993), S. 467, Kreilkamp (1987), S. 334 ff., und Kreikebaum (1987), S. 75 ff.

- Umsatzsteigerungen,
- Entstehung von Zusatznutzen durch fremdes Gedankengut der Kooperationspartner,
- Überwindung von Markt- und Mobilitätsbarrieren,
- Risikobegrenzung durch Ausweitung des Geschäftssektors, durch das Bilden von Gegenkräften zu grossen Konkurrenten u.ä.,
- Steigerung der Flexibilität in bezug auf Kapitalaufnahme etc.,
- Verbesserung der Arbeitsteilung durch Änderung der Aktivitäten und Verfahrensprozesse zwischen Partnern und die
- Verkürzung der Zeit bei allen Prozessen.

All diese Ziele können für Einkaufskooperationen relevant sein. Die Kostensenkung auf der Einkaufsseite stellt jedoch zumindest zu Beginn der Kooperation in aller Regel den entscheidenden Grund für den Zusammenschluss dar. Nur wenn es der Einkaufskooperation gelingt, Kostenvorteile für ihre Mitglieder zu gewährleisten, kann sie auf Dauer erfolgreich bestehen.[82]

5.2 Die Einkaufskooperationen des Einzelhandels

5.2.1 Begriff

Unter einer Einkaufskooperation des Einzelhandels versteht man allgemein eine „Integrationsform des Handels, die durch Kooperation selbständiger Einzelhandelsbetriebe entstanden ist."[83]

---

[82] Zu Erfolgsfaktoren von Kooperationen, vgl. Bernath/Hartmann/Weber (1997), S. 55, Staudt et al. (1992), S. 114 f., Balling (1997), S. 109 ff., der Erfolgsfaktoren in bezug auf Kooperationsinhalte und –formen unterscheidet. Vgl. auch Staudt et al. (1992) und Schäper (1997), bei denen zusätzlich der Wettbewerbs- und Zeitdruck, institutionalisierte Kooperationsberatung und Vertragshilfen (Musterverträge etc.) genannt werden. Zur Konzeption der weichen Erfolgsfaktoren, welchen in Kooperationen eine besondere Bedeutung zukommt, vgl. Peters/ Waterman (1984).

[83] Hansen/Algermissen (1979), S. 79. Nach *Ringle* können Einkaufskooperationen auch auf dem Wege der Konzentration entstehen. Dieser Fall wird hier jedoch nicht behandelt (vgl. Ringle (1995), S. 162).

In der Literatur finden sich eine Vielzahl ähnlicher Begriffe für diese Art der Kooperation des Einzelhandels, wobei man sich in der Betriebswirtschaft bislang nicht auf eine einheitliche Bezeichnung geeinigt hat. So finden sich für dieselben Gebilde Termini wie *Verbundgruppe*[84], *Handelsvereinigung*[85], *Einkaufsvereinigung*[86], *Einkaufsgemeinschaft*[87], *Einkaufsverband*[88] etc. Diese benennen allgemein Kooperationen des Einzelhandels, ungeachtet ihrer Rechtsform.[89] Ausserdem tragen einige Bezeichnungen, wie die ersten beiden, dem Umstand Rechnung, dass ein Grossteil dieser Gebilde mittlerweile nicht mehr allein die Funktion des gemeinsamen Einkaufs erfüllt.

Ein weiterer häufig verwendeter Begriff für diese Unternehmen ist jener der *Einkaufsgenossenschaft*. Diesem kommt eine besondere Bedeutung zu, weil gründungsgeschichtlich beinahe alle Einkaufskooperationen die Rechtsform der Genossenschaft aufwiesen, die dem Selbsthilfegedanken, aus dem heraus diese Organisationen gegründet wurden, am besten entsprach. Noch heute haben eine Vielzahl der Einkaufskooperationen diese Rechtsform, wenngleich es in den letzten Jahren aufgrund der rechtlichen Nachteile der Genossenschaft zu einer Umwandlungswelle hin zu anderen Rechtsformen gekommen ist. Häufig behalten jedoch auch die umgewandelten ehemaligen Einkaufsgenossenschaften in ihren Statuten und oft auch in ihren Strukturen weitgehend genossenschaftliche Ideale bei und werden aus diesem Grunde

---

84 Vgl. beispielsweise Tietz (1993 b) und Olesch (1994). Der Begriff *Verbundgruppe* ist noch in anderer Hinsicht ein Beispiel für die Definitionsvielfalt. So verstehen *Kumar/Dolles* unter diesem Begriff das Synonym für den japanischen Begriff des *keiretsu*, den man mit Fertigungs- und Finanzverbund übersetzen könnte, der also nichts mit einer Einkaufskooperation zu tun hat (vgl. Kumar/Dolles (1996), S. 43 ff.).

85 Vgl. beispielsweise Gobbers (1992).

86 Vgl. beispielsweise Schuler (1992).

87 Vgl. Grochla/Schöhnbohm (1980), S. 115.

88 Vgl. beispielsweise Blümle (1991).

89 Diese wird manchmal durch Adjektive hinzugefügt, wie z.B. bei der *genossenschaftlichen* Handelsvereinigung bei Gobbers (1992).

auch als *Nichtrechtsformgenossenschaften* bezeichnet.[90] Die Einkaufskooperationen in der Rechtsform der Genossenschaft bzw. diejenigen, die ehemals diese Rechtsform aufwiesen, stellen die „klassische" Form der Einkaufskooperation dar.

In der vorliegenden Arbeit wird aus Gründen der Klarheit generell der Begriff *Einkaufskooperation* verwendet, da die Ausführungen, falls nicht anders gekennzeichnet, nicht rechtsformspezifisch sind und der gemeinsame Einkauf geschichtlich der Grund der Entstehung und bei den meisten dieser Gebilde auch heute noch die Haupttätigkeit darstellt. Wenn sich die Ausführungen spezifisch auf die in der empirischen Studie untersuchten Einkaufskooperationen in der Rechtsform der Genossenschaft beziehen, wird hingegen der Begriff *Einkaufsgenossenschaft* benutzt.

Es lassen sich drei konstitutive Merkmale von Einkaufskooperationen unterscheiden:[91]

1. Förderung der Kooperationsteilnehmer als zentrale Zielsetzung,
2. Rückwärtsintegration des Einzelhandels und
3. freiwillige Kooperation als Basis der Integration.

Bei Einkaufskooperationen stellt die *Förderung der Kooperationsteilnehmer*, also ihrer Mitglieder, die primäre Zielsetzung dar. Dies ist unabhängig davon, welche Rechtsform die Kooperation aufweist. Aufgrund der Tatsache, dass die Mitglieder die Träger der Kooperationen

---

90 Vgl. Götz (1981), S. 5 ff., und Tietz (1993 b), S. 661.

91 Vgl. Hansen/Algermissen (1979), S. 79. Diese Ausführungen für die Einkaufsgenossenschaften sind nach Meinung des Verfassers modifiziert auch auf die übrigen Einkaufskooperationen übertragbar.
Die Autoren nennen zusätzlich das Kriterium der Mehrstufigkeit des Aufbaus mit dem Einzelhändler, der örtlichen/regionalen Kooperation und ggf. dem zentralen Kooperationsverband. Da jedoch viele Einkaufskooperationen keine Mitglieder in nationalen oder gar internationalen Kooperationen sind und die Mitgliedschaft von Einzelhändlern in einer Kooperation noch keine Zweistufigkeit darstellt, wird dieses Charakteristikum nicht als allgemeingültig für Einkaufskooperationen angesehen.

sind, ergeben sich für diese auch besondere Mitspracherechte. So muss ihnen bei entscheidenden Fragen - wie beispielsweise einer Internationalisierung der Einkaufskooperation - ein Mitspracherecht eingeräumt werden.[92] Neben dem zentralen Ziel der Förderung der Kooperationsteilnehmer hat jede Einkaufskooperation noch ein Bündel von Formalzielen. Hierunter fällt die finanzielle Absicherung der Unternehmung, deren Erfüllung zwar für das Überleben der Kooperation unabdingbar sind, jedoch nicht deren Hauptzweck darstellt.

Als zweites Wesensmerkmal stellt jede Einkaufskooperation eine Form der *Rückwärtsintegration des Einzelhandels* dar. So wird bei Einkaufskooperationen die Grosshandelsfunktion der von den Einzelhändlern selbst gebildeten Unternehmung übertragen,[93] wodurch Einkaufskooperationen auch die vorgelagerte Stufe im Handelsprozess integrieren.

Die *freiwillige Kooperation als Basis der Integration* ist das dritte konstitutive Merkmal von Einkaufskooperationen. Dies impliziert, dass Einkaufskooperationen nicht aufgrund von direktem Zwang auf die Mitglieder, sondern freiwillig entstanden sind, und dass die Mitglieder rechtlich und zumeist auch wirtschaftlich unabhängig bleiben.

Einkaufsgenossenschaften werden in der Regel zu den gewerblichen Genossenschaften[94] gezählt und dort den gewerblichen Waren- und Dienstleistungsgenossenschaften zugeordnet.[95] Möchte man die Einkaufskooperationen des Einzelhandels in die UN-Standardklassifikation der wirtschaftlichen Aktivitäten (UN International Standart Industrial Classification of all Economic Activities), einordnen, so ergeben sich jedoch aufgrund der Vielfältigkeit ihrer Tätigkeiten und Erscheinungsformen Probleme. Der Einzelhandel ist in einer eigenen Rubrik

---

92 Vgl. hierzu die Ausführungen zum Internationalisierungskonzept in Kapitel V.

93 Vgl. Wöhe (1990), S. 740, sowie Dülfer (1995), S. 69.

94 Vgl. beispielsweise Deutsche Genossenschaftsbank (1997 a), S. 6 ff.

95 Vgl. z.B. Norddeutscher Genossenschaftsverband (1997), S. 30. In diese Gruppe werden gelegentlich die Produktivgenossenschaften einbezogen (vgl. Österreichischer Genossenschaftsverband (1997), S. 80 ff.).

52 (Retail Trade) erfasst.[96] Die Einkaufskooperationen des Einzelhandels könnten jedoch einerseits nach Art ihrer Mitglieder zum *Retail Trade* gezählt werden, andererseits aufgrund ihrer primären Aufgabe der Übernahme der Grosshandelsfunktion für ihre Mitglieder zur Rubrik 51 *Wholesale Trade and Commission Trade*. Letztere Einteilung erscheint sinnvoller, da Einkaufskooperationen nur in Ausnahmefällen und vornehmlich im Food-Bereich Einzelhandelsgeschäfte betreiben und dies dann eigentlich eine Diversifikation darstellt.

5.2.2 Arten

In der Literatur finden unterschiedliche Weisen der Klassifizierung von Einkaufskooperationen des Einzelhandels. Diese sind im Überblick in Tabelle 2-3 dargestellt und werden, soweit sie für die vorliegende Arbeit von Bedeutung sind, erläutert.

Wie bei Kooperationen allgemein, muss bei den Einkaufskooperationen des Einzelhandels unterschieden werden, auf welcher Stufe diese tätig sind. Es wird differenziert zwischen *primären Einkaufskooperationen*, in denen unabhängige Einzelhandelsunternehmen Mitglied sind, *sekundären Einkaufskooperationen*, in denen örtliche oder regionale Einkaufskooperationen zusammengeschlossen sind,[97] und *tertiären Einkaufskooperationen*, die wiederum einen Zusammenschluss von überregionalen oder gar nationalen Einkaufskooperationen darstellen.[98]

Bezüglich der *Branchenzugehörigkeit der Mitglieder*, der dritten Art der Unterscheidung, stehen in dieser Arbeit die Einkaufskooperationen

---

96 Vgl. Hill/Attiger/Ziegler (1994), S. 6 f.

97 Beispiel einer solchen sekundären Einkaufskooperation ist die TAWAGRO-Zentrale eG, Wuppertal, in der die regionalen Tabak-Einkaufskooperationen aus Deutschland zusammengeschlossen sind.

98 Die internationale Spar Gruppe stellt eine solche tertiäre Einkaufskooperation dar. Vgl. hierzu die Ausführungen zu den Kooperationen in Unterabschnitt 5.1.3 dieses Kapitels.

Tabelle 2-3: Unterscheidungsmerkmale von Einkaufskooperationen des Einzelhandels[99]

Unterscheidungskriterien	*Ausprägungen*		
Stufe der Kooperation	primär	sekundär	tertiär
Branche	Lebensmittelsektor		Nichtlebensmittelsektor
Herkunft der Mitglieder	nur aus dem Inland		auch aus dem Ausland
Rechtsform	Genossenschaft	AG	GmbH

in der Nichtlebensmittelbranche im Vordergrund des Interesses.[100]

Ein weiteres mögliches Kriterium ist die Herkunft der Mitglieder und die Frage, ob die Einkaufskooperation eine rein inländisch geprägte Mitgliederstruktur aufweist, oder bereits Mitgliedsunternehmen im Ausland gewinnen konnte. Auf diese Unterscheidung wird im weiteren Verlauf dieser Arbeit noch zurückgekommen.[101]

Eine Art der Unterscheidung ist auch die der *Rechtsform*, auf welche im folgenden Unterabschnitt näher eingegangen wird. Es sei hier

---

99 Quelle: Eigene Darstellung, in Anlehnung an Deutsche Genossenschaftsbank (1986), S. 70 f., bei der jedoch das Kriterium der Betriebsform mit dem der Branchenzugehörigkeit vermischt ist. Zu den Einkaufskooperationen des Handwerks, vgl. Schnyder (1997), S. 4 ff.

100 In der eigenen empirischen Untersuchung werden einzig die Einkaufskooperationen des Nichtlebensmittel-Einzelhandels untersucht. Der Genussmittelbereich wird häufig zum Lebensmittelsektor gezählt, jedoch auch manchmal dem Nichtlebensmittelbereich zugeordnet. In dieser Arbeit wird er zum Nichtlebensmittelbereich gezählt.

101 Vgl. z.B. die Ausführungen zu den Tätigkeiten im Ausland in Kapitel III.

lediglich festgehalten, dass die ursprüngliche und dem Wesen der Kooperation am besten entsprechende Rechtsform die der Genossenschaft ist.

Gerade in jüngerer Zeit sind eine Anzahl neuer, spezieller Formen von Einkaufskooperationen entstanden, wie z.B. von Investoren bzw. Herstellern gegründete Unternehmen. Da diese jedoch wenig verbreitete Sonderformen darstellen, wird auf sie hier weiter nicht eingegangen.

5.2.3 Entstehung

Mit der Ausdehnung der Gewerbefreiheit in den siebziger Jahren des letzten Jahrhunderts wuchs der Konkurrenzdruck gerade auf kleine und mittlere Einzelhandelsbetriebe stark an. Zur Sicherung ihrer Leistungs- und Wettbewerbsfähigkeit schlossen sich diese Unternehmen, analog zu den schon Mitte des Jahrhunderts entstandenen Einkaufszusammenschlüssen der Handwerker[102], Ende des 19. Jahrhunderts[103] vermehrt in Einkaufskooperationen zusammen. Diese wiesen ausschliesslich die Rechtsform der Genossenschaft auf.[104] Man wollte sich „durch Zusammenfassen der Bestellmengen, Auftragskonzentration und Übernahme von Grosshandelsfunktionen"[105] gegenüber der Konkurrenz seitens der Grossbetriebsformen, wie Filialbetrieben, Warenhäusern und Konsumgenossenschaften einerseits und Kartellen, Syndikaten und Konzernen der Industrie andererseits behaupten und Preis- und Konditionsvorteile erzielen. Aufgrund der zumeist starken regionalen Begrenzung der Einkaufskooperationen, ihren geringen Mitgliederzahlen und kleinen Umsätzen, schlossen sich diese schon bald in überregionalen und nationalen Zentralverbänden zusammen, um die grössenbedingten Vorteile dieser Gebilde nutzen zu können.[106]

---

[102] Vgl. Lingenfelder (1996), S. 25.

[103] So entstand 1887 die *hadeka* als erste Einkaufsgenossenschaft des Einzelhandels (vgl. Nieschlag (o.J.), S. 4, und Lingenfelder (1996), S. 25).

[104] Vgl. Faust (1977), S. 285, sowie Nieschlag (o.J.), S. 4.

[105] Otto (1992), S. 169.

[106] Vgl. Olesch (1994), S. 16, Otto (1992), S. 169, Hansen/Algermissen (1979), S. 80.

Da die Einkaufskooperationen eine möglichst hohe Bezugsquote ihrer Mitglieder erreichen wollten, die Einführung eines Bezugszwanges jedoch nicht durchsetzbar war, ging in der Folge die Entwicklung hin zu sog. *Full-Service-* oder auch *Marketing Einkaufskooperationen*, bei denen durch die Bereitstellung zusätzlicher Leistungen versucht wurde, die Bezugsquoten und die Bindung der Mitglieder an die Kooperation zu steigern und neue Mitglieder zu gewinnen.[107] Aus diesem Grunde führt *Metz* an, dass heute nur wenige reine *Einkaufs*kooperationen bestehen und ein überwiegender Teil der Arbeit dieser Gebilde heutzutage im Erbringen von Dienstleistungen für die Mitglieder besteht.[108]

Aschhoff/Henningsen vertreten sogar die Auffassung, dass die Bezeichnung *Einkaufs*kooperation heute aufgrund dieser Entwicklung überholt und unzeitgemäss ist.[109]

In neuerer Zeit ist die Entwicklung der Einkaufskooperationen des Einzelhandels zunehmend von starker Konzentration und Mitgliederrückgang geprägt. Insgesamt über den ganzen Sektor gesehen sind jedoch Umsatzsteigerungen zu verzeichnen.[110]

---

107 Vgl. u.a. Otto (1992), S. 169 sowie Rosmanith/Scharrer/Vogel (1998), S. 17.

108 Vgl. Metz (1988), S. 72, und Ringle (1995), S. 163.

109 Vgl. Aschhoff/Henningsen (1995), S. 110. Der Verfasser teilt vor allem aufgrund der eigenen empirischen Erkenntnisse diese Auffassung nicht. So wurde in der eigenen Untersuchung herausgefunden, dass der Einkauf als Tätigkeit dieser Kooperationen nach wie vor deutlich die wichtigste Tätigkeit, sowohl im Inland als auch im Ausland einnimmt (vgl. Kapitel IV, Unterabschnitt 6.3.2).

110 Vgl. beispielsweise Siebermann (1996), S. 20, oder o.V. (1996 b), S. 25, der diese Entwicklung exemplarisch an der Bäko-Zentrale West eG, Duisburg/D, einer Bäcker-Einkaufsgenossenschaft, aufzeigt. Eine zunehmende Konzentration ist z.B. auch innerhalb der EDEKA-Gruppe in Deutschland zu beobachten. Von 1986-96 reduzierte sich die Zahl der EDEKA-Grosshandelsbetriebe bereits von 30 auf 13 mit dem langfristigen Ziel, nur noch zehn bis elf Grosshandelszentren der Gruppe in Deutschland aufrechtzuerhalten. So fusionierten 1994 u.a. die EDEKA-Regionalgenossenschaften Duisburg und Bielefeld und 1996 diejenigen von Bremen und Nordwest (Oldenburg) (vgl. EDEKA Zentrale AG, S. 13, M+M Eurodata (1995), S. I, 19). Auch sank bei EDEKA in den letzten zehn Jahren die Anzahl der Einzelhandels-Geschäfte von 16'000 auf 10'000 (vgl. o.V. (1997 d), S. 28).

Eine weitere Tendenz ist der zunehmende Verlust von Mitglieder- bzw. Kundenbindung,[111] dem die Kooperationen beispielsweise durch Gründung von Franchise-Systemen entgegenwirken. Um ihr Wachstum zu sichern, gehen diese Zusammenschlüsse auch vermehrt dazu über, Nichtmitgliedergeschäfte zu beliefern oder eigene Geschäfte zu betreiben, was bei den Einkaufskooperationen in der Rechtsform der Genossenschaft zwangsläufig zu Konflikten mit dem genossenschaftlichen Förderauftrag der Mitglieder führt.[112] In diesem Zusammenhang ist auch die Gründung eigener Filialen seitens der Einkaufskooperationen zu sehen, welche die Geschäfte der eigenen Mitglieder konkurrenzieren. Dies findet vor allem im Lebensmittelbereich statt.[113]

Hinzu kommt bei genossenschaftlichen Einkaufskooperationen die Problematik, dass häufig eine selektive Mitgliederpolitik betrieben wird und wirtschaftlich schwächere Klein- und Mittelbetriebe von einem Eintritt ausgeschlossen werden. Dies steht allerdings bei Einkaufskooperationen in der Rechtsform der Genossenschaft im Widerspruch zum genossenschaftlichen Selbsthilfegedanken und zum Prinzip der Offenheit dieser Rechtsform, welches ein Ablehnen von Mitgliedern grundsätzlich untersagt.[114]

Eine weitere Tendenz der letzten Jahre ist die bereits angesprochene vermehrte Abkehr von der Rechtsform der Genossenschaft (eG) hin zu

---

[111] Vgl. Purtschert (1990), S. 264 ff.

[112] Vgl. Otto (1992), S. 170.

[113] Vgl. u.a. o.V. (1997 c). Besonders eindrucksvoll zeigt sich diese Entwicklung bei der REWE-Gruppe in Deutschland, dem grössten europäischen Lebensmittelhändler, bei der nur noch rund ein Drittel der REWE-Geschäfte selbständigen Einzelhändlern gehören (vgl. auch REWE-Zentral AG (1997), o.S.).

[114] Vgl. Hansen/Algermissen (1979), S. 80.

anderen Rechtsformen, besonders der AG[115], der GmbH oder KG[116]. Der genossenschaftliche Fördergedanke wird jedoch zumeist auch in der neuen Rechtsform statutarisch beibehalten. Gründe für die Umwandlungen sind die durch den steigenden Wettbewerb spürbar werdenden Nachteile bei der Finanzierung, der Ausgestaltung der Organisationsstruktur sowie steuerliche und haftungsrechtliche Gründe. Die meisten dieser Nachteile gegenüber anderen Rechtsformen sind heute jedoch weitgehend ausgeräumt.[117] Als Zwischenform bzw. Übergang von der Genossenschaft zur Aktiengesellschaft sind Genossenschaften anzusehen, die Aktien oder auch (börsengängige) Genussscheine ausgeben.[118]

Als Gegentendenz zu den Rechtsformumwandlungen sind heute auch wieder Einkaufsgenossenschaften anzutreffen, welche die Rechtsform der Genossenschaft bewusst beibehalten, da sie zur Mitgliederbindung beiträgt.[119]

---

[115] Beispiele hierfür sind in der Schweiz die Amidro AG, Biel, oder die CASIC Einkaufsgesellschaft, Basel (vgl. Handelskammer Deutschland-Schweiz (1991), S. 54 ff. und 84 ff.). Ein aktuelles Beispiel ist die Umwandlung der Zentrasport-Genossenschaft in eine Aktiengesellschaft im Zuge des Zusammenschlusses mit der Intersport AG und der Camaro Sport (vgl. Schmocker (1996), S. 19, Buse (1996), S. 19, sowie Bitterli (1996), S. 28, und Bitterli (1997 a), S. 23). Beispiele aus Deutschland sind die REWE-Zentral AG, die EDEKA Zentrale sowie der Nürnberger Bund 1996 (Vgl. Rosmanith/Scharrer/Vogel (1998), S. 16.). Auch allgemein im genossenschaftlichen Einzelhandel, besonders in der Schweiz, werden seit langer Zeit Rechtsformumwandlungen im Genossenschaftswesen diskutiert. Vgl. hierzu beispielsweise die neuerliche Diskussion der Umwandlung der Migros Genossenschaft in eine AG, u.a. bei Gisler (1997), S. 7, und Bitterli (1997 b), S. 25. Vgl. allgemein zu dieser Problematik auch Blümle (1997), S. 2.

[116] Zur Problematik der genossenschaftlichen GmbH und KG, vgl. Wölfle (1996).

[117] Vgl. auch zur weiteren Vertiefung Götz (1981), S. 5 ff., und Tietz (1993 b), S. 661.

[118] Vgl. Brazda (1991), S. 3. Ein Beispiel hierfür ist die österreichische ADEG-Einkaufsgenossenschaft, die 1991 geplant hatte, Vorzugs- und Stammaktien zu emittieren.

[119] Ein Beispiel aus der Schweiz ist die Einkaufsgenossenschaft der Gärtnermeister und Floristen (ESG). Vgl. Interview Blaser, 13.6.96, sowie Einkaufsvereinigung Schweizerischer Gärtnermeister und Floristen (1996).

Als weitere Tendenz bei den Genossenschaften ist zudem seit den 90er Jahren ein vermehrtes Zusammenschliessen in Zentralkooperationen zu beobachten.[120]

Trotz allem erfüllen Einkaufskooperationen nach wie vor die Funktion, die Wettbewerbsposition von Klein- und Mittelbetrieben gegenüber den grossen Filialunternehmen zu stärken. So sähe nach *Tietz* die Struktur des Einzelhandels ohne Kooperationssysteme heute anders aus, nämlich mit mehr Filialunternehmen und weniger Mittelstand.[121]

Zusammenfassend sind als Haupttendenzen der Entwicklung von Einkaufskooperationen in den letzten Jahren festzuhalten:
- Entwicklung von Einkaufs- zu Full-Service-Kooperationen,
- Konzentration,
- Mitgliederrückgang bei steigenden Gesamtumsätzen,
- Verlust der Mitgliederbindung/Verselbständigung der Kooperation,
- Tätigung von Nichtmitglieder-Geschäften,
- Umwandlung der Genossenschaften in andere Rechtsformen,
- Zusammenschliessen in Zentralkooperationen.

Die Darstellung der geschichtlichen Entwicklung hat bereits einige Funktionen aufgezeigt, die Einkaufskooperationen erfüllen können. Diese Funktionen werden im folgenden zusammenfassend dargestellt.

5.2.4 Funktionen

Entstehungsgeschichtlich haben Einkaufskooperationen die Funktion, durch Bündelung der Bestellmengen für ihre Mitglieder günstigere Beschaffungsmöglichkeiten zu bieten. Hierbei üben die meisten Einkaufskooperationen Eigen- und Fremdgeschäfte aus. „In einem Fall

---

[120] Vgl. Brazda/Schediwy/Todey (1997), S. 332. Die Autoren beziehen diese Aussage hauptsächlich auf Österreich und nennen als Beispiele u.a. die österreichischen Bäko-Genossenschaften.

[121] Vgl. Tietz (1993 b), S. 657.

kaufen sie die Ware auf eigene Rechnung und nehmen sie auf Lager, im anderen Fall kaufen sie für Rechnung ihrer Mitglieder und übernehmen eine Ausfallbürgschaft für deren Aufträge (Delkrederegeschäft) sowie die zentrale Regulierung des gesamten Zahlungsverkehrs zwischen Einzelhändler und Hersteller (Zentralregulierungsgeschäft)."[122]

Diese originäre Funktion der Bereitstellung günstiger Einkaufskonditionen besteht zwar heute noch, jedoch kommt dem Anbieten weiterer Dienstleistungen eine immer grössere Bedeutung zu. Diese können sie sowohl für Mitglieder als auch für Nichtmitglieder anbieten. Vor allem der Dienstleistungserbringung für die Mitglieder als Träger der Kooperation kommt eine grosse Bedeutung zu, da eine Einkaufskooperation langfristig nur überleben kann, wenn es ihr gelingt, ihre Mitglieder mit ihren Dienstleistungen zufriedenzustellen.[123]

Heute werden von modernen Full-Service-Einkaufskooperationen Dienstleistungen für alle Bereiche der Mitgliedsfirmen angeboten, wobei der Marketingbereich überwiegt. Ausserdem sind diese Gebilde wegen der finanziellen, sachlichen und personellen Mittel eher in der Lage, Entwicklungen auf den relevanten Märkten zu überblicken und zu analysieren und die daraus gewonnenen Erkenntnisse an ihre Mitglieder weiterzugeben.[124].

Abschliessend ist festzuhalten, dass sich Einkaufskooperationen heute

---

[122] Aschhoff/Henningsen (1995), S. 113. Eine entscheidende Problematik beim Fremdgeschäft besteht darin, dass die Zahlung des Einzelhändlers an die Einkaufskooperation keine schuldbefreiende Wirkung hat, weshalb das Mitglied im Falle eines Konkurses der Einkaufskooperation seine Zahlung nochmals zu leisten hätte (vgl. von Mett (1996), S. 24 f., und Zentralverband Gewerblicher Verbundgruppen (o.J.), S. 10). Konkurse im Bereich der Einkaufskooperationen, vor allem aufgrund der rezessiven Entwicklungen der letzten Jahre, sind die Fälle der Profi Electronic GmbH, der hadeka eG, der Münchner Sport Einkaufsgenossenschaft eG oder der Santea (vgl. Otto (1992), S. 169, Aschhoff/Henningsen (1995), S. 113, Wellenbeck (1995), S. 19 ff., sowie Engelhardt (1989), S. 146).

[123] Vgl. Blümle (1991), S. 6.

[124] Vgl. Engelhardt (1989), S. 146, und Götz (1981), S. 5.

dadurch charakterisieren, dass sie neben den Einkauf für ihre Mitglieder durchführen und vor allem auch sonstige Dienstleistungen bereitstellen. Tabelle 2-4 fasst die wichtigsten dieser Dienstleistungen zusammen

Tabelle 2-4: Dienstleistungen moderner Full-Service-Kooperationen[125]

Unternehmensbereiche	*Dienstleistungen*
Einkauf	• Bündelung der Einkaufsvolumina • Erzielung günstigerer Konditionen
Marketing	• Erarbeitung von Marketing-Konzeptionen • kooperative Werbung und Verkaufsförderung • umfassende Marktinformation • Bereitstellen von Shopgestaltungsprogrammen • Schaffung von Handelsmarken[126] • preispolitische Koordination • Erzeugung einer Gruppen-Corporate Identity • Vorstrukturierung des Sortiments
Weiterbildung	Ausbildung und Schulung
Finanzierung	Investitions- und Kapitalbeschaffungsprogramme
Rechtsbereich	Beratung in Steuer- und Handelsrechtsfragen

5.2.5 Die Einkaufskooperationen des Einzelhandels als Dienstleistungsbetriebe

Einkaufskooperationen können aufgrund ihres primären Ziels der Fremdbedarfsdeckung zu den Dienstleistungsbetrieben[127] gezählt werden.

[125] Quelle: Eigene Darstellung, in Anlehnung an Otto (1992), S. 169, Aschhoff/ Henningsen (1995), S. 113, Wellenbeck (1995), S. 19 ff., Engelhardt (1989), S. 146, sowie Hansen/Algermissen (1979), S. 80.

[126] Ein Beispiel sind die SELEX-Eigenmarken der Markant (vgl. Schalla (1991), S. 64 ff.).

[127] Vgl. allgemein zu Dienstleistungsbetrieben Bruhn (1997), Hilke (1989), S. 10 ff. sowie Meffert/Bruhn (1995), S. 27, Blümle (1996), Blümle (1990), Mösslang (1996) sowie Hill/Attiger/Ziegler (1994).

Im Gegensatz zu den meisten anderen Dienstleistungsunternehmen sind Einkaufskooperationen sogar Dienstleistungsbetriebe im doppelten Sinne: einerseits erbringen sie Dienstleistungen für ihre Mitglieder, andererseits betreiben sie aber auch in vielen Fällen Geschäfte mit Nicht-Mitgliedern und erstellen für diese Leistungen.[128] *Blümle* bezeichnet deshalb Einkaufskooperationen auch als „Dienstleister in Potenz."[129]

6. Empirische Aussagen über die Bedeutung der Einkaufskooperationen des Einzelhandels

6.1 Vorbemerkung

Der folgende Abschnitt hat zum Ziel, empirische Aussagen zu den Einkaufskooperationen des Einzelhandels aus Deutschland, der Schweiz und Österreich zusammenzutragen.

Da jedoch, wie bereits in der Einleitung dieser Arbeit erwähnt, bislang kaum umfassende empirische Erkenntnisse über diese Unternehmen vorliegen, können die folgenden Darstellungen nicht ein abgeschlossenes Bild des Sektors vermitteln, sondern lediglich einzelne Teilbereiche darstellen.

6.2 Einkaufskooperationen in der Schweiz

Da in der Schweiz keine zentrale Prüfungspflicht besteht, ist die

---

[128] Diese Eigenschaft haben Einkaufskooperationen mit mitgliedschaftlich strukturierten Nonprofit-Organisationen gemeinsam.

[129] Blümle (1990), S. 4.

statistische Erfassung in diesem Land stark erschwert.[130]

Die Einkaufskooperationen spielen von ihrer umsatzmässigen Grösse her betrachtet im schweizerischen Einzelhandel eine eher untergeordnete Rolle. So befand sich 1995 und 1996 keine dieser Einkaufskooperationen unter den 20 grössten Unternehmen des schweizerischen Einzelhandels.[131] Unter den 500 grössten Unternehmen des Landes nach Umsatz, waren 1997 gerade vier Einkaufskooperationen, wobei eine dem Handwerk zuzurechnen ist.[132] Betrachtet man andererseits die Bedeutung einzelner Schweizer Einkaufskooperationen in bestimmten Branchen, so haben diese teilweise ein grosses Gewicht. So hielt beispielsweise die *Intersport* vor ihrem Zusammenschluss mit der *Zentrasport* mit 104 angeschlossenen Fachgeschäften einen Marktanteil von mehr als 20%.[133]

Die folgenden Ausführungen beschränken sich mangels anderer Quellen vorwiegend auf die Einkaufskooperationen in der Rechtsform der Genossenschaft.

---

130 Vgl. Gutersohn (1969), S. 91. In Deutschland existiert ein allgemeiner Dachverband der Einkaufskooperationen, der jedoch weder einen Prüfungsverband darstellt noch eine gesetzlich verankerte Mitgliedschaft hat. Deshalb sind nicht alle deutschen Einkaufskooperationen dort Mitglied. Die genossenschaftlichen Einkaufskooperationen jedoch müssen Mitglied in einem Prüfverband sein (vgl. § 54 Deutsches Genossenschaftsgesetz über die Pflichtmitgliedschaft in einem Prüfungsverband). In Österreich müssen Einkaufsgenossenschaften einerseits Mitglied des Österreichischen Genossenschaftsverbandes sein. Diese Mitgliedschaft ist im Handelskammergesetz verankert. Andererseits besteht eine Pflichtmitgliedschaft in einem Revisionsverband, die im österreichischen Genossenschaftsrecht geregelt ist (vgl. Österreichischer Raiffeisenverband (1989), S. 24 ff.).

131 Vgl. Schweiz. Verkaufsförderungs-Forum (1996), S. 43, sowie Schweiz. Verkaufsförderungs-Forum (1997), S. 27. Diese Aussage bezieht sich nicht nur auf die Einkaufskooperationen in der Rechtsform der Genossenschaft.

132 Vgl. HandelsZeitung (1997), S. 49 ff. Es handelt sich hierbei um die HC Commerciale (Platz 167), die Pistor AG (Platz 225), die jedoch dem Handwerk zuzurechnen ist, die Amidro AG (Platz 402) sowie die Zentrasport (Platz 499).

133 Vgl. o.V. (1995), S. 31.

Die meisten Einkaufsgenossenschaften des Einzelhandels entstanden in der Schweiz in den 20er und 30er Jahren unter dem Einfluss der Wirtschaftskrise. Die letzte Untersuchung des Sektors in der Schweiz stammt aus dem Jahr 1969. Damals bestanden im Gewerbe in der Schweiz 63 Genossenschaften. Davon waren 34 Einkaufskooperationen des Einzelhandels, mit rund 11'900 Einzelhändlern als Mitglieder. Nur fünf Einkaufskooperationen waren im Lebensmitteleinzelhandel tätig, wobei sie mit über 6'000 Mitgliedern mehr als 50% aller in Einkaufskooperationen organisierten Einzelhändler aufwiesen.[134]

Wie diese Einkaufskooperationen sich in ihrer Grösse unterschieden,[135] so bestanden auch in bezug auf die Bezugsquoten der Einzelhändler grosse Unterschiede. Gesamthaft gesehen lag die Bezugsquote im Lebensmitteleinzelhandel bei 40% - 60%.[136]

6.3 Einkaufskooperationen in Deutschland

Auch die Darstellung der Einkaufskooperationen in Deutschland muss aufgrund der unzureichenden Datenlage auf die Rechtsform der Genossenschaft beschränkt bleiben; jedoch liegen im Gegensatz zur Schweiz für Deutschland neuere Untersuchungen vor.

Von den rund 388'400 steuerpflichtigen Einzelhandelsunternehmen gehören laut genossenschaftsregisterlichem Ausweis ca. 46'800 einer Einkaufsgenossenschaft an. Das entspricht einer Quote von 13.5% aller Einzelhändler im Food- und Nonfood-Bereich. Aus dem Nahrungs- und Genussmittelhandel gehören rund 21'000 (¼ der Gruppe) und aus dem Nonfood-Bereich ca. 25'700 (jedes zehnte) Unternehmen einer

[134] Vgl. Gutersohn (1969), S. 73 ff.

[135] Die Mitgliederzahlen schwankten 1996 zwischen sechs (Assima Handels AG) und 3599 (Usego).

[136] Vgl. Gutersohn (1969), S. 76 ff.

Genossenschaft an.[137] In einzelnen Branchen kann die Bedeutung von Einkaufsgenossenschaften jedoch wesentlich grösser sein als die genannten es vermuten lassen. So sind in Deutschland jede zweite Drogerie, jedes dritte Lebensmittelgeschäft, jede dritte Apotheke und nahezu alle Schuhgeschäfte Mitglied einer Einkaufsgenossenschaft.[138]

Insgesamt existierten 98 Einkaufsgenossenschaften, deren Umsatz 1996 66.26 Mrd. DM betrug. Die 29 Genossenschaften des Food-Einzelhandels erwirtschafteten 46.33 Mrd. DM, wovon 41.60 Mrd. DM auf die EDEKA und die REWE entfielen.[139] Die 69 Genossenschaften im Nonfood-Einzelhandel erzielten 1996 fast 20 Mrd. DM Umsatz.[140]

Einkaufsgenossenschaften bestehen vor allem für Drogerieartikel, Hausrat, Eisenwaren, Bürobedarf, Schuhe und Textilien. In den neuen Bundesländern existieren bislang kaum Einkaufsgenossenschaften des Einzelhandels, da es in der DDR keinen selbständigen Einzelhandel

---

137 Vgl. Neumann (1992), S. 66 f., und EuroHandelsinstitut (1997), S 51. Die Deutsche Genossenschaftsbank spricht in ihrer jährlichen Statistik 1996 sogar von 50'000 Mitgliedern in Einkaufsgenossenschaften des Einzelhandels, diese Zahl ist jedoch nur geschätzt (vgl. Deutsche Genossenschaftsbank (1997 b), S. 20).

138 Vgl. Deutsche Genossenschaftsbank (o.J.), S. 7.

139 Betrachtet man auch den Umsatz der REWE und der EDEKA insgesamt, also inklusive den Umsätzen der angeschlossenen Mitglieder, der eigenen Filialen und der Kooperationspartner, so liegt der Umsatz der deutschen REWE-Gruppe 1996 in Europa bei 56.35 Mrd. DM, während sie in Deutschland einen Umsatz von 49,78 Mrd. DM erzielte (vgl. REWE-Zentral AG (1997), o.S., und o.V. (1997 c), S. 23). Der Umsatz der EDEKA-Gruppe betrug im selben Jahr 56.6 Mrd. DM (vgl. EDEKA Zentrale AG (1997), S. 3). Die Einkaufskooperation Markant als grösstes deutsches Handelsunternehmen erzielte 1996 allein gar einen Umsatz von 80.8 Mrd. DM (vgl. EuroHandelsinstitut (1997), S. 82).

140 Vgl. Deutsche Genossenschaftsbank (1997 b), S. 19 ff. Aschhoff/Henningsen (1995) nennen für 1993 eine Zahl von 88 Genossenschaften in diesem Bereich. Vgl. auch Neumann (1992), S. 67, und Deutsche Genossenschaftsbank (1997 b), S. 19 ff. Nach Angaben der Europäischen Gemeinschaft existierten 1983 in Deutschland insgesamt 456 Einkaufsgenossenschaften in Handel und Handwerk (vgl. Amt für amtliche Veröffentlichungen der Europäischen Gemeinschaften (1986), S. 376).

gegeben hat.[141]

Der Marktanteil der kooperativen Handelssysteme liegt in Deutschland insgesamt bei 40-45%.[142] Tabelle 2-5 zeigt quantitative Daten der Einkaufskooperationen nach Branchen und verdeutlicht, dass in einigen Sektoren des Nonfood-Bereichs den Einkaufskooperationen eine grosse Bedeutung zukommt.

Tabelle 2-5: Die Bedeutung der deutschen Einkaufskooperationen nach Branchen[143]

Branche	*Anteil von Einkaufskooperationen am Inlandsabsatz (in %)*
Haushaltswaren	50
Möbel	49
Spielwaren	44
Nahrungs- und Genussmittel	43
Schuhe	44
Sportartikel	27
Elektro / Elektronik	17
Textil / Bekleidung	15
Foto	6

141 Vgl. Aschhoff/Henningsen (1995), S. 111.
142 Vgl. Olesch (1994), S. 16, und Schuler (1992), S. 164.
143 Quelle: Neumann (1992), S. 67, modifiziert durch den Verfasser. Die Zahlen beziehen sich auf 1986.

6.4 Einkaufskooperationen in Österreich

Wie auch in den beiden vorangehenden Abschnitten, bleibt die Darstellung der österreichischen Einkaufskooperationen auf diejenigen in der Rechtsform der Genossenschaft beschränkt.

In Österreich bestanden 1996 insgesamt 46 Einkaufsgenossenschaften, wovon 22 im Handel tätig waren. In diesen 22 Unternehmen waren über 6'100 Mitglieder organisiert und über 3'000 Personen beschäftigt. Ihr Gesamtumsatz betrug Ende 1996 rund 17.4 Mrd. ÖS.[144] Gegenüber dem Ende der 60er Jahre bedeutet dies eine Verringerung der Anzahl der Einkaufsgenossenschaften um mehr als die Hälfte.[145]

„Die mit Abstand wichtigsten unter ... [den Einkaufsgenossenschaften] arbeiten im Lebensmitteleinzelhandel."[146] Zwar existieren in diesem Bereich nur vier Unternehmen; diese erwirtschafteten 1996 jedoch mit 10.2 Mrd. ÖS fast 60% des Umsatzes all dieser Genossenschaften des Handels.[147] Das bedeutendste Unternehmen in diesem Bereich ist die ADEG, das grösste Mitglied des Österreichischen Genossenschaftsverbands, welche Platz drei im österreichischen Einzelhandel[148] und Platz dreizehn der österreichischen Unternehmen inne hat.[149]

Innerhalb des Nichtlebensmittel-Handels existieren die meisten

---

144 Vgl. Österreichischer Genossenschaftsverband (1997), S. 86.

145 Vgl. Ruppe (1970), S. 96 f., sowie Weissel (1986), S. 399. Gegenüber dem Vorjahr hatten sich jedoch keine nennenswerten Veränderungen ergeben (vgl. Österreichischer Genossenschaftsverband (1996), S. 63).

146 Ruppe (1970), S. 97. Dies trifft auch heute noch im gleichen Masse zu (vgl. Österreichischer Genossenschaftsverband (1997), S. 86).

147 Vgl. Österreichischer Genossenschaftsverband (1997), S. 86, und Weissel (1986), S. 403.

148 Vgl. Maurer (1996), S. 57 und 65. Der erwartete Marktanteil der ADEG nach dem Bankrott des Konsum beläuft sich auf 12.6% (vorher: 11.7%).

149 Die Billa-Gruppe ist eine Tochter der deutschen REWE-Gruppe und bekleidet unter den österreichischen Unternehmen den vierten Rang (vgl. hierzu Kattinger (1996), S. 46, sowie REWE-Zentral AG (1997), S. 24).

Einkaufsgenossenschaften in der Elektro-Branche, im Schuh- und Sport-Bereich sowie im Apotheken- und Drogerien-Sektor. Auf diese drei Sektoren entfiel ein Umsatz von über 6.7 Mrd. ÖS.[150]

Im Gegensatz zur Schweiz existiert in Österreich ein Genossenschaftsverband auf nationaler Ebene, der neben der Wahrnehmung der Interessenvertretung gleichzeitig den Prüfungsverband für die österreichischen Einkaufsgenossenschaften darstellt.[151]

In Tabelle 2-6 sind die österreichischen Einkaufsgenossenschaften zusammenfassend nach Branche mit Umsatz und Mitgliederzahlen dargestellt.

Tabelle 2-6: Österreichische Einkaufsgenossenschaften nach Branchen[152]

Branche	*Anzahl Einkaufsgenossenschaften*	*Mitglieder*	*Umsatz (in Tsd. ÖS)*
Lebensmittel	4	1'268	10'233'211
Schuhe / Sport	4	641	4'060'674
Elektro	2	327	1'542'946
Apotheken / Drogerien	3	230	1'084'879
Sonstige	9	3'647	433'562

150 Vgl. Österreichischer Genossenschaftsverband (1997), S. 86.

151 Vgl. Ruppe (1970), S. 102.

152 Quelle: Eigene Darstellung, in Anlehnung an Österreichischer Genossenschaftsverband (1997), S. 86. Die Zahlen beziehen sich auf 1996.

7. Zusammenfassung der Ergebnisse des 2. Kapitels

Im folgenden werden die Hauptaussagen dieses Kapitels zusammengefasst:

- Dieser Arbeit liegt eine weite Definition des *Handels* zugrunde. Er wird definiert als Austausch von Waren und Dienstleistungen zwischen Wirtschaftssubjekten.
- Der *Einzelhandel* befasst sich mit dem Einkauf und dem Absatz von Handelswaren an Endverbraucher. In dieser Arbeit werden all diejenigen Unternehmen zum Einzelhandel gezählt, die zum überwiegenden Teil, d.h. zu mehr als 50%, ihre Waren an Endverbraucher absetzen.
- Der *Einkauf* stellt eine, in manchen Branchen sogar die Schlüsselfunktion des Einzelhandels dar. Für diese Arbeit ist vor allem der direkte, mehrmalig stattfindende Einkauf im Ausland von Interesse.
- *Zwischenbetriebliche Kooperationen* werden eingegangen, um Aufgaben gemeinsam besser bewältigen zu können. Sie können aus verschiedensten Motiven heraus eingegangen werden, wobei den Kostensenkungsaspekten eine entscheidende Bedeutung zukommt. In dieser Arbeit werden vor allem vertikale redistributive Beschaffungskooperationen betrachtet, die der Kooperation hauptsächlich den Einkauf übertragen.
- Unter einer *Einkaufskooperation des Einzelhandels* wird eine Integrationsform des Handels verstanden, die durch Kooperation selbständiger Einzelhandelsbetriebe entstanden ist. Wesensmerkmale von Einkaufskooperationen sind die Förderung der Mitglieder als primäre Zielsetzung, die Rückwärtsintegration und die Freiwilligkeit des Zusammenschlusses. Einkaufskooperationen wurden hauptsächlich von kleinen und mittleren Unternehmen gegründet, um im Wettbewerb mit den Grossunternehmen der Branche bestehen zu können. Die Hauptfunktion von Einkaufskooperationen stellt auch heute noch der kostengünstige gemeinsame Einkauf dar, wobei eine Entwicklung hin zu Full-Service-Kooperationen

festzustellen ist, die vor allem ihren Mitgliedern, aber auch anderen Unternehmen ein breites Service-Angebot zur Verfügung stellen.

- Einkaufskooperationen haben in der Schweiz eine eher untergeordnete Bedeutung. Einkaufskooperationen in Deutschland sind stark verbreitet, wobei der Lebensmittelbereich den weitaus wichtigsten Sektor für diese Organisationen darstellt. Auch in Österreich existieren die wichtigsten Einkaufskooperationen im Food-Sektor.

III. Die Internationalisierung von Einkaufskooperationen des Einzelhandels in der Literatur

1. Überblick

Der erste Abschnitt dieses Kapitels erläutert den Begriff der Internationalisierung und grenzt Auslöser, Motive und Vorteile einer Internationalisierung voneinander ab.[153] Der zweite Abschnitt befasst sich mit der Internationalisierung des Einzelhandels, woraufhin im dritten Abschnitt die Internationalisierung der Einkaufskooperationen des Einzelhandels dargestellt wird. Im vierten Abschnitt werden die drei Schlüsselentscheide, welche im Zuge eines Internationalisierungsprozesses zu fällen sind, vorgestellt: die Wahl der Tätigkeit, welche man im Ausland ausüben möchte, das Land, in dem man dies zu tun wünscht, und die Strategie, mit welcher die Tätigkeit im Ausland implementiert werden soll. Zu jeder dieser Entscheidungen werden die möglichen Alternativen vorgestellt. Der darauffolgende Abschnitt gibt einen Überblick über die empirischen Studien und Abhandlungen zur Internationalisierung von Einkaufskooperationen in der Literatur. Am Schluss werden die wichtigsten Erkenntnisse des Kapitels nochmals dargestellt und die Grundentscheide der Internationalisierung morphologisch zusammengefasst.

---

[153] Volkswirtschaftliche und betriebswirtschaftliche Erklärungsansätze der Internationalisierung bleiben in dieser Arbeit unberücksichtigt. Einen Überblick hierzu gibt Lingenfelder (1996), S. 65 ff. und S. 119 ff.

2. Internationalisierung

2.1 Begriff

In der betriebswirtschaftlichen Literatur existiert für den Terminus *Internationalisierung*[154] keine einheitliche Definition.[155] Aus diesem Grunde sollen im folgenden einige verbreitete Sichtweisen der Internationalisierung dargestellt werden, um hieraus die für die vorliegende Arbeit geeignetste Begriffsbestimmung abzuleiten.

Grundsätzlich kann eine Internationalisierung als *Zustand* oder als *Prozess* verstanden werden. Zustandsorientierte Definitionen beschreiben die geographische Verteilung der Unternehmensaktivitäten, prozessorientierte die Änderung der geographischen Verteilung der Aktivitäten im Laufe der Zeit. Zustandsorientierte Definitionen befassen sich also eher mit der Frage, ab wann ein Unternehmen als international zu bezeichnen ist, während prozessorientierte Definitionen die Frage beantworten, ab wann von einer internationalen Tätigkeit gesprochen werden kann.[156]

Beginnend mit den zustandsorientierten Definitionen, bezeichnet *Voss* ein Unternehmen als international, welches zumindest einen Teil seiner Produkte regelmässig im Ausland anbietet, unabhängig davon, ob es

---

[154] Auf die viel diskutierte Abgrenzung des Begriffs der Internationalisierung gegenüber verwandten Termini wie dem der Globalisierung, Multinationalisierung oder Transnationalisierung wird an dieser Stelle nicht eingegangen, da zum einen noch keine endgültige Abgrenzung gefunden und der Übergang fliessend ist. Zum anderen ist nach Meinung des Verfassers die Unterscheidung für die vorliegende Untersuchung nicht von Relevanz. Vgl. zu dieser Problematik Kühn (1990), S. 20, Glaum (1996), S. 9, Germann/Rürup/Setzer (1996), S. 18 ff., Welfens (1990), S. 3 ff., zur Nedden (1994), S. 9., o.V. (1996 c), S. 23, sowie Longchamp/Huth (1996). Zum Grad der Internationalisierung, vgl. Dülfer (1992 b), S. 7, zu ihrer Messung, vgl. Glaum (1996), S. 12 ff.

[155] Vgl. hierzu u.a. Glaum (1996), S. 9, und Mösslang (1995), S. 22.

[156] Vgl. Glaum (1996), S. 11.

über ausländische Produktionsstätten verfügt.[157] *Lingenfelder* spricht dann von einer internationalen Unternehmenstätigkeit, wenn Waren regelmässig, in nennenswertem Umfang, in verschiedenen Ländern eingekauft bzw. verkauft werden.[158] Er erweitert die Definition von *Voss* um den Import. Für *Pausenberger* zählen der Import und Export noch nicht zur Internationalisierung. So bezeichnet er eine Unternehmung, welche lediglich durch diese beiden Aktivitäten mit dem Ausland verbunden ist, noch als „nationale Unternehmung"[159]. *Dunning*[160] hingegen sieht nur diejenigen Unternehmen als international an, welche Direktinvestitionen im Ausland tätigen. Für *Sieber* muss die Tätigkeit im Ausland für das Unternehmen zusätzlich noch vom Umfang her ernsthaft ins Gewicht fallen, damit es sich um eine internationale Firma handelt.[161] *Zinser/ Roth* vertreten ebenfalls diese Auffassung und führen aus, dass von Internationalisierung nur gesprochen werden kann, wenn ein Unternehmen mittels Direktinvestitionen Produktionsstätten im Ausland auf- bzw. ausbaut oder sich an solchen beteiligt.[162]

*Dülfer*s Sicht der Internationalisierung ist demgegenüber eine prozessorientierte Definition. Er versteht unter einer Internationalisierung weit

---

157 Vgl. Voss (1989), S. 3 f. Der Autor räumt jedoch ein, dass seine Definition schwer quantifizierbar und messbar ist.

158 Vgl. Lingenfelder (1996), S. 51.

159 Pausenberger (1982), S. 74. Im Widerspruch zu seinen eigenen Ausführungen von 1982 zählt der Autor 1994 den Export zu den Basisstrategien der Internationalisierung (vgl. Pausenberger (1994), S. 2 ff.).

160 Vgl. Dunning (1993), S. 3. Im weiteren Verlauf seiner Ausführungen weist der Autor jedoch darauf hin, dass der Übergang von einem nationalen zu einem internationalen Unternehmen oft fliessend ist.

161 Vgl. Dülfer (1992 b), S. 6.

162 Vgl. Zinser/Roth (1994), S. 137. Sie begründen dies damit, dass sowohl theoretisch als auch praktisch die Direktinvestition die interessanteste Strategie zur Internationalisierung sei, welche das Profil der Unternehmung nachhaltiger verändert als die Strategien des Exports und der Lizenzvergabe. Nach Meinung des Verfassers ist diese Begründung allein nicht haltbar.
Eng verbunden mit dem Thema der *Direkt*investitionen sind die *Des*investitionen aus dem Ausland, die starke Zuwachsraten verzeichnen. Vgl. zu dieser bislang wenig beachteten Thematik Welge (1989), S. 104.

gefasst „jede Art der Aufnahme erstmaliger oder zusätzlicher grenzüberschreitender Aktivitäten seitens der Unternehmung."[163] Auch *Grünig/Heckner*[164] definieren die Internationalisierung als Prozess, wobei sie die Definition von *Dülfer* wesentlich konkretisieren und zudem zwei mögliche Basisvarianten der Internationalisierung unterscheiden. Die Autoren sprechen einerseits von Internationalisierung, wenn im Inland produzierte Waren im Ausland verkauft werden (Internationalisierung I) und andererseits, wenn im Ausland Produktionsstätten für die im Inland erfolgreich eingeführten und eventuell auch für das Ausland angepasste Produkte errichtet bzw. erworben werden (Internationalisierung II).

Der vorliegenden Arbeit liegt der weite, prozessorientierte Internationalisierungsbegriff *Dülfers* zugrunde. Die Wahl eines sehr weiten Internationalisierungsbegriffes hat den Vorteil, dass auch die Anfänge einer Internationalisierung erfasst werden.[165]

2.2 Motive, Auslöser und Vorteile

2.2.1 Abgrenzung der drei Begriffe

Bevor auf konkrete Ausprägungen von Motiven, Auslösern und Vorteilen der Internationalisierung von Einkaufskooperationen eingegangen wird, seien diese drei Begriffe zum besseren Verständnis voneinander abgegrenzt. Diese sind in der Literatur häufig vermischt dargestellt worden.[166] *Motive* stellen Beweggründe für eine Verlagerung der

---

163 Dülfer (1982), S. 50, und Dülfer (1992 b), S. 8; gleich bei zur Nedden (1994), S. 9, ähnlich auch bei Dunning (1993), S. 4.

164 Vgl. Grünig/Heckner (1996). Die Autoren definieren den Begriff der Internationalisierung nur in Zusammenhang mit dem der Internationalisierungsstrategie, jedoch können die Begriffe hier nach Meinung des Verfassers analog verwendet werden.

165 Ähnlich argumentiert auch Lingenfelder (1996), S. 52.

166 Vgl. zur Nedden, welche die Begriffe *Motive* und *Vorteile* vermischt (vgl. zur Nedden (1994), S. 8 ff.). Vgl. zur Abgrenzung der Begriffe *Ziele der Internationalisierung* und *Motive der Internationalisierung* Müller/Kornmeier (1997), S. 83 ff.

Tätigkeit ins Ausland dar, welche generell für Unternehmen bestehen; deren blosse Existenz kann das Unternehmen jedoch noch nicht zu einem Auslandsengagement bewegen. *Auslöser* einer Internationalisierung hingegen stellen Ereignisse dar, welche einen Internationalisierungsprozess in Gang setzen. Häufig haben die hiervon betroffenen Unternehmen sich jedoch schon seit einiger Zeit mit dem Thema der Internationalisierung ihrer Tätigkeiten auseinandergesetzt. *Vorteile* einer Internationalisierung schliesslich sind positive Effekte, welche eine Unternehmung nutzen *kann*, nachdem sie ein Internationalisierungsvorhaben erfolgreich abgeschlossen hat und welche ihr Wettbewerbsvorteile gegenüber rein im nationalen Markt operierenden Firmen verschaffen können. Im folgenden seien nun Motive, Auslöser und Vorteile der Internationalisierung von Einkaufskooperationen dargestellt.

2.2.2 Motive

Es finden sich in der Literatur verschiedene Ansätze zur Einteilung von Internationalisierungsmotiven.[167] In Anlehnung an *Dunning*, welcher Unternehmen in *strategy seekers, natural resource seekers, efficency seekers* und *market seekers* einteilt, ist in Abbildung 3-1 eine eigene Einteilung dargestellt. Die ersten beiden Kategorien *Dunnings* sind zu den *Unternehmensstrategischen Motiven* zusammenfasst. Analog zu *Dunnings* Typologie werden des weiteren *Länderspezifische Motive* unterschieden, welche vor allem auch Motive der Kostenersparnis beinhalten. Zusätzlich wird die Kategorie *Persönliche Motive der Entscheidungsträger* eingeführt. Hierbei handelt es sich um persönliche Beweggründe zur Internationalisierung der verschiedenen Interessensgruppen einer Einkaufskooperation. Diese Art von Motiven ist bei *Dunning* nicht berücksichtigt.

---

[167] Vgl. beispielsweise die Einteilung in Push- und Pull-Effekte bei Hill et al. (1995), S. 21 ff., George/Diller (1993), S. 166 f., sowie bei Halm (1995), S. 103 ff.

Abbildung 3-1: Motive der Internationalisierung[168]

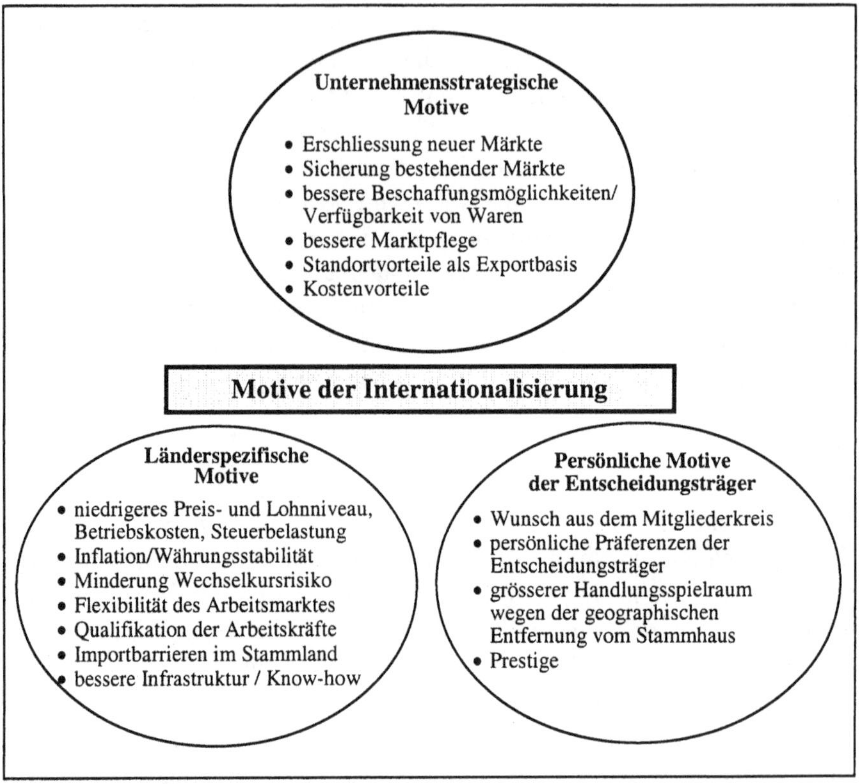

2.2.3 Auslöser

Auslöser eines Internationalisierungsprozesses stellen konkrete Ereignisse dar, die den Ausschlag geben, dass ein Unternehmen definitiv international tätig wird. Zumeist tritt ein solcher Auslöser jedoch nicht unvorbereitet und plötzlich ein, sondern ist nur für die Firmen von

[168] Quelle: Eigene Darstellung. Vgl. zu den Inhalten u.a. Hill et al. (1995), S. 21 ff., Halm (1995), S. 103 ff., Taggart/McDermott (1993), 20 ff., sowie Bradley (1991), S. 57 ff. Speziell zu Motiven von Auslandsinvestitionen, vgl. Müller-Hedrien (1997), S. 176 ff.

Interesse, welche bereits eine Internationalisierung der Tätigkeit ins Auge gefasst hatten. Auslöser sind eng verbunden mit den Motiven, wobei diese entschieden von der konkreten Situation und dem Umfeld abhängen, in welchem sich die Unternehmung bewegt. Aus diesem Grunde werden in der folgenden Tabelle 3-1 Beispiele für Auslöser der Internationalisierung dargestellt, wobei sie jeweils einem Motiv, mit dem sie zusammenhängen, zugeordnet werden. Die Aufzählung ist aufgrund des situativen Charakters der Auslöser jedoch nicht abschliessend. Bei Einkaufskooperationen kann zudem zwischen Auslösern seitens des Managements und seitens der Mitglieder unterschieden werden. Hierauf wird in Kapitel V konkreter eingegangen.

2.2.4 Vorteile

Auch die Vorteile der Internationalisierung wurden in der Fachliteratur eingängig diskutiert und systematisiert.[169] Die folgenden Ausführungen basieren weitgehend auf der Einteilung von *Mösslang*[170], da sich diese zum einen auf Dienstleistungsunternehmen bezieht und andererseits in bezug auf Struktur und Inhalt zweckmässig erscheint.

Mösslang unterscheidet fünf Arten von Vorteilen der Internationalisierung eines (Dienstleistungs-)Unternehmens:[171]

- Standortvorteile,
- Informationsvorteile,
- Grössenvorteile,
- Verbundvorteile und
- Internalisierungsvorteile.

---

169 Einen umfassenden Überblick über diese Ansätze gibt Mösslang (1995), S. 209 f.

170 Vgl. Mösslang (1995), S. 209 ff.

171 Einen anderen Ansatz wählt beispielsweise zur Nedden (1994), S. 8 ff., die zwischen *konventionellen komparativen Vorteilen*, *Grössendegressionseffekten* und *Vorteilen aus länderspezifischer Produktdifferenzierung* unterscheidet. *Attiger* unterscheidet hinsichtlich der Motive zwischen *Bedarfsdeckung*, *Gewinnmotive*, *Wachstumsmotive* und *Weitere Motive* (vgl. Attiger (1994), S. 25 ff.).

Bezüglich der *Standortvorteile* ist bei Dienstleistungsunternehmen die Nähe zum Kunden, im Fall der Einkaufskooperationen auch zu den Mitgliedern zu nennen. Zwar sind Einkaufskooperationen keine standortgebundenen Dienstleistungsunternehmen, bei denen im Falle ausländischer Kunden eine Standortwahl im Ausland unumgänglich wäre. Jedoch ist auch bei diesen Unternehmen eine qualitativ hochstehende Betreuung von Mitgliedern und Kunden vor Ort besser zu gewährleisten. Eine Standortwahl im Ausland ermöglicht des weiteren die Nutzung standortspezifischer Vorzüge, wie bessere steuerliche und rechtliche Rahmenbedingungen.[172]

Informationsvorteile lassen sich unterscheiden in *allgemeine Informationsvorteile* und *Informationsvorteile aufgrund bestehender Kundenbeziehungen.* Erstere werden dadurch hervorgerufen, dass eine international tätige Firma an allen ihren Standorten Informationen sammeln kann, welche einer rein national agierenden Firma nicht zugänglich sind. Informationsvorteile aufgrund bestehender Kundenbeziehungen entstehen dadurch, dass man Kunden oder auch Mitgliedern ins Ausland folgt, um die inländischen Geschäftsbeziehungen optimal aufrechterhalten zu können.

Grössenvorteile basieren auf Skaleneffekten, beispielsweise wenn eine optimale Betriebsgrösse im Heimmarkt nicht erreicht werden kann.

Verbundvorteile kommen vor allem dann zum Tragen, wenn ein internationales Filialnetz besteht.[173]

---

[172] Als Beispiel aus dem Bereich der Einkaufskooperationen ist die deutsche Markant-Einkaufskooperation (Markant Handels- und Warenvermittlungs-AG) zu nennen, die aus Steuergründen als Standort das schweizerische Pfäffikon/SZ gewählt hat.

[173] Als Beispiel einer Einkaufskooperation, welche solche Vorteile nutzt, kann die Spar International mit ihren 19'000 Filialen weltweit genannt werden (vgl. M+M Eurodata (1995), S. II, 7).

Tabelle 3-1: Beispiele von Auslösern der Internationalisierung und ihre Motive[174]

Motive	*Auslöser*
Notwendigkeit der Erschliessung neuer bzw. die Sicherung bestehender Märkte	• sinkende Umsatzzahlen • Markteintritt eines neuen Konkurrenten • Kaufangebot für ein ausländisches Unternehmen • Internationalisierung von heimischen Konkurrenten
Verbesserung der Beschaffungsmöglichkeiten / Erschliessung neuer Beschaffungsmärkte	• Kostenanalyse der Beschaffungskosten • Wunsch nach Ausweitung des Sortiments durch nicht auf dem Heimmarkt erhältliche Produkte
qualifizierte Arbeitskräfte im Ausland	Mangel an Facharbeitern in der Fabrikation
Währungsstabilität	stetig steigende Inflationsrate
niedrigere Steuern	massive Erhöhung der Unternehmenssteuern

Internalisierungsvorteile, Vorteile durch länderübergreifende unternehmensinterne Koordination von Aktivitäten, können positive Effekte durch die Umgehung von Handelshemmnissen bzw. die interne Koordination der inländischen und ausländischen Finanzierung darstellen.

Eine Gruppe von Vorteilen, welche bei *Mösslang* nicht explizit erwähnt sind, stellen Internationalisierungsvorteile durch Lerneffekte und Wissensgenerierung bei den beteiligten Mitarbeitern dar, welche

174 Eine ähnliche Aufstellung findet sich bei Bumbacher (1992), S. 77. Vgl. auch den ersten Schritt des Gesamtverfahrens zur Internationalisierung in Kapitel V.

dem Unternehmen auch im Heimmarkt zugute kommen können. Diese *Erfahrungsvorteile* kommen insbesondere dann zum Tragen, wenn heimische Mitarbeiter beispielsweise in eigenen Filialen über längere Zeit im Ausland tätig sind, bzw. das heimische Management durch ausländische Führungskräfte angereichert wird. Lerneffekte können darin bestehen, dass Erfahrungen mit neuen Produktionsmethoden, Organisationsformen und (Firmen-)Kulturen etc. gemacht werden, welche Ideen für den Heimmarkt abwerfen können. Zudem wird bei den Mitarbeitern Wissen für zukünftige, ähnlich gelagerte Expansionen generiert. Abbildung 3-2 veranschaulicht die Internationalisierungsvorteile nochmals.

Abschliessend ist festzuhalten, dass die beschriebenen Vorteile sich nur zum Teil von selber einstellen. Sie müssen systematisch durch das Unternehmen genutzt werden. So kommen z.B. Einsparungen aufgrund von Grössenvorteilen nur dann zum Tragen, wenn man durch die gesteigerte Bestellmenge zusätzliche Rabatte aushandeln kann.

Abbildung 3-2: Vorteile der Internationalisierung[175]

[175] Quelle: Eigene Darstellung, in Anlehnung an Mösslang (1995), S. 209 ff.

3. Internationalisierung des Einzelhandels

Basierend auf der Überlegung, dass bei stationären Einzelhändlern als Dienstleistungsunternehmen der Käufer unbedingt an der Leistungserstellung beteiligt sein muss, lassen sich nach *Blümle* grundsätzlich zwei Dimensionen der Internationalisierung des Einzelhandels unterscheiden (vgl. Abbildung 3-3):

- die Wanderung der Nachfrager (Konsumenten) ins Ausland und
- die Wanderung der Anbieter (Einzelhändler) ins Ausland.[176]

Da für diese Arbeit lediglich die Wanderung der Anbieter von Interesse ist, wird die Wanderung der Nachfrager hier nicht weiter betrachtet. Bei der Wanderung der Anbieter unterscheidet *Halm* zwischen der Wanderung in ausländische Absatz- und in ausländische Beschaffungsmärkte. Die Wanderung in ausländische Absatzmärkte kann sich nach *Halm* generell über die Strategien Franchising, Joint Venture, Akquisition und die Gründung einer Tochtergesellschaft vollziehen. Die Wanderung in ausländische Beschaffungsmärkte kann prinzipiell mit Hilfe derselben Strategien geschehen,[177] wobei jedoch das Franchising nach Meinung des Verfassers in der Praxis eine untergeordnete Rolle spielt.

Nach dieser kurzen Einführung in die Internationalisierung des Einzelhandels allgemein, beschäftigen sich die folgenden Ausführungen mit der Internationalisierung der Einkaufskooperationen des Einzelhandels und grenzen diese zu derjenigen des Einzelhandels ab.

---

[176] Vgl. Blümle (1991), S. 18, Halm (1995), S. 45 ff. sowie Blümle/Maass (1998), S. 190 ff. Es wird geschätzt, dass durch diese Art der Wanderung der Nachfrager ins Ausland allein dem Schweizer Einzelhandel 1992 etwa 1.5 Mrd. sFr. verloren gingen.

[177] Vgl. Halm (1995), S. 45 ff.

Abbildung 3-3: Grunddimensionen der Internationalisierung im stationären Einzelhandel und ihre Ausprägungen nach *Halm*[178]

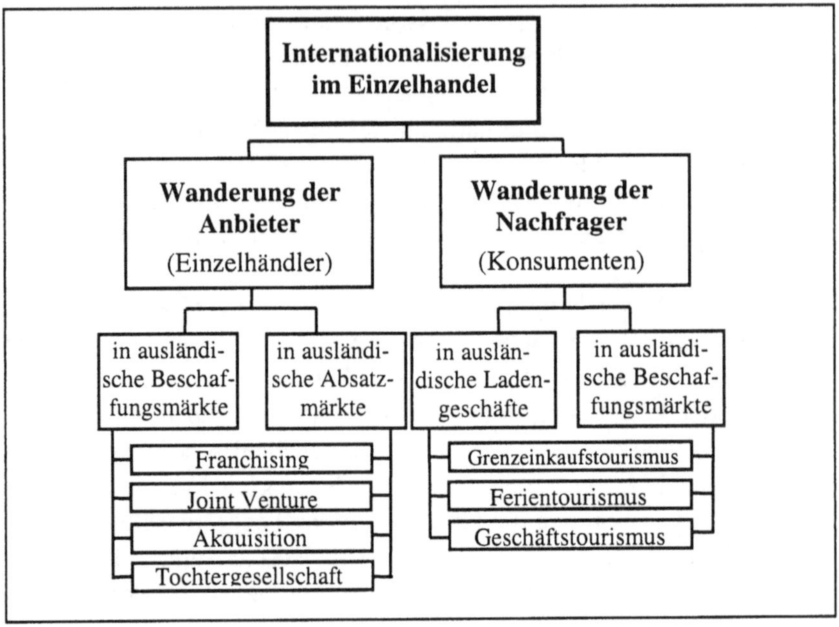

4. Internationalisierung der Einkaufskooperationen des Einzelhandels

Die Internationalisierung von Einkaufskooperationen unterscheidet sich in wesentlichen Aspekten von derjenigen ihrer Mitglieder, dem stationären Einzelhandel, durch die Tatsache, dass Einkaufskooperationen vor allem auf der Einkaufsseite tätig.

[178] Quelle: Halm (1995), S. 46, leicht modifiziert durch den Verfasser.

Für Einkaufskooperationen spielt im Gegensatz zum stationären Einzelhandel vor allem die Wanderung in die Beschaffungsmärkte eine entscheidende Rolle. Die Wanderung in die Absatzmärkte ist nur dann von Bedeutung, wenn die Einkaufskooperation eigene Vertriebssysteme besitzt. Die Grunddimensionen der Internationalisierung von Einkaufskooperationen im Gegensatz zum stationären Einzelhandel sind in Abbildung 3-4 dargestellt.

Weitere grundsätzliche Unterschiede in der Internationalisierung von Einkaufskooperationen ergeben sich aus der Tatsache, dass sie Mitglieder besitzen, die grossen Einfluss auf die Unternehmenspolitik nehmen können. Dies kann Einfluss auf die Wahl von Zielland, Tätigkeit (z.B. Gewinnung neuer Mitglieder) und Strategie haben. Zudem erfolgt die Auswahl der Zielländer unter anderen Gesichtspunkten als im stationären Einzelhandel.[179]

Nach diesem Überblick über die Internationalisierung von Einkaufskooperationen, werden in den folgenden Abschnitten die Schlüsselentscheidungen vorgestellt, welche sich die Entscheidungsträger einer Einkaufskooperation bei einer Internationalisierung zu stellen haben.

5. Die Grundentscheide einer Internationalisierung von Einkaufskooperationen

5.1 Die drei Grundentscheide und ihr Zusammenhang

Das Management einer Einkaufskooperation muss im Verlaufe bzw. im Vorfeld ihrer Internationalisierung drei grundlegende Fragen beantworten:

---

[179] Vgl. hierzu vor allem die Ausführungen in Kapitel V, Abschnitt 6.

Abbildung 3-4: Grunddimensionen der Internationalisierung von Einkaufskooperationen und ihre Ausprägungen[180]

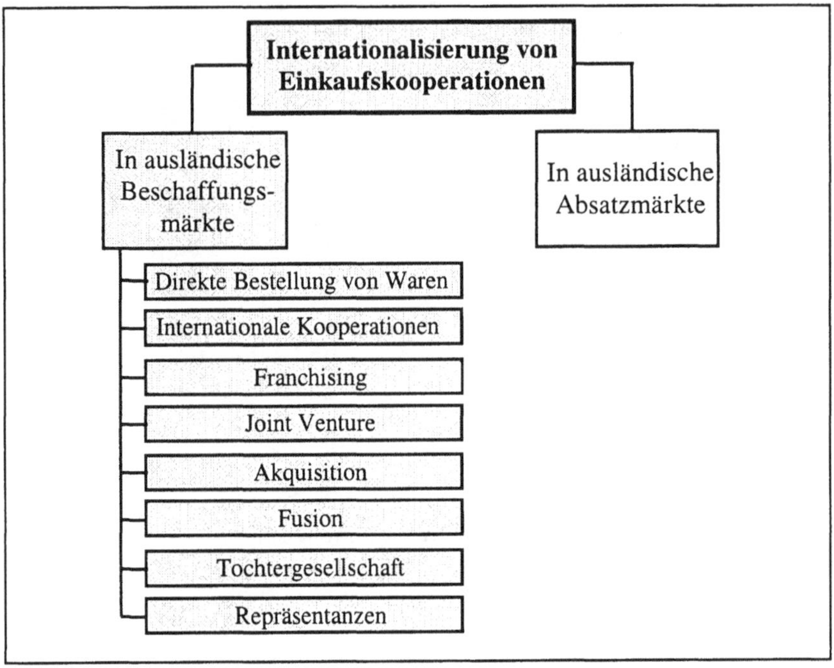

1. Welche Tätigkeit soll im Ausland allein bzw. in Zusammenarbeit mit ausländischen Partnern ausgeübt werden? (Was?)
2. In welchem Land bzw. in Zusammenarbeit mit Partnern aus welchem Land soll dies geschehen? (*Wo*)?
3. Auf welche Weise, d.h. mit welcher Strategie sollte die Internationalisierung vor sich gehen? (*Wie*)?

Diese Fragen, welche das Kernstück des in Kapitel V vorgestellten Verfahrens zur Erarbeitung eines Internationalisierungskonzeptes darstellen, sollten nachfolgend in der vorgeschlagenen Reihenfolge

[180] Quelle: Halm (1995), S. 46, modifiziert durch den Verfasser. Die in dieser Arbeit untersuchten Bereiche sind hervorgehoben.

beantwortet werden.[181] Es ist jedoch nicht ausser acht zu lassen, dass die zu treffenden Entscheidungen in einer engen Beziehung zueinander stehen und sich gegenseitig beeinflussen. Somit ist auch die Reihenfolge nicht als gradliniges Vorgehen von der ersten bis zur letzten Entscheidung zu verstehen, sondern immer auch von Rückkopplungen gekennzeichnet. Der Zusammenhang zwischen den Fragen ist in Abbildung 3-5 graphisch dargestellt.

Diese drei Fragen gelten in dieser Reihenfolge vor allem für Einkaufskooperationen, die bislang noch nicht oder kaum international tätig waren. Hieraus folgt, dass es sich um Markteintritte[182] handelt.

5.2 Mögliche Tätigkeitsgebiete für Einkaufskooperationen im Ausland

5.2.1 Überblick

Im Vorfeld der Internationalisierung einer Einkaufskooperation stellt sich die Frage, welche Tätigkeit sie international effizienter ausführen kann als im Inland und wo sich durch eine Internationalisierung der Tätigkeit Synergien und zusätzliche Gewinne erzielen bzw. Kosten einsparen lassen.

---

181 In der Praxis wird die Frage nach dem *wo* in der Regel die zweite zu klärende Frage darstellen, weshalb sie hier noch vor dem *wie*, das oft entscheidend von der Auswahl des Landes abhängen kann, zu stellen ist. Nach *Ziegler* bilden vor allem die Fragen nach dem Zielmarkt und der Markteintrittsstrategie die wesentlichen Entscheide der Internationalisierungsstrategie, wobei sich seine Ausführungen auf die Wirtschaftsprüfungsbranche beziehen (vgl. Ziegler (1994), S. 19 ff.). Andere Autoren betrachten insbesondere die Frage nach den *Wie* als die Schlüsselfrage. Vgl. Weiss (1996), S. 1. Auch Terpstra/Saranthy (1991), S. 361, bringen dies zum Ausdruck: „We cannot overemphasize the importance of the choice of method of entry into foreign markets. It is one of the most critical decisions in international marketing." (vgl. Terpstra/Saranthy (1991), S. 361, zit nach Weiss (1996), S. 1).

182 Der Begriff wird in Abschnitt 5.4.1 dieses Kapitels definiert.

Abbildung 3-5: Die drei Grundfragen der Internationalisierung[183]

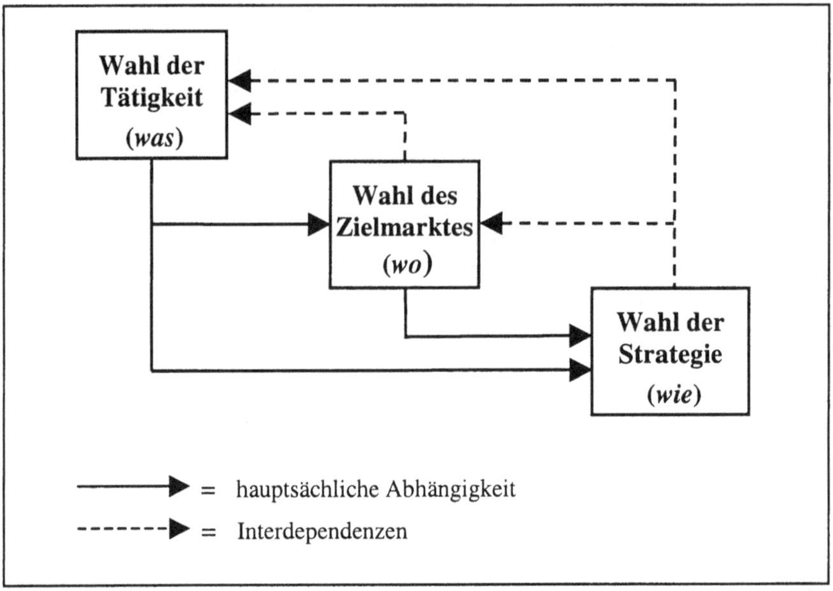

Bei der Frage nach dem *was* handelt es sich bei Einkaufskooperationen zumeist um Dienstleistungen[184], die sie für ihre Mitglieder oder Kunden im Ausland erbringen.

Grundsätzlich können bei Einkaufskooperationen zwei Gruppen von Tätigkeiten im Ausland unterschieden werden, die auf unterschiedlichen Stufen angesiedelt sind:

---

183 Quelle: Eigene Darstellung.

184 Zu den Typen internationaler Dienstleistungen, vgl. Sampson/Snape (1985). Die Autoren unterscheiden vier Grundtypen internationaler Dienstleistungen, abhängig davon, ob der Anbieter bzw. der Kunde mobil oder immobil ist. Die von internationalen Einkaufskooperationen angebotenen Dienstleistungen können zumeist zum Typ II (Anbieter mobil, Kunde immobil), gezählt werden, da in der Regel die Einkaufskooperationen auf ihre Kunden bzw. Mitglieder im Ausland zugehen (vgl. Sampson/Snape (1985), zit. nach Stauss (1994), 11 f.).

1. Aufbau einer Mitgliederbasis im Ausland und
2. die Verlagerung von Unternehmensfunktionen ins Ausland.

Der Aufbau einer Mitgliederbasis im Ausland ist eine Tätigkeit, die aus der besonderen Organisationsform der Kooperation heraus erwachsen kann und die für den Fortbestand des Unternehmens existentiell sind kann. Es geht konkret um die Gewinnung und Pflege von Mitgliedern. Diese Tätigkeiten unterscheiden Einkaufskooperationen von nicht kooperativen Unternehmen.

Andererseits kann eine Einkaufskooperation, wie auch jede andere Unternehmung, Aktivitäten ins Ausland verlagern, welche mit ihren Unternehmensfunktionen zusammenhängen. Konkret sind dies:

- Einkauf,
- Verkauf,
- Produktion sowie
- Forschung und Entwicklung.

Sowohl der Aufbau einer Mitgliederbasis im Ausland als auch die Verlagerung von Unternehmensfunktionen ins Ausland können mit oder ohne Einbezug von Mitgliedern ausgeführt werden.

Die Einteilung der Tätigkeiten ist in der Abbildung 3-6 zur Veranschaulichung zusammengefasst und werden im folgenden einzeln erläutert und im Hinblick auf ihre praktische Bedeutung für Einkaufskooperationen bewertet, wobei mit den unternehmensfunktionalen Tätigkeiten begonnen wird.

5.2.2 Einkauf

Der Einkauf stellt die ursprüngliche Tätigkeit von Einkaufskooperationen und auch heute noch die wesentlichste Aufgabe dar, welche sie auch im Ausland ausüben können.[185] Diese hat nach *Lingenfelder*

---

[185] Vgl. die diesbezüglichen Aussagen der Kapitel II und IV.

Abbildung 3-6: Tätigkeiten von Einkaufskooperationen im Ausland[186]

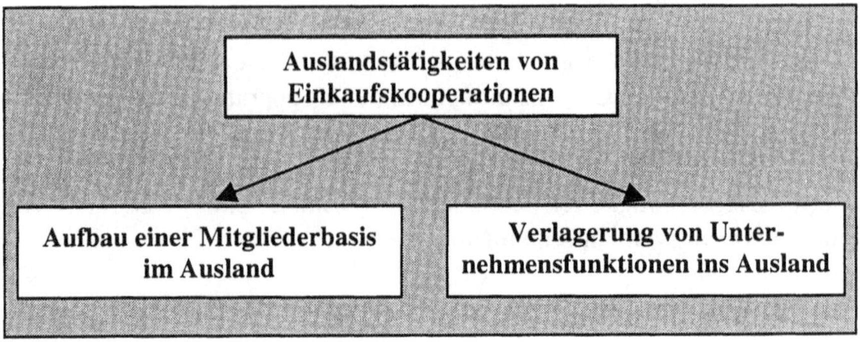

zusammen mit dem Erfahrungsaustausch in den letzten Jahren am stärksten an Bedeutung gewonnen.[187]

Unter Einkauf im Ausland versteht man, dass Wirtschaftsgüter, insbesondere Sachgüter, aber auch Dienstleistungen oder Finanzen, in einem anderen als dem Heimland gekauft werden. Der Einkauf im Ausland löst also stets grenzüberschreitende Transportvorgänge, d.h. Importe aus.[188] Neben dem Einkauf von Gütern, die im eigenen Land nicht erhältlich sind, stehen vor allem die Erschliessung günstiger Beschaffungsmöglichkeiten und die Verbesserung des Leistungsangebots für die Mitglieder im Vordergrund.[189]

Die im Ausland eingekaufte Ware lässt sich grundsätzlich direkt oder indirekt in das Heimatland einführen. Somit unterscheidet man beim Import auch zwischen *direktem* und *indirektem Import*. Beim direkten Import bestehen unmittelbare Beziehungen zum ausländischen

[186] Quelle: Eigene Darstellung.
[187] Vgl. Lingenfelder (1996), S. 39.
[188] In Anlehnung an die Ausführungen *Pausenbergers* über den Export (vgl. Pausenberger (1994), S. 2). Dies gilt natürlich nicht für den für eine Einkaufskooperation eher ungewöhnlichen Fall, dass die eingekaufte Ware im selben Land weiterverkauft oder verbraucht wird.
[189] Vgl. Gobbers (1992), S. 102.

Produzenten der Wirtschaftsgüter, während beim indirekten eine inländische Importfirma zwischengeschaltet ist.[190]

Welche Bedeutung Importe für Einkaufskooperationen einnehmen können, zeigt Tabelle 3-2 am Beispiel von Deutschland.

5.2.3 Verkauf

Wie bereits in Kapitel 2 dargelegt wurde, besteht die Funktion von Einkaufskooperationen nicht mehr nur im gemeinsamen Einkauf. Der Verkauf von Gütern, Dienstleistungen und Rechten wie beispielsweise Lizenzen, Marketingkonzepten etc. an Mitglieder und Nichtmitglieder stellt heute ein weiteres wichtiges Betätigungsfeld von Einkaufskooperationen dar.[191]

Es bestehen grundsätzlich zwei Arten von Gütern, welche Einkaufskooperationen im Ausland verkaufen können:
- Güter aus dem Ausland und
- Güter aus dem Heimatland, die zuvor ausgeführt werden müssen.

Beim zweitgenannten Fall ergibt das Problem des Exports[192]. Analog zum Import ist auch hierbei zu unterscheiden zwischen *direktem* und *indirektem Export.* Beim direkten Export bestehen unmittelbare

---

[190] Vgl. Taoka/Beeman (1991), S. 413 ff., sowie Gobbers (1992), S. 110. In dieser Arbeit wird der indirekte Import ausgeklammert, da bei diesem die Einkaufsgenossenschaft nicht direkt mit dem Ausland in Verbindung tritt und dieser deshalb nicht zur Internationalisierung gezählt werden kann.

[191] Vgl. zu dieser Problematik Dülfer (1995), S. 54 ff. Da bei Dienstleistungen Verkauf und Produktion in aller Regel zusammenfallen, wird im Abschnitt zur Produktion nur auf die Sachgüterproduktion eingegangen, um Doppelspurigkeiten zu vermeiden.

[192] „Die Exporttätigkeit wird dadurch charakterisiert, dass das betrachtete Wirtschaftsgut in einem anderen als dem Produktionsland verkauft wird." (Pausenberger (1994), S. 2). Beim Export wird ein Grossteil der Managementleistungen und finanziellen Mittel im Stammland erbracht (vgl. Meissner (1995 b), S. 124).

Tabelle 3-2: Durchschnittliche Importquoten von deutschen Einkaufskooperationen des Einzelhandels nach Branchen in Prozent vom Beschaffungsumsatz[193]

Branche	*Eigengeschäft (in %)*	*Vermittlungsgeschäft (in %)*
Sport	43	22
Textil	39	22
Schuhe	44	16
Spielwaren	0	55
Foto/Optik	52	0
Baumaterial/-werkzeuge	21	5
Einrichtungsgegenstände	11	13
Nahrungs-/Genussmittel	6	12
Elektro/Elektronik	1	17
Kosmetika/Pharma	4	2
Durchschnitt	**25**	**15**

Beziehungen zum ausländischen Empfänger der Güter, während beim indirekten Export die Einkaufskooperation nicht selber im Ausland tätig ist, sondern die Ausfuhrgeschäfte über einen international tätigen Grosshandelsverband abgewickelt werden.[194]

Handelt es sich bei den ausgeführten Gütern um Dienstleistungen, ist aufgrund der genannten Charakteristika von Dienstleistungen nur der direkte Verkauf möglich.

---

193 Quelle: Olesch (1994), S. 17, nach einer Erhebung des ifo-Instituts von 1993, modifiziert durch den Verfasser.

194 Vgl. Gobbers (1992), S. 110 und S. 118, Taoka/Beeman (1991), S. 354, Glaum (1996), S. 22 f., sowie Walldorf (1987), S. 29 ff.

Gründe für die Aufnahme einer Verkaufstätigkeit sind vor allem die[195]

- gestiegenen Kosten für Forschung und Entwicklung in vielen Branchen, die die weltweite Vermarktung der Produkte erfordern,
- Stückkostenabsenkung aufgrund der durch den Verkauf im Ausland erreichten Erhöhung des Absatzvolumens,
- Verlängerung des Produktlebenszyklus' durch die zeitversetzte Einführung im Ausland und
- Verbesserung der Wettbewerbsfähigkeit auf dem Heimmarkt.

Den möglichen Vorteilen stehen jedoch auch Nachteile gegenüber:[196]

- Transportkostenintensivität mancher Güter,
- tieferes Preisniveau im Ausland resp. zu Kosten im Inland, die einen Export mancher Güter erschweren,
- Zoll- und Exportmarketingkosten,
- Verhinderung einer schnellen Anpassung der exportierten Güter an die ausländischen Kundenbedürfnisse durch die geographische Distanz und
- tarifäre und nicht-tarifäre Handelshemmnisse[197].

Eine Besonderheit des Verkaufs von Sachgütern und Dienstleistungen im Ausland resultiert bei Einkaufskooperationen aus der Tatsache, dass sie ausländische Mitglieder besitzen können. Dies hat besonders für die Kooperationen in der Rechtsform einer Genossenschaft eine grosse Bedeutung.[198] So können Einkaufskooperationen den Verkauf von Gütern im Ausland sowohl als Mitglieder- als auch als Nichtmitgliedergeschäft betreiben. Das bedeutet, dass eine Einkaufskooperation einerseits Sachgüter und Dienstleistungen an ihre ausländischen Mitglieder ausführen, andererseits aber auch Exportgeschäfte mit Nichtmitgliedern betreiben kann. Die Beziehungen zu den ausländischen

---

[195] Vgl. Pausenberger (1994), S. 3 f.

[196] Vgl. Taoka/Beeman (1991), S. 353, und Pausenberger (1994), S. 4 f.

[197] Diese werden zwar durch die Schaffung verschiedener Freihandelszonen, wie z.B. der EU, nach innen reduziert; für Staaten ausserhalb dieser Wirtschaftsräume kommen sie jedoch verstärkt zum Tragen.

[198] Zum genossenschaftlichen Förderungsauftrag, vgl. Dülfer (1995), S. 54 ff.

Mitgliedern werden in der Regel langfristig angelegt sein und zu ähnlichen Bedingungen wie die der inländischen Mitglieder erfolgen. Exportgeschäfte mit Nichtmitgliedern hingegen können auch kurzfristiger Natur sein, wobei Ertragsgesichtspunkte im Vordergrund stehen.[199] Untersuchungen haben gezeigt, dass in der Praxis das reine Mitgliedergeschäft mit beinahe 60% aller Exportgeschäfte nach wie vor den grösseren Anteil einnimmt.[200]

5.2.4 Produktion von Sachgütern

Produktion von Sachgütern ist ganz generell eine atypische Tätigkeit von Einkaufskooperationen im Ausland.[201] Sie kann in ausländischen Produktionsbetrieben geschehen, die der Einkaufskooperation angeschlossen sind.

Die in diesen Betrieben produzierten Waren könnten einerseits an die inländische Einkaufskooperation, andererseits aber auch an Dritte im Inland und Ausland abgesetzt werden.

5.2.5 Forschung und Entwicklung

Unter Forschung versteht man „planmässig, methodisch und systematisch betriebenes Denken und Handeln zur Gewinnung neuen Wissens."[202]

Grundsätzlich lässt sich bei der Forschung unterscheiden zwischen der Forschung nach neuen Produkten und nach neuen Verfahren. Die Entwicklung hat zum Ziel, die in der Forschung gewonnenen Erkenntnisse in die Praxis umzusetzen.[203]

---

199 Vgl. Gobbers (1992), S. 116 f.

200 Vgl. Gobbers (1992), S. 116.

201 Ein Beispiel sind die EDEKA-Kellereien (vgl. EDEKAZentrale AG (1997), S. 58).

202 Dichtl/Issing (1993), S. 709 f.

203 Zur einer ausführlichen Definition und zur weiteren Vertiefung, vgl. Just (1997), S. 38 ff.

Wie für jedes Unternehmen, welches langfristig überlebensfähig bleiben möchte, stellt auch für Einkaufskooperationen die Forschung und Entwicklung eine unabdingbare Aufgabe dar. Diese ist jedoch oft mit hohen Kosten und ungewissen Ergebnissen verbunden und somit mit hohem Risiko behaftet. Die Auslagerung von Forschungsaktivitäten ins Ausland bzw. die Zusammenarbeit in diesem Bereich mit einem ausländischen Partner kann somit einerseits dazu beitragen, die Kosten, z.B. durch Einsparungen auf der Lohnseite, zu senken und andererseits dort zu forschen, wo die besten Fachkräfte angesiedelt sind. Zudem kann durch Zusammenarbeit mit ausländischen Partnern das eigene Risiko vermindert werden.

5.2.6 Gewinnung und Pflege von Mitgliedern

Durch die eingangs erwähnte zunehmende Konzentration und Strukturbereinigung[204] im europäischen Einzelhandel, verringert sich die Zahl tatsächlicher und potentieller Mitglieder von Einkaufskooperationen. Andererseits ist die stetige Rekrutierung neuer Mitgliedsfirmen jedoch unerlässlich, da diese die Träger und Daseinsberechtigung der Einkaufskooperation darstellen. Aus diesem Grunde muss die Gewinnung von Mitgliedern im Ausland als ernstzunehmende Alternative zur rein inländischen Mitgliedergewinnung in Betracht gezogen werden.[205]

In der Regel beginnen Einkaufskooperationen mit der Suche nach neuen Mitgliedern im benachbarten Ausland. Die Gewinnung ausländischer Mitglieder stellt auch in vielen Fällen eine Vorstufe zum Aufbau eigener Tochterunternehmen oder zur Akquisition dar.[206] Eine

---

[204] Das „Lädelisterben" in der Schweiz sei hier als Beispiel genannt. Nach einer aktuellen Umfrage rechnen viele Einkaufskooperationen in den kommenden Jahren mit einem Nachfolgeproblem bei ihren mittelständischen Mitgliedsbetrieben, in dessen Folge Mitglieder vom Markt verschwinden werden (vgl. Strobel/Olesch (1996), S. 14, und o.V. (1996 a), S. 13).

[205] Dies ist jedoch nur für die Einkaufskooperation von Interesse, welche an einer Vergrösserung der Basis ihrer aufwendiger zu betreuenden Mitglieder interessiert ist.

[206] Vgl. Olesch (1994), S. 18 ff.

Einkaufskooperation kann somit, wie bereits erwähnt, durch ausländische Mitglieder neue Märkte erschliessen.[207]

Neben der Gewinnung neuer Mitglieder kommt vor allem auch der Betreuung der bestehenden Mitglieder im Ausland eine wichtige Bedeutung zu, zumal das Halten eines bestehenden Mitgliedes ungleich kostengünstiger ist als die Akquisition eines neuen Mitgliedes.

5.3 Wahl des Zielmarktes

Die Frage, *wo* die Einkaufskooperation international tätig werden möchte, lässt sich nur aus einer konkreten Situation heraus, also nicht allgemeingültig beantworten. Theoretisch kann jedes Land der Erde ein potentielles Zielland darstellen. Zwar lässt sich generell festhalten, dass in der Regel Länder ausgesucht werden, „deren kulturelle, juristische, technische und ökonomische Rahmenbedingungen denen im Inland vergleichbar sind"[208]. Auf Möglichkeiten zur Länderauswahl wird im Rahmen der Erarbeitung des Verfahrens in Kapitel V eingegangen.

5.4 Internationalisierungsstrategien

5.4.1 Begriff der Internationalisierungsstrategie

Bevor der Begriff der Internationalisierungsstrategie definiert wird, ist in Anlehnung an *Hill/Attiger/Ziegler* zu unterscheiden zwischen den

---

[207] So wurde auch bei einer aktuellen Untersuchung herausgefunden, dass viele Einkaufskooperationen gute Entwicklungsmöglichkeiten in der Aufnahme von Mitgliedern aus dem Ausland sehen (vgl. Strobel/Olesch (1996), S. 13). Ein Beispiel für eine Einkaufskooperation, die Mitglieder im Ausland besitzt, ist die Garant Schuh, Düsseldorf, die allein in Ungarn, Tschechien und Polen über 140 Mitgliedsunternehmen verfügt (vgl. Lambertz (1996), S. 88).

[208] Grünig/Heckner (1996), S. 272. Ähnlich auch bei Kutschker (1997), S. 50. Vgl. auch die interessante Darstellung der kulturellen Unterschiede in der EU bei Welford/Prescott (1996), 317 ff.

Begriffen *Internationale Strategien* und *Internationalisierungsstrategien.*

Internationale Strategien sind Strategien, die von bereits international tätigen Unternehmen zur Planung ihrer Aktivitäten im Ausland angewendet werden. *Internationalisierungsstrategien* stellen Strategien dar, welche zum Markteintritt in ausländische Märkte angewendet werden.[209] In dieser Arbeit werden, wie eingangs des Kapitels erwähnt, vor allem die *Internationalisierungsstrategien* im Sinne von Markteintrittsstrategien betrachtet.

5.4.2 Typologisierung von Internationalisierungsstrategien in der Literatur

In der betriebswirtschaftlichen Literatur finden sich verschiedenartige Ansätze zur Systematisierung von Internationalisierungsstrategien, deren umfassende Darstellung den Rahmen dieser Arbeit sprengen würde. Aus diesem Grunde werden im folgenden die relevanten Ansätze vorgestellt und bewertet.

Nach *Pausenberger* lassen sich grundsätzlich drei Arten von Strategien, sog. Basisstrategien,[210] zur Internationalisierung unterscheiden,

---

209 Vgl. Hill et al. (1995), S. 51. Die Unterscheidung scheint generell sinnvoll. *Hill/Attiger/Ziegler* setzen bei ihrer Definition jedoch durch die Formulierung „bei der Ausweitung der internationalen Aktivitäten auf neue Marktgebiete" (Hill et al. (1995), S. 51) voraus, dass das betreffende Unternehmen bereits international tätig ist. Nach Meinung des Verfassers können *Internationalisierungsstrategien* jedoch ebenso von noch nicht international tätigen Unternehmen verfolgt werden. Für Hill et alt. (1995), S. 61, ist der Entscheid, welche Tätigkeit im Ausland ausgeübt werden soll, nicht mehr im Rahmen der *Internationalisierungsstrategie*, sondern in der allgemeineren *internationalen Strategie* zu fällen. Vgl. zum Begriff der Internationalisierungsstrategie auch Zentes/Swoboda (1997), S. 152, sowie Scholl (1989), Sp. 989.

210 *Glaum* bezeichnet sie auch als *Kernformen der Auslandsmarktbearbeitung* (vgl. Glaum (1996), S. 18 f.).

der *Export*, die *Lizenzvergabe* und die *Direktinvestition.* [211] Unter der Lizenzvergabe fasst der Autor das Franchising und die Vergabe einzelner Lizenzen, wie z.B. Produktionslizenzen zusammen. Die Strategien der Direktinvestitionen umfassen alle Optionen, bei denen Kapitalanlagen im Ausland getätigt werden, also die Akquisition bestehender Unternehmungen sowie die Gründung von Tochtergesellschaften und von Joint Ventures.

Pausenbergers Einteilung überzeugt durch ihre Übersichtlichkeit. Es bleiben jedoch einige Strategien unbeachtet, wie beispielsweise der Import. Dieser bildet zusammen mit dem Export zumeist die Vorstufe zu einer späteren Verlagerung des Wertschöpfungsschwerpunktes[212] ins Ausland. Da bei der Untersuchung der Internationalisierung von Einkaufskooperationen sämtliche Aktivitäten in ausländischen Märkten erfasst werden sollen, ist es unerlässlich, auch den Import als Internationalisierungsoption zu untersuchen.[213] Ausserdem handelt es sich bei den Einkaufskooperationen des Einzelhandels um einen bislang wenig erforschten Bereich, wodurch im vorhinein kaum Aussagen darüber gemacht werden können, in welchem Stadium sich die Internationalisierung der Einkaufskooperationen befindet. Durch den Einbezug des Imports in die Untersuchung wird es möglich, auch erste Internationalisierungsschritte zu erfassen.[214]

Einen anderen Ansatz der Strategieunterteilung wählt *Zentes.*[215] In seinem *Transaktionsformen-Typenband*[216] unterscheidet *Zentes* generell zwischen *reinen Marktbeziehungen, Kooperationsstrategien* und

---

211 Vgl. Pausenberger (1994), S. 2 ff.

212 Vgl. Tietz/Zentes (1993), S. 67 f.

213 Auch *Glaum* definiert den Import zusammen mit dem Export als eine Form der Internationalisierung (vgl. Glaum (1996), S. 11 f., sowie Zentes (1995), S. 22 f.).

214 *Belz* zählt sogar sog. sporadische Auslandsgeschäfte zu den Formen von Engagements im Ausland (vgl. Belz (1994), S. 24). Diese Arbeit beschränkt sich jedoch auf die regelmässigen Auslandstätigkeiten, da unregelmässige kaum erfassbar sind und als zu heterogen angenommen werden.

215 Vgl. Zentes (1995), S. 22 f.

216 Vgl. hierzu auch Weder (1990), auf den dieses Konstrukt zurückgeht.

Integrationsstrategien. Übertragen auf die Internationalisierung, unterscheidet er analog die Internationalisierungsformen *Handel von Gütern*, *neue Formen der Internationalisierung*, und *Direktinvestitionen in Form einer Tochtergesellschaft*. Zur ersten Kategorie rechnet er den Export und den Import, zur zweiten Lizenz- und Management-Verträge, Contractual Joint Ventures und Equity Joint Ventures und zur dritten Form die 100%ige-Tochtergesellschaft im Ausland.[217] Abbildung 3-7 zeigt diese Internationalisierungsformen nach *Zentes*, erweitert durch die Dimensionen *Markt, Kooperation* und *Integration* des *Transaktionsformen-Typenbandes*.

Abbildung 3-7: Internationalisierungsformen nach *Zentes*[218]

Handel von Gütern	**Neue Formen der Internationalisierung**			**Direktinvestition in Form einer Tochtergesellschaft**
Import - Export	Lizenz-/ Management-Vertrag	Contractual Joint Venture	Equity Joint Venture	100%ige-Tochtergesellschaft

Markt → **Kooperation** → **Integration**

Nach Meinung des Verfassers stellt der Ansatz von *Zentes* eine sinnvolle Unterteilung dar. Jedoch fehlen in seiner Darstellung der Internationalisierungsformen unter den Direktinvestitionen die weniger als

217 An anderer Stelle unterscheidet Zentes *Multiplikations-*, *Akquisitions-* und *Kooperationsstrategien* (vgl. Zentes (1995), S. 22 f., zit. nach Zach (1992), S. 20).

218 Quelle: Zentes (1995), S. 22 f., modifiziert durch den Verfasser.

100%-Beteiligung und die Fusion.[219]

Eine weitere in der Literatur häufig anzutreffende Einteilung wählen *Meissner* sowie *Blümle/Briw.*[220] Sie unterscheiden vier Gruppen von Internationalisierungsstrategien und bewerten diese in bezug auf den damit verbundenen Kapitaleinsatz und die einzusetzenden Managementleistungen im Stamm- und im Gastland. Als erste Strategie, welche den geringsten Kapital- und Managementeinsatz im Gastland erfordert, sehen diese Autoren den Export. Mehr Einsatz beider Ressourcen benötigen das Franchising und Joint Ventures. Die Gründung einer Niederlassung, der Kauf einer Betriebsstätte und die Gründung einer Tochtergesellschaft schliesslich stellen die Strategien dar, welche den grössten Kapital- und Managementeinsatz im Gastland erfordern. Zur Verdeutlichung ist dies in Abbildung 3-8 graphisch dargestellt.

Unbeachtet bei diesem Schema bleiben die meisten Formen von kooperativen Strategien, wie Strategische Allianzen sowie branchen- und unternehmenstypenabhängige Strategien.[221] Zudem ist nach Meinung des Verfassers neben dem Export besonders für Einkaufskooperationen - analog zur Kritik an *Pausenbergers* Einteilung - der Import in die Untersuchung mit einzubeziehen.

Alle dargestellten Einteilungen mögen allgemein zur Typologisierung von Internationalisierungsstrategien nützlich sein. Sie zeigen andererseits, dass für den speziellen Unternehmenstyp der Einkaufskooperation Anpassungen der Strategien nötig sind resp. eine neue Typologie zu erarbeiten ist.

---

219 *Zentes* nennt zwar die Beteiligung in seinen Ausführungen bzgl. der Internationalisierung im Produktionsbereich, führt diese aber graphisch in der Abbildung zu den Internationalisierungsformen nicht auf. Ebenso wird die Fusion bei den Integrationsstrategien genannt, fehlt jedoch in der Graphik (vgl. Zentes (1995), S. 22 f.).

220 Vgl. Blümle/Briw (1990), S. 4, Meissner (1995 a), S. 51, und Meissner (1995 b), S. 124 f., sowie Stauss (1994), S. 14, und Belz (1994), S. 24, welcher sich aber weitgehend an die Ausführungen *Meissners* hält.

221 Vgl. zu dieser Kritik auch Glaum (1996), S. 18. Bezüglich der Einkaufskooperationen wäre z.B. die Aufnahme ausländischer Mitglieder zu nennen.

Abbildung 3-8: Internationalisierungsstrategien in Abhängigkeit von Kapital- und Managementleistungen im Stamm- und Gastland[222]

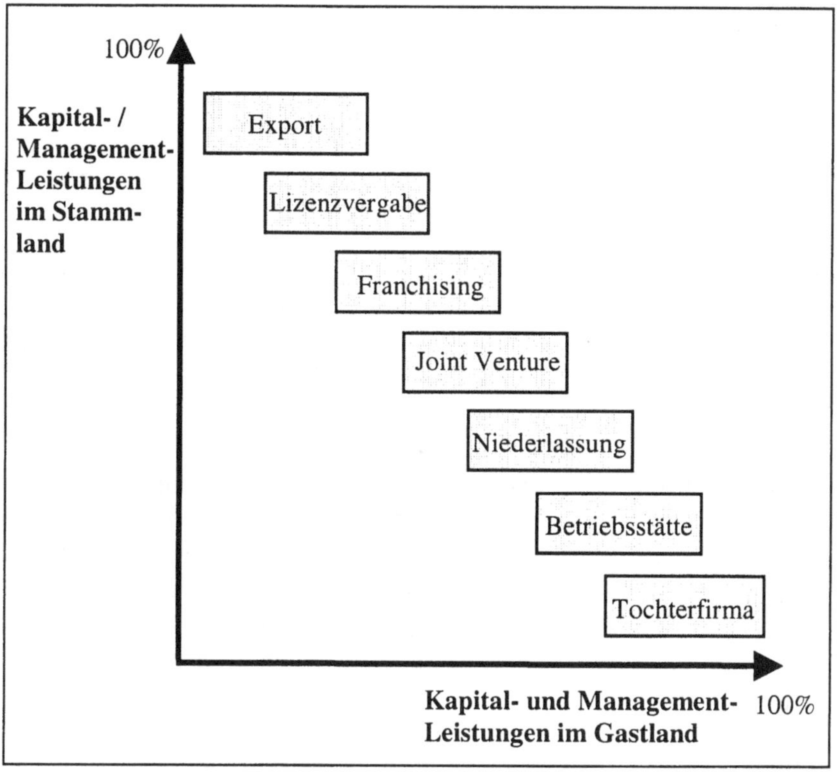

5.4.3 Eigene Typologisierung von Internationalisierungsstrategien für Einkaufskooperationen des Einzelhandels

Aufbauend auf den letzten Abschnitten, erscheint dem Verfasser die unten folgende Einteilung von Internationalisierungsoptionen für Einkaufskooperationen zur Implementierung der genannten Tätigkeiten im

[222] Quelle: Eigene Darstellung, in Anlehnung an: Blümle/Briw (1990), S. 4, Meissner (1995 a), S. 51, Meissner (1995 b), S. 124 f., Meissner (1988), S. 47 und Glaum (1996), S. 19.

Ausland sinnvoll.

- direkte Bestellung von Waren
- länderübergreifende Kooperationen
- Franchising
- Joint Venture
- Repräsentanzen im Ausland
- Akquisition
- Fusion
- Aufbau einer Tochtergesellschaft

Die ergänzt die erwähnten Typologien insbesondere um die Bestellung von Waren und die länderübergreifende Kooperation. Zudem wurde zur Gründung einer Tochtergesellschaft die Errichtung von Repräsentanzen als Vorstufe hinzugefügt.

Auf eine Zusammenfassung von Strategien wird hier bewusst verzichtet, da eine Typologisierung ohne Überschneidungen kaum möglich ist und eine Einteilung im Hinblick auf die praktisch-normative Zielsetzung dieser Arbeit wenig praktischen Nutzen bei der Auswahl einer Strategie mit sich bringt. Es werden jedoch am Ende dieses Kapitels alle Alternativen der drei strategischen Grundentscheide in einer Matrix zur Verdeutlichung der komplexen Entscheidungssituation bei einer Internationalisierung dargestellt.

Im folgenden werden diese Möglichkeiten, Aktivitäten im Ausland auszuführen, einzeln erläutert, bewertet und dargelegt, zur Implementierung welcher Tätigkeiten sich diese eignen.

Die *Bestellung von Waren* bei einem ausländischen Handelspartner bzw. die Bestellung durch einen ausländischen Handelspartner bei der Einkaufskooperation ist die direkteste Art, Einkauf und Verkauf zu betreiben und bildet in den meisten Fällen den Ausgangspunkt der Internationalisierung.

Länderübergreifende Kooperationen können in verschiedenen Formen auftreten: von losen Formen der Zusammenarbeit ohne vertragliche Basis über vertragliche Kooperationen, wie beispielsweise Strategische Allianzen[223], bis hin zu länderübergreifenden Kooperationen in eigenen Rechtsformen, auf die hier näher eingegangen werden soll.[224]

Neben nationalen Rechtsformen wird soll hierbei besonders auf die internationalen Einkaufsverbände mit europäischer Rechtsform eingegangen.

Seit Beginn der 90er Jahre sind aus ehemals lockeren Formen der Zusammenarbeit zwischen Einkaufskooperationen und Einzelhändlern zunehmend länderübergreifende Gemeinschaftsunternehmen nationaler Einkaufskooperationen mit anderen Einzelhandelsketten entstanden. *Tietz* ist der Auffassung, dass die Schaffung dieser internationalen Einkaufsvereinigungen entscheidend zur Internationalisierung des Einzelhandels beiträgt.[225] Diese Gründungswelle wurde massgeblich durch

---

223 Als Beispiele aus der Praxis sind das 1994 abgeschlossene Kooperationsabkommen der Kaufring-Einkaufskooperation, Düsseldorf, mit der israelischen Warenhauskette Shekem und der 1995 geschlossene Kooperationsvertrag der EDEKA mit der ADEG-Einkaufsgenossenschaft, Wien, zu nennen (vgl. M+M Eurodata (1995), S. II, 49 und V, 20). Ebenfalls als strategische Allianz kann die Zusammenarbeit der Nord-West-Ring, Mainhausen, mit der belgischen Hobo Faam-Einkaufsgruppe bezeichnet werden, einer Mehrbranchen-Einkaufskooperation, für welche die Nord-West-Ring einige Zeit die Mitglieder von ihrer holländischen Tochtergesellschaft aus betreute (vgl. Nord-West-Ring (1997), S. 16). Ein Beispiel einer Strategischen Allianz ausserhalb des Einzelhandels ist die unlängst auf vertraglicher Basis abgeschlossene Allianz der Iberia, British Airways und der American Airlines, welche in Zukunft zu gegenseitigen Minderheitsbeteiligungen führen kann (vgl. hierzu Serna (1997), S. 21). Vgl. zu Strategischen Allianzen generell beispielsweise Yoshino/Rangan (1995) sowie Ohmae (1993) und Ohmae (1990), S. 171 ff. Vgl. zu internationalen Allianzen allgemein Bleeke/Ernst (1993) sowie Hemm/ Diesch (1992), S. 531 ff.

224 Als Beispiel einer solchen Kooperation kann die Gründung eines Food-/Nonfood-Einkaufskontors der REWE mit den anderen Mitgliedern der EUROGROUP in Hongkong genannt werden (vgl. M+M Eurodata (1995), II, 62).

225 Vgl. Tietz (1991), S. 8.

die Schaffung einer eigenen Rechtsform für europäische Gesellschaften, der Europäischen Wirtschaftlichen Vereinigung (EWIV), ausgelöst, welche die grenzüberschreitende Kooperation von Firmen erleichtert und der französischen Rechtsform der „Groupement d'intérêt économique" ähnelt.[226] Bei der Schaffung dieser neuen Rechtsform wurde explizit vorgesehen, dass diese u.a. für länderübergreifende Einkaufskooperationen verwendet werden soll.[227] Heute bestehen etwa 30 dieser länderübergreifenden Vereinigungen von Einkaufskooperationen auf europäischer Ebene.[228]

Nach wie vor bestehen jedoch auch Kooperationen einzelner Einkaufskooperationen in anderen Rechtsformen.[229]

Probleme bei diesen länderübergreifenden Kooperationen ergeben sich durch die länderübergreifende Abstimmung und den unterschiedlichen

---

226 Vgl. zu dieser Rechtsform allgemein und besonders zu den rechtlichen Aspekten Rinze (1996) sowie Brindlmayr et al. (1989), S. 21. Andere europäische Rechtsformen, wie die Europäische Aktiengesellschaft, die Europäische Genossenschaft, die Europäische Gegenseitigkeitsgesellschaft sowie der Europäische Verein befanden sich 1996 noch im Stadium des Entwurfs. Vgl. allgemein zu den europäischen Rechtsformen Rinze (1996), S. 5, und speziell zur Europäischen Genossenschaft v. Kodolitsch-Jonas (1997).

227 Vgl. Brindlmayr et al. (1989), S. 5 f. und 24 ff.

228 Vgl. Rinze (1996), S. 5 f.

229 Vgl. Tietz (1995), S. 102 ff., sowie Olesch (1994), S. 20. Beispiele solcher Gebilde sind die EMD AG und die AMS AG, beide Schweiz, sowie die EUROGROUP, Brüssel. Diese europäischen Einkaufskooperationen halten teilweise beträchtliche Marktanteile. So entfielen auf die EMD 15.5% (1996) des europäischen Lebensmitteleinzelhandelsumsatzes, auf die AMS/ERA-Gruppe, in der unter anderem die deutsche EDEKA Mitglied ist, 8.9% (1994) und auf die EUROGROUP, mit der REWE-Gruppe als grösstem Mitglied, 5.4% (1994) (vgl. EMD (1997), S. 2). Ein Beispiel für eine internationale Einkaufskooperation in einer nationalen Rechtsform ist die Gründung der Sport 2000 International AG durch die Sport 2000 Deutschland (ehemals Fach-Sport), einem Unternehmen der Nord-West-Ring eG, Mainhausen, und der Sport 2000 Frankreich (vgl. hierzu Sport 2000 (1995), S. 10, o.V. (1998 a), S. 18, Nord-West-Ring (1994), S. 55, und Tietz (1995), S. 104). Für weitergehende Informationen zu diesen genannten Einkaufskooperationen, vgl. Tietz (1995), S. 102 ff., und M+M Eurodata (1995), S. II, 5 ff.

Entwicklungsstand der angeschlossenen Kooperationen. Das hat zur Folge, dass erhoffte Synergien bislang nicht vollends ausgenutzt werden können.[230] Weitere Möglichkeiten der länderübergreifenden Kooperation sind die Mitarbeit in internationalen branchenspezifischen Gremien vor allem auf europäischer Ebene[231], internationale Messen[232] sowie institutionalisierte Erfahrungsaustausche.

„Mit der Bildung .. [länderübergreifender] Kooperationen sind die Grundlagen gelegt, auf denen sich die Internationalisierung des Kooperationsgeschehens rasch verfestigen und intensivieren wird."[233]

So werden diese Kooperationen in den nächsten Jahren zu einem entscheidenden Wettbewerbsfaktor im Handel werden.[234] Es liegen sogar Aussagen vor, dass mit der Schaffung länderübergreifender Kooperationen eine neue Ära im Handel begonnen hat, an deren Ende europaweit agierende Verbundgruppen mit Umsätzen von bis zu 300 Mrd. DM stehen werden.[235]

Durch länderübergreifende Kooperationen lassen sich gemeinsame Einkaufs- und Absatzaktivitäten[236] ausüben. Synergien werden vor allem erzielt durch die Bildung gemeinsamer Handelsmarken, Logistikkonzepte, Informationssysteme etc. Ausserdem kann durch diese Gebilde ein länderübergreifender Erfahrungsaustausch stattfinden.[237]

---

230 Vgl. Olesch (1994), S. 20.

231 Vgl. Bleicher (1992), S. 309, und Gobbers (1991), S. 129 f.

232 Vgl. Interview Schmüser, Bonn, 20.12.95.

233 Olesch (1994), S. 20.

234 Vgl. Olesch (1994), S. 20. So sind in Österreich beinahe sämtliche Einzelhandels-Ketten in solchen europäischen Einkaufskooperationen organisiert. Als Beispiel ist die ADEG-Einkaufsgenossenschaft zu nennen, die Mitglied der UGAL ist (vgl. hierzu beispielsweise Maurer (1996), S. 67 f.).

235 Vgl. M+M Eurodata (1995), S. II, 2.

236 Vgl. Olesch (1994), S. 20. Beispiele sind die Kooperationen der Markant-Einkaufskooperation in Österreich (ZEV), Spanien (Selex), Italien (A&O Selex), Frankreich (Socadip) und Portugal (Uniarme) (vgl. Schalla (1991), S. 64).

237 Vgl. Olesch (1994), S. 20.

Nach *Skaupy*, welcher die umfassende Definition des Deutschen Franchisingverbandes zusammenfasst,[238] wird durch eine *Franchise* „dem Franchise-Nehmer, einem rechtlich selbständigen Händler oder Unternehmer von dem Franchise-Geber gegen direktes oder indirektes Entgelt das Recht eingeräumt, im Rahmen eines Dauerschuldverhältnisses bestimmte Waren und/oder Dienstleistungen zu vertreiben, und zwar

a) unter Benutzung von Image, Namen, Zeichenrechten, Ausstattung, Kennzeichnungen, Symbolen oder sonstigen Schutzrechten des Franchise-Gebers,
b) unter Benutzung seiner gewerblichen und/oder technischen Erfahrungen,
c) und unter Beachtung des vom Franchise-Geber entwickelten Organisations- und Marketingsystems, dessen ständige Weiterentwicklung ihm obliegt."[239]

Der Franchise-Geber sichert dem Franchise-Nehmer einerseits Ausbildung, Hilfe sowie Beratung, zum anderen überwacht er die Einhaltung seiner geschäftlichen Konzeption.[240]

Es existieren verschiedene Arten des Franchising. Nach dem Objekt des franchisierten Systems lässt sich unterscheiden zwischen Produkt-, Vertriebs- und Dienstleistungs-Franchisen[241]. Für die vorliegende Arbeit ist vor allem das Vertriebs-Franchising von Bedeutung, bei welcher der Gegenstand des franchisierten Systems der Vertrieb eines Gutes ist. Jedoch ist dies nur für Einkaufskooperationen relevant, die

---

238 Für die ausführliche Definition des Deutschen Franchisingverbandes, vgl. Beuthien/Schwarz (1993), S. 1.

239 Skaupy (1987), S. 7.

240 Vgl. Skaupy (1987), S. 7.

241 Ein aktuelles Beispiel einer Dienstleistungs-Franchise stellt das Allfinanz-Franchising dar (vgl. Rubitschung (1997), S. B 17).

selber Güter verkaufen.[242]

Schon seit der Jahrhundertwende wurden Franchise-Systeme als Internationalisierungsstrategie eingesetzt, wobei es sich noch nicht um Franchising im heutigen Sinne handelte. Seit den 50er Jahren wurden Franchise-Systeme in der heutigen Form internationalisiert.[243] Oftmals bauen Unternehmen Franchise-Systeme nur in der Absicht auf, um mittelfristig ins Ausland zu expandieren.[244]

Insgesamt betrachtet „stellt die Implementierung eines Franchise-Systems ... eine sehr zweckmässige Alternative für die grenzüberschreitende Kooperation ... dar."[245] So gehört das Franchising heute zu den bedeutendsten Internationalisierungsstrategien und vieles spricht dafür, dass es in Zukunft noch höhere Anteile an der Internationalisierung erreichen wird.[246]

Für Einkaufskooperationen allgemein und für Kooperationen in der Rechtsform der Genossenschaft im besonderen wird empfohlen, die

---

242 Vgl. Skaupy (1987), S. 24 ff., und Beuthien/Schwarz (1993), S. 5 f. Ein Beispiel einer Einkaufsgenossenschaft aus dem Schuhbereich in Deutschland ist der *Nord-West-Ring*, der mit der *Quick-Schuh-Kette* ein internationales Franchise-System aufgebaut hat. 1969 ins Leben gerufen, existierten 1994 500 und 1996 bereits 600 Geschäfte europaweit. Hiermit stellt es das erfolgreichste Franchise-System im Schuh-Bereich in Europa dar. Als ihr zweites Franchise-Konzept rief der Nord-West-Ring 1992 die *Arbell* im mittleren Preissegment ins Leben, welche bereits über rund 100 Geschäfte verfügt (vgl. hierzu Nord-West-Ring (1994), S. 29, und Nord-West-Ring (1997), S. 18). In Österreich haben der *Funkberaterring* und die *Ring Schuh* eigene Franchisesysteme aufgebaut (vgl. Österreichischer Genossenschaftsverband (Schulze Delitzsch) (1996), S. 59). Bekannte Beispiele aus dem nicht-genossenschaftlichen Handel sind Benetton, Body Shop, Bally und Yves Rocher.

243 Vgl. Skaupy (1987), S. 181.

244 Vgl. Wildhaber (1994), S. 41.

245 Neumann (1992), S. 82.

246 Vgl. Tietz (1995), S. 101; ähnlich bei Zentes (1995), zit. nach Zach (1992), S. 20). Anderer Meinung ist Skaupy (1987), S. 37 f., der aufgrund rechtlicher Probleme die zukünftige Verbreitung des Franchising als beschränkt ansieht.

Franchise-Nehmer nicht als Mitglieder aufzunehmen, ihnen also keine Gesellschaftsrechte einzuräumen, [247] um Konflikte aufgrund verschiedener Interessen des Franchise-Nehmers als Mitglied und Handelspartner zu vermeiden.

Bezüglich der im Ausland ausgeübten Tätigkeiten eignet sich Franchising also vor allem für den Verkauf von Gütern und Dienstleistungen der Einkaufskooperation. Im Falle des Verkaufs von Dienstleistungen müssen diese einen hohen Standardisierungsgrad aufweisen.[248]

Vorteile und Nachteile des Franchising sind in Tabelle 3-3 gegenübergestellt.

Ein *Joint Venture* zwischen Unternehmen besteht dann, „wenn mindestens zwei wirtschaftlich und rechtlich voneinander unabhängige Partner ... gemeinsam die führungsmässige Verantwortung und das finanzielle Risiko aus einem Vorhaben übernehme."[249] Joint Ventures stellen eine Form der horizontalen Kooperation dar.[250]

Nach *Weder* lassen sich verschiedene Arten von Joint Ventures unterscheiden:[251] Nach der geographischen Ausrichtung unterscheidet der Autor zwischen *Domestic* und *International Joint Ventures*. Unter Letztgenannten werden Verbindungen verstanden, bei denen zumindest ein Partner nicht aus dem Zielland des Joint Ventures stammt. Für die vorliegende Arbeit ist nur diese Art von Interesse. Zum anderen wird differenziert nach *Contractual* und *Equity Joint Ventures*.

---

247 Vgl. Neumann (1992), S. 82. *Neumann* führt an derselben Stelle hierzu aus, dass diese Möglichkeit zudem rechtlich unproblematisch sei, da sie durch eine Freistellungsverordnung des Art. 85 des EU-Vertrages erleichtert wird.

248 Vgl. Stauss (1994), S. 15.

249 Weder (1989 a), S. 33 f. Ähnliche Definitionen finden sich bei Walldorf (1992), S. 1748 f., oder bei Edward (1992), S. 566 f.

250 *Hillig* zählt Joint Ventures zudem zu den Ausgestaltungsformen der Strategischen Allianzen (vgl. Hillig (1997), S. 121).

251 Vgl. Weder (1989 a), S. 33 ff.

Tabelle 3-3: Vorteile und Nachteile des Franchising[252]

Vorteile	*Nachteile*
schnelle Marktabdeckung	Finden geeigneter Franchise-Partner
kostengünstige und risikoarme Expansion	Übertragbarkeit des Franchise-Paketes
straffe Führung von der Zentrale aus und Vermeidung von durch Distanz bedingten Fehlentscheiden	Kontrolle der Franchise-Nehmer und Durchsetzung von Standards
regelmässiger Erhalt finanzieller Beiträge des Nehmers	Vertragsgestaltung nach internationalem Recht
Nutzung von länderspezifischem Know-how	Warenzeichen- und urheberrechtliche Hindernisse

Beruht das erste auf einem die Kosten-, Gewinn- und Risikoaufteilung regelnden Vertrag, so wird beim Equity Joint Venture ein eigenständiges Gemeinschaftsunternehmen gegründet.

In dieser Arbeit wird nur das Equity Joint Venture berücksichtigt, um die Abgrenzung zu anderen Arten vertraglicher Zusammenarbeit, wie

252 Quelle: Eigene Darstellung, in Anlehnung an George/Diller (1993), S. 178, Blümle/Briw (1990), S. 6, sowie Skaupy (1987), S. 183 f. *Skaupy* führt an, dass diese vor allem in Staaten der Dritten Welt, weniger jedoch in Europa, anzutreffen sind. Namentlich Deutschland, die Schweiz, Holland, Belgien, Luxemburg und Großbritannien eignen sich für den Export von Franchise-Systemen, weniger Frankreich, Italien, Spanien und Österreich. Im Zuge der europäischen Integration sollten jedoch die vom Autor für die letztgenannten Nationen angeführten administrativen Hemmnisse und Währungskontrollen weitgehend verschwinden. Aussereuropäisch sind vor allem die USA, Kanada, Japan, Australien, Neuseeland und Südafrika günstig für den Export eines Franchise-Systems (vgl. Skaupy (1987), S. 42 ff. und S. 184).

beispielsweise dem Franchising zu erleichtern.[253]

Gerade internationale „Joint Ventures stellen labile soziale System dar."[254] Ihre Probleme, aber auch mögliche Vorteile sind in Tabelle 3-4 gegenüber gestellt. Die Probleme der Joint Ventures haben zur Folge, dass von ihnen nur etwa 20% dauerhaft zum Erfolg werden.[255] Dies stellt wohl auch den Grund dar, aus dem Joint Ventures eine bislang sehr wenig genutzte Strategie bei der Internationalisierung von Einkaufskooperationen darstellen.[256]

Mit einer durch ein Joint Venture im Ausland entstandenen neuen Firma können sämtliche vorgestellten Tätigkeiten ausgeführt werden.

Als Vorstufe zur Gründung einer Tochtergesellschaft oder der Beteiligung an einer Einkaufskooperation im Ausland besteht die Möglichkeit, *Repräsentanzen* oder Agenturen im Zielland einzurichten.

Repräsentanzen verfolgen im wesentlichen den Zweck, die Beziehungen zwischen der Einkaufskooperation und den ausländischen Mitgliedern zu erleichtern.[257] Sie weisen jedoch keine gefestigte Organisationsstruktur auf.

---

[253] Vgl. Halm (1995), S. 52. Beispiele von Joint Ventures von Einkaufsgenossenschaften ist jenes der Ariston Schuh Einkaufsgenossenschaft in Polen sowie das Engagement der REWE-Gruppe in Spanien (vgl. hierzu REWE Zentral AG (1997), S. 24 f., und Reischl (1994), S. 12). Zudem hat die deutschen REWE-Gruppe seit 1994 ein Joint Venture mit der italienischen Esselunge zum Betrieb der Penny-Märkte in Italien (vgl. REWE-Zentral AG (1997), S, 88, und M+M Eurodata (1995), S. II, 18).

[254] Vgl. Blümle/Briw (1990), S. 7. Vgl. zur Problematik der Stabilität von Joint Ventures vor allem auch Weder (1990), S. 272 ff.

[255] Vgl. Meyer (1991), S. 29.

[256] Vgl. Gobbers (1992), S. 125. Nach dieser sich auf deutsche Kooperationen beschränkende Studie wählten nur etwa 13% der betroffenen Kooperationen Joint Ventures als Internationalisierungsstrategie. Vgl. hierzu auch die Ergebnisse der empirischen Untersuchung in Kapitel IV, Abschnitt 6.3.2.

[257] Vgl. Bleicher (1992), S. 309, und Gobbers (1991), S. 129 f.

Tabelle 3-4: Vorteile und Nachteile von Joint Ventures[258]

Vorteile	*Nachteile*
Streuung von Risiko und Kosten	Leitungs- und Interessenkonflikte
Erzielung gemeinsamer Wettbewerbsvorteile	Verlust von Wettbewerbsvorteilen durch Teilung der Ressourcen
Verhinderung fremdheitsbedingter Nachteile durch ausländische Partner	Kontroll- und Informationsprobleme
Gewinn von Know-how	kartellrechtliche Probleme
leichterer Markteintritt als bei Neugründung	Probleme bei der Gewinnverteilung
verbesserte Akzeptanz in der Öffentlichkeit	langfristige Anreiz-Beitrags-Probleme
verbesserter Zugang zu Behörden	
Abwehr von Übernahmen	

Da es sich bei einer Repräsentanz in der Regel um temporäre Gebilde handelt, die nach einer gewissen Zeit in stabilere Organisationsformen überführt werden, sind diese im Ausland eher dafür geeignet, kurz- und mittelfristig angelegte Aktivitäten auszuführen bzw. eine umfassendere Direktinvestition vorzubereiten.

Unter einer *Akquisition* versteht man die massgebliche kapitalmässige Beteiligung an einer im vorliegenden Falle ausländischen Unternehmung. Um massgeblich zu sein, muss eine Beteiligung mindestens 20% betragen, da nach *Boemle* sonst keine Führungsverantwortung in der ausländischen Firma wahrgenommen werden kann und es sich um

258 Quelle: Eigene Darstellung, in Anlehnung an Büchel et al. (1997), S. 17 f., Buckley (1993), S. 20 f., Pausenberger (1994), S. 3 ff., Georg/Diller (1993), S. 175 ff. und Halm (1995), S. 53.

eine reine Portfolioinvestition handelt.[259] Der Maximalfall stellt eine 100%-Beteiligung dar.[260]

Im Gegensatz zu Import, Export und Franchising, werden bei der Akquisition dauerhaft finanzielle Mittel im Ausland investiert. Im Unterschied zur Internationalisierung durch Joint Ventures geht bei der Akquisition zumindest ein Teil der Selbständigkeit des akquirierten Unternehmens verloren.[261] In Abgrenzung zur Internationalisierung mittels Neugründung von Tochtergesellschaften, stellt die Akquisition eine Form externen Wachstums dar.[262] Bei ihr, wie auch bei Fusionen und Kooperationen, werden Fremdpotentiale genutzt.[263]

Vorteile und Nachteile der Internationalisierung durch Akquisition eines ausländischen Unternehmens sind in Tabelle 3-5 dargestellt:

Handelt es sich beim übernommenen Unternehmen ebenfalls um eine Einkaufskooperation, bringt dies des weiteren den Vorteil mit sich, dass die Mitglieder der übernommenen Kooperation nicht einzeln akquiriert werden müssen, sondern mit übernommen werden können.[264]

Für Einkaufskooperationen in der Rechtsform der Genossenschaft ergeben sich bei der Akquisition rechtliche Besonderheiten. Nach (deutschem) GenG § 1, Abs. 2, ist „eine Beteiligung an Gesellschaften

---

259 Vgl. Boemle (1995), S. 459 ff. Es ist anzumerken, dass die Festlegung der Höhe von 20% eher willkürlich ist, jedoch seit der Schweizer Aktienrechtsrevision von 1992 gesetzlich verankert ist und seit 1990 auch von der Deutschen Bundesbank akzeptiert wird.

260 Vgl. Boemle (1995), S. 459 ff., Blümle/Briw (1990), S. 7, Gobbers (1992), S. 125, und Halm (1995), S. 54. Diese Werte beziehen sich auf die Schweiz. Zu länderübergreifenden Akquisitionen, vgl. Bleeke et al. (1993 a) sowie Bleeke et al. (1993 b) sowie Buckley (1993), S. 19)

261 Vgl. Halm (1995), S. 53.

262 Vgl. Georg/Diller (1993), S. 176 ff., Pausenberger (1994), S. 17 f., und Blümle/ Briw (1990), S. 7.

263 Vgl. Tietz (1990), S. 125.

264 Vgl. Olesch (1994), S. 20.

Tabelle 3-5: Vorteile und Nachteile von Akquisitionen[265]

Vorteile	*Nachteile*
schneller Markteintritt	Bewertungsprobleme
Kostenersparnis durch Zeitersparnis und einen „lucky buy"	Suchkosten geeigneter Unternehmen
Vermeidung von Startschwierigkeiten	Integration in die bestehende Kultur und Führungs- und Marketingkonzepte
Erwerb angeschlossener Aktiva	Kauf überholter Technologie
kein Stören des Wettbewerbs	abwehrende Haltung des Gastlandes
Kauf von Marktanteilen, Kunden, Know-how und günstigen Standorten	erhebliche finanzielle Verluste bei Fehlschlag

und sonstigen Personenvereinigungen ... zulässig, wenn sie

1. der Förderung des Erwerbs oder der Wirtschaft der Mitglieder der Genossenschaft oder,
2. ohne den alleinigen oder überwiegenden Zweck der Genossenschaft zu bilden, gemeinnützigen Bestrebungen der Genossenschaft

zu dienen bestimmt ist."[266] Auch das Österreichische Genossenschaftsgesetz enthält in Absatz 2 des §1 einen Passus gleichen Inhalts.[267] Im Schweizer Gesetzestext wird dieser Sachverhalt explizit nicht erwähnt. Dies bedeutet, dass vom Gesetzgeber Beteiligungen von Genossenschaften an ausländischen Firmen, gleich welcher Rechtsform, keine Einschränkungen bestehen.[268]

[265] Quelle: Eigene Darstellung, in Anlehnung an Georg/Diller (1993), S. 176 ff., Pausenberger (1994), S. 17 f., Blümle/Briw (1990), S. 7, und Leber (1990), S. 2.

[266] GenG § 1, Abs. 2, zit. nach Lang/Weidmüller (1988), S. 2.

[267] Vgl. Österreichisches Genossenschaftsrecht §1.

[268] Diese sollten jedoch, nach Meinung des Verfassers, durch die allgemeine Formulierung der Gesetzestexte in der Praxis keine wirkliche Restriktion darstellen.

Eine Einkaufskooperation kann Unternehmen im Ausland aus verschiedenen Gründen akquirieren: zum Ein- und Verkauf, als Produktionsbetrieb sowie zur Forschung und Entwicklung. Auch könnten ausländische Unternehmen dazu beitragen, neue Mitglieder für die Kooperation im Ausland zu gewinnen.[269] Akquisitionen eignen sich zum Verkauf von Dienstleistungen vor allem dann gut, wenn sie sich durch einen hohen Grad an kultureller Spezifität der eingesetzten Faktoren charakterisieren.[270]

Unter einer *Fusion* versteht man „betriebswirtschaftlich die Vereinigung von zwei Unternehmungen zu einer wirtschaftlichen Einheit, wobei sich die aufzunehmende Unternehmung in ein dauerndes Abhängigkeitsverhältnis zur übernehmenden Unternehmung begibt."[271] Finanzwirtschaftlich entscheidend ist bei der Fusion die Abfindung der Eigentümer der aufzunehmenden Firma in Anteilsrechten der übernehmenden Gesellschaft (Aktien, Partizipationsscheine und Stammanteile bei der Fusion von Genossenschaften). Hierin besteht der wesentliche Unterschied zur Akquisition.

Vorteile der Fusion verglichen mit anderen Formen der Internationalisierung durch Integration sind die

---

[269] Beispiele für Beteiligungen an ausländischen Firmen sind die 29.4%-Beteiligung der REWE-Handelsgruppe an der Budgens Limited Companie/England und die Übernahme von 40 Eda-Discountfilialen von Vendex/Frankreich, die Société Immobilière des Ternes/Frankreich, und die HB Treenigheten/Schweden, an denen die Nord-West-Ring Schuheinkaufs-Genossenschaft eG, Mainhausen, beteiligt ist. Auch die mittlerweile auf 50% aufgestockte Beteiligung der EDEKA an der ehemaligen dänischen Hoki A/S, der heutigen EDEKA Danmark A/S, und die 50%-Beteiligung der Kaufring AG an der Sono-Centra-Einkaufsgesellschaft/Hongkong können als Beispiele genannt werden (vgl. hierzu o.V. (1993a), S. 21, o.V. (1994), S. 21, M+M Eurodata (1995), S. II, 42, S. III, 20 und S. V, 20, Nord-West-Ring (1996), S. 48 f., und Lingenfelder (1996), S. 73).

[270] Vgl. Stauss (1994). S. 15. Ein Beispiel einer solchen Dienstleistung ist die Rechtsberatung eines ausländischen Mitgliedes durch einen einheimischen Juristen.

[271] Boemle (1995), S. 488.

- kleineren psychologischen Barrieren bei den Mitarbeitern der untergehenden Gesellschaft und
- keine Verschlechterung der Liquidität durch den Anteilstausch.

In der Literatur ist die Fusion als Internationalisierungsstrategie bislang kaum in Betracht gezogen worden. Sicherlich ist fraglich, ob man bei der untergehenden Gesellschaft noch von Internationalisierung sprechen kann, da sie nach der Fusion nicht mehr als eigenständiges Unternehmen besteht. Sicher ist aber andererseits, dass die Fusion für die Einkaufskooperation eine Möglichkeit zur Internationalisierung darstellt, die oft psychologisch für die untergehende Genossenschaft bzw. AG zu weniger Problemen führt als die Akquisition.[272]

Eine Fusion mit einem Unternehmen im Ausland kann für die Umsetzung ähnlicher Tätigkeiten genutzt werden wie die Akquisition.

Die *Gründung einer Tochtergesellschaft* bezeichnet „die originäre Kombination von Produktionsfaktoren".[273] Der Aufbau einer eigenen Gesellschaft ohne die Mithilfe vor Ort ansässiger Partnerunternehmen stellt die schwierigste und risikoreichste Form der Internationalisierung

---

272 Zur Frage der Fusion von Genossenschaften, vgl. Schaffland (1988), S. 981. Zur Vertiefung, vgl. Seidel (1996), der ausführlich die Fusion von Genossenschaften am Beispiel der Bankgenossenschaften darstellt, Ringle (1975) sowie Hill (1989), S. 163 ff.. Zur Fusion von Genossenschaften in der Schweiz, vgl. Boemle (1995), S. 534, der anführt, dass bei einer allenfalls bestehenden persönlichen Haftung der Genossenschafter oder einer Nachschusspflicht Probleme bei der Fusion auftreten können. Gesetzlich ist die Fusion von Genossenschaften geregelt in der Schweiz in OR 914, in Deutschland seit 1.1.95 in §§ 79 bis 98 im Umwandlungsgesetz in einem besonderen Abschnitt für Genossenschaften und in Österreich im „Bundesgesetz vom 7. Mai 1980 über die Verschmelzung von Genossenschaften und über die Änderung der Gewerbeordnung 1973 (Genossenschaftsverschmelzungsgesetz GenVG) BGBI 223/1980". Ein besonderer Fall liegt bei der Verschmelzung einer Genossenschaft mit einer AG vor. Diese wird erst dann möglich, wenn sich die Genossenschaft vorher selbst in eine AG umgewandelt hat. Die Verschmelzung mit juristischen Personen anderer Rechtsformen ist gänzlich ausgeschlossen.

273 Pausenberger (1994), S. 16 f.

dar.[274] Ein Grossteil des Management- und Kapitaleinsatzes erfolgt bei dieser Internationalisierungsoption im Ausland.[275]

Als mögliche Rechtsformen stehen den Einkaufskooperationen beim Aufbau eines Tochterunternehmens die Aktiengesellschaft und die Gesellschaft mit beschränkter Haftung zur Verfügung, wobei es trotz ihrer Nachteile in der Vergangenheit gerade im Nonfood-Detailhandel immer wieder erfolgreiche Beispiele dieser Strategie gegeben hat.[276] Vorteile und Nachteile dieser Strategie sind in Tabelle 3-6 dargestellt.

Tabelle 3-6: Vorteile und Nachteile von Tochtergesellschaften[277]

Vorteile	*Nachteile*
geringere Investitionskosten in der Anfangsphase im Vergleich zur Akquisition	hohes, allein zu tragendes Investitionsrisiko
kein Einkauf bestehender Probleme	Marktanteile, Bekanntheit und Vertrauen sind aufzubauen
freie Standortwahl	hoher Kosten- und Zeitaufwand
gemeinsame Infrastruktur mit dem Mutterunternehmen	Notwendigkeit eines im Inland profilierten Handelskonzeptes
gute Kontrollmöglichkeiten	Anpassung des Handelskonzeptes an den neuen Markt

Nicht zuletzt wegen der überwiegenden Vorteile kommt der Gründung

274 Vgl. Halm (1995), S. 56, und Blümle/Briw (1990), S. 8.

275 Vgl. Meissner (1995 b), S. 124.

276 Ein Beispiel für eine Tochtergesellschaft einer Einkaufskooperation im Ausland ist die 1994 gegründete Beschaffungsgesellschaft der Markant-Gruppe in Spanien (vgl. M+M Eurodata (1995), S. V, 28). Ein anderes Beispiel der Gründung einer Tochterfirma im Heimland ist die Sport 2000 GmbH der Nord-West-Ring Schuheinkaufs-Genossenschaft eG, Mainhausen (vgl. Nord-West-Ring (1994), S. 57).

277 Quelle: Eigene Darstellung, in Anlehnung an Georg/Diller (1993), S. 176 ff., Pausenberger (1994), S. 17 f., und Blümle/Briw (1990), S. 7. Weitere Vorteile sind die reduzierte keine Takeover-Gefahr und die Option einer Pilot-Phase.

von Tochtergesellschaften in Form neuer Filialen bei der Internationalisierung des Handels eine herausragende Rolle zu.[278]

Mit einer Tochter können grundsätzlich dieselben Aktivitäten ausgeführt werden wie durch akquirierte und fusionierte Unternehmen, da es sich auch hier um eine eigenständige Unternehmung handelt.

6. Empirische Aussagen zur Internationalisierung von Einkaufskooperationen

Wie eingangs dieser Arbeit erwähnt, stellt die Internationalisierung des Einzelhandels und besonders die der Einkaufskooperationen einen Bereich dar, mit dem sich die Betriebswirtschaftslehre erst seit kurzem auseinandersetzt.[279]

Um dies zu verdeutlichen, wird in Tabelle 3-7 ein exemplarischer Überblick über Untersuchungen zur Internationalisierung des Einzelhandels gegeben. Hierbei ist zu erkennen, dass besonders im Zuge der europäischen Einigung sowie in den letzen beiden Jahren eine Reihe von Schriften entstanden sind, die sich mit dem Thema befasst haben.

Bezüglich der Internationalisierung von Einkaufskooperationen des Einzelhandels ist dem Verfasser als empirische Studie nur diejenige von *Gobbers* bekannt. Zudem existieren einige wenige nicht-empirische Publikationen zu diesem Thema, die jedoch vornehmlich auf ein Land, eine Branche oder ein Unternehmen beschränkt waren (vgl.

---

[278] Vgl. Zentes/Anderer (1994), S. 16, zit. nach Zentes (1995), S. 24 f. In der Studie wurde der Einzelhandel im allgemeinen untersucht; jedoch treffen die Ergebnisse auch auf Einkaufskooperationen zu, die über Filialen Güter im Ausland verkaufen.

[279] Vgl. die angesprochenen Studien von Blümle/Briw (1990), Halm (1995) und Rapp (1995) sowie Marschner (1994), S. 1 und 22 f.

Tabelle 3-8). Es fehlt bislang eine integrierte Behandlung.[280]

Zusammenfassend kann festgehalten werden, dass das Thema der Internationalisierung von Einkaufskooperationen des Einzelhandels bislang wenig Beachtung in der Literatur gefunden hat. Die empirische Untersuchung des folgenden Kapitels versucht, eine umfassendere Sicht dieses Themenbereichs zu vermitteln und bislang nicht untersuchte Aspekte der Internationalisierung zu integrieren.

Tabelle 3-7: Empirische Studien zur Internationalisierung des Einzelhandels[281]

Autor	*Titel*	*Erscheinungsjahr*
Ledermann, J.	Schweizer Lebensmittelhandel im Umbruch, Perspektiven im internationalen Wettbewerbsumfeld	1996
Lingenfelder, M.	Die Internationalisierung im europäischen Einzelhandel	1996
Halm, R.	Internationalisierung schweizerischer Detailhandelsunternehmen	1995
Rapp, S.	Internationalisierung von Einzelhandelsunternehmen nach Ostmitteleuropa	1995
Blümle, E.-B./ Briw, A.	Internationalisierung des Einzelhandels: eine explorative Studie über die Schweiz	1990
Frey, R.L./ Ledermann, J.	Wie europafähig ist der Schweizer Detailhandel?, Studie des WWZ	1990

280 Vgl. beispielsweise die Studie von Gobbers (1995), welche rein auf Deutschland beschränkt bleibt.

281 Quelle: Eigene Darstellung.

Tabelle 3-8: Studien zur Internationalisierung von Einkaufskooperationen des Einzelhandels[282]

Autor	*Titel*	*Erscheinungsjahr*
Strobel, B./ Olesch, G.	Zur Lage und Entwicklung der Verbundgruppen (Artikel)	1996
Olesch, G.	Internationalisierungstrategien der Kooperationen des Handels (Artikel)	1994
Bâthory-Hüttner, S.	Expansionsstrategien von Verbundgruppen: das Beispiel Regent-Möbel (Artikel)	1992
Gobbers, A.	Internationalisierung genossenschaftlicher Handelsvereinigungen	1992
Van den Toorn, W. / Friedmann, T.	Europäisierung der Verbundgruppen im Handel - das Beispiel Expert International (Artikel)	1992
Tietz, B.	Die Internationalisierungsstrategien im europäischen Einzelhandel (Artikel)	1991

7. Zusammenfassung der Ergebnisse des 3. Kapitels

Die wichtigsten Erkenntnisse dieses 3. Kapitels werden im folgenden thesenartig nach Abschnitten gegliedert zusammengefasst:

[282] Quelle: Eigene Darstellung.

- Da die Internationalisierung von Einkaufskooperationen bislang wenig erforscht ist, liegt dieser Arbeit ein breiter Internationalisierungsbegriff zugrunde, der jegliche Aufnahme der Tätigkeit im und mit dem Ausland erfasst. Bei der Internationalisierung ist zu unterscheiden zwischen Motiven, Auslösern und Vorteilen. Motive sind latent vorhanden, führen jedoch noch nicht zu einer Internationalisierung; Auslöser geben den Anstoss zu einem solchen Projekt und Vorteile stellen sich in der Folge einer erfolgreichen Internationalisierung ein.
- Bei der Internationalisierung des Einzelhandels ist zu unterscheiden zwischen der Wanderung der Konsumenten und der Wanderung der Einzelhändler ins Ausland. In dieser Arbeit wird nur die Wanderung der Unternehmen betrachtet.
- Die Internationalisierung von Einkaufskooperationen unterscheidet sich von jener des übrigen Handels insbesondere durch die Tatsache, dass bei den Einkaufskooperationen mehr die Wanderung in ausländische Beschaffungsmärkte und weniger diejenige in ausländische Absatzmärkte vorherrschend ist.
- Bei jeder Internationalisierung muss sich eine Einkaufskooperation drei strategische Grundfragen stellen: *was* möchte ich im Ausland tun, *wo* will ich es tun und *mit welcher Strategie* möchte ich Tätigkeiten im Ausland implementieren. Die folgende morphologische Matrix fasst die strategischen Möglichkeiten zur Beantwortung dieser Fragen zusammen. Sie dient so vor allem dazu, die komplexe Entscheidungssituation im Vorfeld einer Internationalisierung abzubilden (vgl. Tabelle 3-9).[283]
- Bislang hat sich die Betriebswirtschaftslehre empirisch wenig mit der Internationalisierung des Einzelhandels auseinandergesetzt. Bezüglich der Internationalisierung der Einkaufskooperationen des Einzelhandels existiert bislang erst eine umfassendere empirische Untersuchung.

[283] So ergeben sich aus dieser Matrix, Interdependenzen und sonstige Einflussfaktoren nicht beachtet, bereits 320 Kombinationsmöglichkeiten der Alternativen zu den drei Entscheidungen.

Tabelle 3-9: Morphologische Matrix der Internationalisierung von Einkaufskooperationen des Einzelhandels[284]

Merkmale	*Ausprägungen*							
Tätigkeit (was)	Einkauf	Verkauf	Produktion	Forschung/ Entwicklung	Mitgliedergewinnung			
Zielland (wo)	Angrenz. Staaten	Übriges Westeuropa	Osteuropa	Nordamerika	Südamerika	Asien	Afrika	Australien
Strategie (wie)	Bestellungen	Übergreifende Kooperation	Franchising	Joint Venture	Akquisition	Fusion	Aufbau Tochtergesellschaft	Aufbau von Repräsentanzen

[284] Quelle: Eigene Darstellung.

IV. Empirische Untersuchung im deutschsprachigen Raum über die Internationalisierung von Einkaufskooperationen des Einzelhandels

1. Überblick

Das folgende Kapitel beinhaltet die Anlage und Auswertung der empirischen Untersuchung im deutschsprachigen Raum über den aktuellen Stand der Internationalisierung von Einkaufskooperationen des Einzelhandels.

Nach der Darstellung der Zielsetzung der Untersuchung wird das Vorgehenskonzept erläutert, welches sich in die Untersuchungsvorbereitung, die Durchführung und die Auswertung der Untersuchung gliedert. Diese drei Phasen geben die Struktur des letzten Teiles dieses Kapitels vor und werden systematisch aufeinander aufbauend dargestellt. Am Ende werden die Erkenntnisse zusammengefasst.

2. Zielsetzung der empirischen Untersuchung

Ziel der empirischen Untersuchung ist es, neues Faktenwissen über alle relevanten Aspekte der Internationalisierung von Einkaufsgenossenschaften im deutschsprachigen Raum zu gewinnen. Hierbei sollen zum einen aktuelle Daten über den Sektor der Einkaufsgenossenschaften in Deutschland, Österreich und der Schweiz gewonnen werden. Zweitens soll die Internationalisierung der einzelnen Unternehmen im Hinblick auf die drei strategischen Fragen des *was*, *wo* und *wie* untersucht und drittens die bei der Internationalisierung gemachten

Erfahrungen analysiert werden. Diese Erkenntnisse sollen als Basis für ein praktisch-normatives Vorgehen zur Erarbeitung eines Internationalisierungskonzeptes dienen, welches den Entscheidungsträgern in Einkaufskooperationen in einem Internationalisierungsprozess behilflich sein kann.

3. Vorgehenskonzept der empirischen Untersuchung

Die empirische Untersuchung erfolgte grundsätzlich in drei Schritten:
1. Untersuchungsvorbereitung,
2. Untersuchungsdurchführung
3. Untersuchungsauswertung

Die *Untersuchungsvorbereitung* umfasste die Wahl des Untersuchungszweckes und der Untersuchungsmethode, die Bestimmung bzw. Auswahl der Untersuchungseinheiten und die Durchführung von Experteninterviews als Basis die Bildung der Untersuchungshypothesen und den Ausbau der Fragebogen. Die *Untersuchungsdurchführung* beinhaltete die Datenerhebung, also das Sammeln der Informationen, sowie die Datenerfassung, die systematische Ordnung der erhaltenen Daten. Die dritte Phase, die *Untersuchungsauswertung*, umfasste neben der Datenanalyse und dem Verifizieren bzw. Falsifizieren der Untersuchungshypothesen die endgültige Niederschrift der Ergebnisse. Dieses Vorgehen ist zur Verdeutlichung mit allen Unterschritten in Abbildung 4-1 dargestellt.[285]

---

[285] Das Vorgehen lehnt sich teilweise an das *Vorgehenskonzept* von *Schnell/Hill/Esser* an, wobei sowohl begrifflich als auch von der Abfolge her Modifikationen vorgenommen wurden (vgl. Schnell/Hill/Esser (1989), S. 110, zit. nach Rapp (1995), S. 111).

Abbildung 4-1: Vorgehenskonzept der empirischen Untersuchung[286]

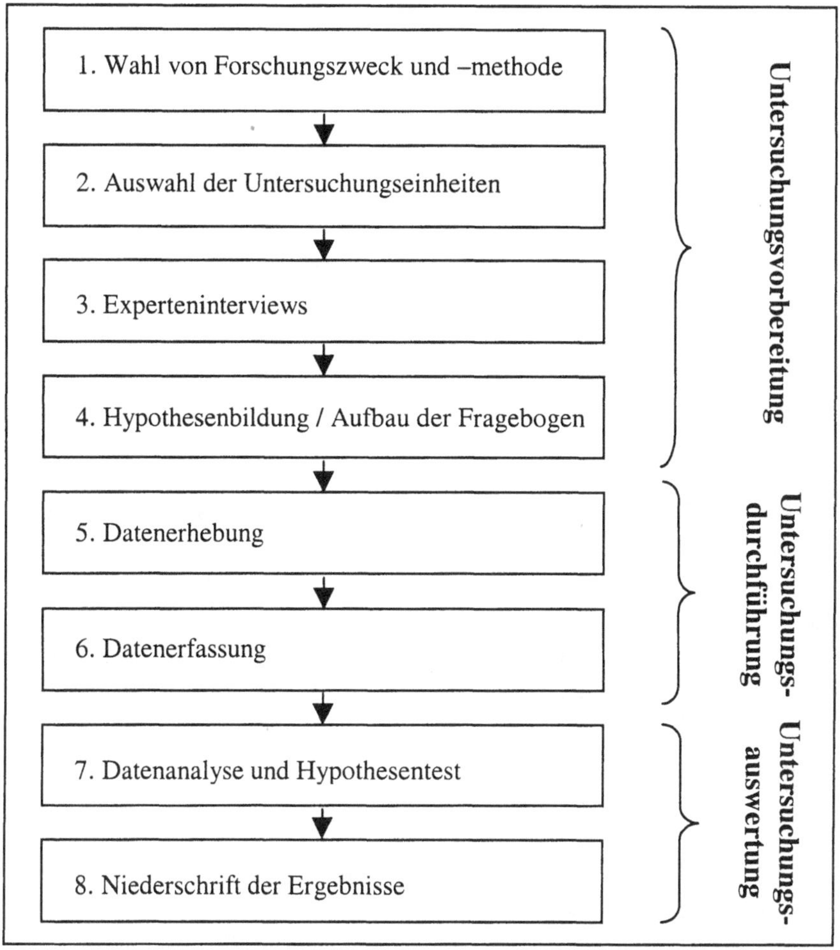

Im folgenden werden diese Schritte im einzelnen erläutert und am Ende dieses Kapitels zusammengefasst.

[286] Quelle: Eigene Darstellung.

4. Vorbereitung der Untersuchung

4.1 Wahl des Forschungszwecks

Bevor auf die Wahl der Forschungsmethode eingegangen wird, soll vorab der Forschungszweck bestimmt werden, da dieser untrennbar mit der Wahl der Forschungsmethode verbunden ist.

Grundsätzlich kann eine Forschungsarbeit drei Arten von Forschungszwecken aufweisen,

- deskriptive,
- kausalanalytische oder konfirmatorische und
- explorative

Forschungszwecke.[287]

Deskriptive Forschungsarbeiten verfolgen den Zweck, bestehende Informationen aufzunehmen, zu verdichten und übersichtlich wiederzugeben. *Kausalanalytische* oder *konfirmatorische* Arbeiten haben das Ziel, die Realität durch ein geeignetes Modell zu beschreiben, unbekannte Parameter zu schätzen und Hypothesen zu testen. *Explorative* Forschung basiert darauf, dass Daten vorliegen, über deren Struktur nur wenig bekannt ist. Sie hat zum Ziel, Strukturen und Gesetze zu entdecken, die in diesen Daten enthalten sind.[288]

Da die Daten der vorliegenden Untersuchung weitestgehend eine solche unbekannte Struktur aufweisen, gehört diese Untersuchung zur explorativen Forschung. Zur Verdeutlichung soll deshalb im folgenden der explorative Forschungszweck näher erläutert werden.

---

[287] Vgl. Green/Tull (1982), S. 61 f., und Bock (1984), S. 1. *Bock* spricht in seinem Artikel über den Teilbereich der explorativen *Datenanalyse.* Nach Meinung des Verfassers sind die Ausführungen auf die explorative Forschung in allgemeinen übertragbar, weshalb im folgenden eher dieser generelle Terminus verwendet wird.

[288] Vgl. Bock (1984), S. 1 f.

Die explorative Forschung „soll Hinweise zur kausalen Erklärung oder Interpretation des Untersuchungsgegenstandes ... liefern, innovative Hypothesen oder Merkwürdigkeiten des Datenmaterials aufspüren, die ihrerseits wieder zu verbesserten Interpretations- oder Modellansätzen führen können."[289] Hierbei können aufgrund des unsicheren Datenmaterials oftmals weder eindeutige noch abschliessende Erkenntnisse abgeleitet werden. Auch können die Daten aus ganz unterschiedlichen Quellen kommen und verschiedene Datentypen auftreten, so dass die klassische Statistik kaum anwendbar ist.[290] Die explorative Forschung „beschreibt eher eine Arbeits- und Denkweise, die sich durch Flexibilität, Modellfreiheit und den ad hoc-Charakter ihrer Methoden auszeichnet."[291] Sie verfolgt dabei vor allem folgende Prinzipien:[292]

- variable Sicht- und Darstellungsweisen, d.h. dass oft unbekannt ist, welches Modell am geeignetsten ist bzw. ob mehrere Modelle anwendbar sind,
- Abweichungen einzelner Daten werden nicht eliminiert, sondern gedeutet, und die
- Benutzung offener Konzepte und vager Begriffe.

Als Hauptproblem explorativer Studien sieht *Bock* die Interpretation der gewonnenen Ergebnisse bzw. die Abschätzung, inwiefern die Ergebnisse allgemeingültig und praxisrelevant sind. Zur Interpretation muss deshalb vor allem mit Plausibilitätsüberlegungen gearbeitet werden. Die Ergebnisse können also keinen Beweischarakter haben.[293]

Die vorliegende Untersuchung ist aus folgenden Gründen explorativ:

- Bislang liegen nur unsichere Daten über die Internationalisierung der Einkaufsgenossenschaften des Einzelhandels vor. Über viele

---

289 Bock (1984), S. 2.

290 Vgl. Bock (1984), S. 3.

291 Bock (1984), S. 3.

292 Vgl. Bock (1984), S. 3 f., der zudem die Benutzung deskriptiver Methoden und die Verwendung graphischer Darstellungen als Merkmale hervorhebt.

293 Vgl. Bock (1984), S. 28 ff.

Sachverhalte, wie z.B. den Grad der Internationalisierung, konnten zu Beginn der Untersuchung keine Angaben gemacht werden.
- Einige Begriffe in der Literatur waren nicht klar definiert, was die Untersuchung zusätzlich erschwerte.
- Untersuchungen über diesen Sektor in einzelnen Ländern sind, wenn überhaupt vorhanden, veraltet.[294]

Aus der Wahl des Forschungszweckes leiten sich die verwendeten Methoden ab, die im folgenden Abschnitt beschrieben werden.

4.2 Wahl der Forschungsmethode

Die empirische Sozialforschung bietet eine Vielzahl von Untersuchungsmethoden.[295] Die drei gebräuchlichsten sind:
- die Umfrageforschung,
- die Beobachtung und
- die Aussagen- bzw. Inhaltsanalyse.[296]

Eine *Aussagen-* bzw. *Inhaltsanalyse* bietet sich in dieser Untersuchung nur zum Teil an, da kaum Quellen vorliegen, auf deren Basis die Analyse erfolgen könnte. Auch kommt die Methode der *Beobachtung* nicht nur wegen des länderübergreifenden Aspekts, sondern auch wegen der breiten Zielsetzung dieser Arbeit nicht in Betracht. So beruht die vorliegende Untersuchung hauptsächlich auf Methoden aus dem Bereich der *Umfrageforschung*, bei der wiederum zwischen den Instrumenten der *Diskussion* und der *Befragung* unterschieden werden kann. Für diese Untersuchung wurde aufgrund der unten ausgeführten Gründe die Form der Befragung gewählt, wobei sowohl strukturierte

---

294 Vgl. beispielsweise Gutersohn (1969), der die letzte umfassende Untersuchung über das Genossenschaftswesen in der Schweiz durchführte.

295 Ein guter Überblick zu den Methoden der empirischen Sozialforschung findet sich bei Friedrichs (1982).

296 Vgl. Karmasin/Karmasin (1977), S. 11, Falk/Wolf (1988), S. 132, sowie Schäfer/ Knoblich (1978), S. 248.

wie unstrukturierte, schriftliche und mündliche Formen der Befragung verwendet wurden, um Nachteile der jeweiligen Methode zu minimieren und von ihren Vorteilen zu profitieren.[297]

So haben schriftliche Befragungen u.a. den Nachteil, dass Fragen vorgegeben sind, was eine Suggestivwirkung haben kann, die zu Verzerrungen der Ergebnisse führt. Als Vorteile stehen dem gegenüber, dass schriftliche Befragungen keinen grossen Erhebungsapparat benötigen, durch die vorgegebenen Fragen eine bessere Vergleichbarkeit der Ergebnisse gegeben ist, die Kosten in der Regel geringer sind und sie bei geographisch verstreuten Adressen, wie dies in dieser Untersuchung der Fall ist, oft die einzige Möglichkeit darstellen.[298] Mündliche Befragungen erlauben es in der Regel besser, Gebiete anzusprechen, die ausserhalb der schriftlich fixierten Fragen liegen, und unstrukturierte Probleme zu lösen.

So wurden in einer ersten Phase der Untersuchung Expertenbefragungen vorgenommen. Diese dienten dazu, einen ersten Überblick über den Sektor zu gewinnen, möglichst viele Informationen über den Untersuchungsgegenstand zu sammeln und vor allem eine Basis für die Formulierung der Arbeitshypothesen zu schaffen.

Die zweite Phase der Untersuchung wurde anhand eines standardisierten Fragebogens durchgeführt, auf dessen Erarbeitung im folgenden noch genauer eingegangen wird. Die auf Basis der Erkenntnisse der empirischen Untersuchung erarbeitete praktisch-normative Vorgehensempfehlung wurde anschliessend nochmals mit Experten auf ihre Praxisrelevanz hin überarbeitet.

---

297 Vgl. Kromrey (1991), S. 267 f.

298 Vgl. Schäfer/Knoblich (1978), S. 292, und Friedrichs (1990), S. 236.

4.3 Erfassung der Grundgesamtheit und Auswahl der Untersuchungseinheiten

Die Grundgesamtheit der vorliegenden Untersuchung stellt die Gruppe der Einkaufskooperationen des Einzelhandels dar. Die vollständige Erfassung dieser Unternehmen war jedoch im Rahmen dieser Arbeit nicht praktikabel, so dass eine Beschränkung der Grundgesamtheit notwendig wurde.

Es wurden deshalb in die Grundgesamtheit nur Einkaufskooperationen mit Sitz in Deutschland, der deutschen Schweiz und Österreich aus dem Nichtlebensmittel-Bereich einbezogen, welche die Rechtsform der reinen Genossenschaft aufweisen. Dies hatte folgende Vorteile für die Praktikabilität der Untersuchung:

- Aufgrund der so beschränkten Grundgesamtheit konnte ins Auge gefasst werden, alle derartigen Einkaufsgenossenschaften im deutschsprachigen Raum zu erfassen;
- die sich so ergebende Grundgesamtheit konnte als relativ homogen angenommen werden;
- die rechtlichen Rahmenbedingungen entsprechen sich weitgehend und konnten somit ohne grössere Probleme verglichen werden;
- die Ergebnisse wurden nicht durch sprachliche Probleme und Ungenauigkeiten beeinträchtigt;
- der Nonfood-Bereich ist aufgrund der geringeren Grösse der in ihm tätigen Einkaufskooperationen bislang weniger erforscht als der Food-Sektor, weshalb sich hier eine bessere Möglichkeit bot, grundlegend neue Erkenntnisse zu erarbeiten.

Um diese eingeschränkte Gruppe von Einkaufskooperationen möglichst vollständig zu erfassen, wurden auf breiter Basis Quellen analysiert und Institutionen kontaktiert. Die wesentlichen Quellen waren die folgenden:

- *In der Schweiz*
  - Bundesamt für Statistik, Bern
  - Schweiz. Detaillistenverband, Effretikon
  - Schweiz. Gewerbeverband, Bern
  - Schweiz. Verband der Lebensmittel-Detaillisten, Bern
  - Schweiz. Verband für Materialwirtschaft und Einkauf, Aarau
  - sämtliche im *Publicus*[299] aufgeführten Wirtschaftsverbände des Nonfood Einzelhandels
- *In Deutschland*
  - Aussenhandelsvereinigung des deutschen Einzelhandels e.V., Köln
  - Bundesverband Materialwirtschaft, Einkauf und Logistik e.V., Frankfurt a.M.
  - Deutscher Fachverlag, Frankfurt a.M.
  - Deutscher Genossenschafts- und Raiffeisenverband e.V., Bonn
  - Hauptverband des deutschen Einzelhandels, Köln
  - Statistisches Bundesamt, Bonn
  - Württembergischer Genossenschaftsverband, Stuttgart
  - Zentralverband gewerblicher Verbundgruppen, Bonn
  - sämtliche im *Hoppenstedt*[300] aufgeführten Wirtschaftsverbände des Nonfood-Einzelhandels
- *In Österreich*
  - Arbeitsgemeinschaft freiwilliger Handelsgruppen, Salzburg
  - Österreichischer Genossenschaftsverband (Schulze-Delitzsch), Wien
- *Auf internationaler Ebene*
  - Internationaler Genossenschaftsverband, Le Grand-Saconnex/CH
  - Internationale Vereinigung von Einkaufsverbänden (IVE), Bonn/D
  - Union der genossenschaftlichen Einkaufskooperationen Europas, Brüssel/B

---

299 Vgl. Publicus (1996).

300 Vgl. Hoppenstedt (1995).

Besondere Probleme der Erfassung ergaben sich in der Schweiz, da dort weder ein nationaler Genossenschaftsverband noch ein Verband der Einkaufskooperationen besteht. Dies machte es notwendig, neben der wenig ergiebigen Anfrage übergreifender Verbände des Einzelhandels, sämtliche Wirtschaftsverbände des Nonfood-Bereichs telefonisch zu befragen, ob in ihrer Branche Einkaufskooperationen bestehen. Daraufhin wurde geklärt, ob es sich um Einkaufsgenossenschaften in Sinne der Definition dieser Arbeit handelt. Die Wirtschaftsverbände wurden über den *Publicus* ausgewählt, da somit eine Vollständigkeit in der Erfassung der Wirtschaftsverbände sichergestellt werden konnte. Branchen, die über keinen eigenen Wirtschaftsverband verfügen, wurden demnach zwangsläufig ausgeklammert. Da es sich jedoch um sehr kleine Branchen handelt, in denen - wenn überhaupt - kleine Einkaufskooperationen zu erwarten waren, können diese vernachlässigt werden.

Insgesamt wurden durch diese Analysen 64 Einkaufsgenossenschaften des Einzelhandels im deutschsprachigen Raum gefunden, 40 aus Deutschland, dreizehn aus Österreich und elf aus der Schweiz. Die Verteilung nach Ländern ist in der Abbildung 4-2 dargestellt.

Während der Recherche nach Einkaufsgenossenschaften im deutschsprachigen Raum fiel auf, dass gerade in den letzten Jahren durch Rechtsformumwandlungen und strukturkrisenbedingte Konkurse die Zahl dieser Unternehmen stark abgenommen hat.[301]

---

[301] Noch während der dreimonatigen Rücksendefrist des Fragebogens meldete ein weiteres Unternehmen Konkurs an. Es handelt sich um die *Genossenschaft selbständiger Tankstellenhalter im Autogewerbe*, Zürich, welche nie international tätig war. Nach Abschluss der Untersuchung wurde eine weitere Einkaufsgenossenschaft in der Schweiz gegründet, welche nicht mehr in die Untersuchung einbezogen werden konnte. Dies ist die *Einkaufsgenossenschaft Grüne Profis*, die vorwiegend in der Deutschschweiz agiert und dort 90% der in diesem Bereich tätigen Unternehmen als Mitglieder gewinnen konnte (vgl. hierzu Kneubühler (1997), S. 27).

Abbildung 4-2: Verteilung der Einkaufsgenossenschaften nach Ländern[302]

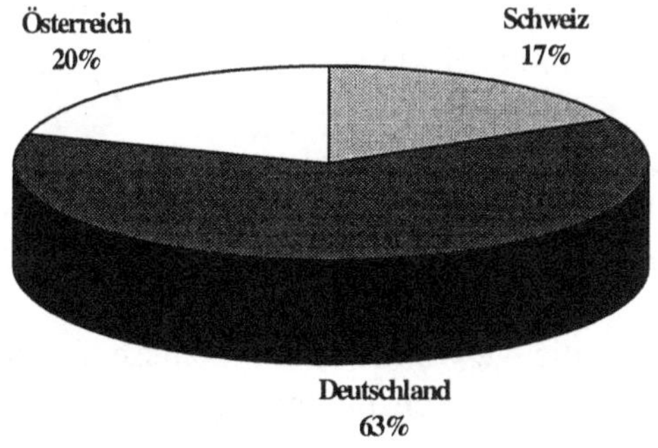

Zu klären bleibt die Frage, ob Erkenntnisse, die auf einer derart eingeschränkten Grundgesamtheit basieren, noch als repräsentativ für die Gesamtheit der Einkaufskooperationen angesehen werden können: Hierbei ergibt sich dasselbe Problem wie bei einer Stichprobenziehung. „Damit die Schlussfolgerungen, die aus der Stichprobentheorie und der statistischen Inferenz gezogen werden, gültig sind, müssen die Stichproben so gewählt werden, dass sie *repräsentativ* für eine Grundgesamtheit sind."[303]

Nach Meinung des Verfassers sind die gewonnenen Ergebnisse mit einigen Einschränkungen als repräsentativ für die Grundgesamtheit der Einkaufskooperationen zu betrachten. Die Einschränkung der Grundgesamtheit auf die Genossenschaften erscheint zulässig und beeinflusst die Repräsentativität im Hinblick auf die Struktur der Unternehmen kaum, da fast alle Einkaufskooperationen gründungsgeschichtlich

302 Quelle: Eigene Darstellung.
303 Spiegel (1983), S. 141.

aufgrund des Fördergedankens der Mitglieder genossenschaftlich geprägt sind und das genossenschaftliche Element noch heute aufweisen, auch wenn sie die Rechtsform geändert haben. Von der Art der Organisation her ergibt sich durch die Einschränkung demnach keine Verzerrung. Es wird jedoch vermutet, dass es sich bei denjenigen Einkaufskooperationen, die heute noch die Rechtsform der reinen Genossenschaft aufweisen, um eher kleine Firmen dieser Gattung handelt.

Die geographische Einschränkung ist unumgänglich, da eine europäische oder gar weltweite Studie den Rahmen einer Dissertation überschritten hätte und schon aus den genannten terminologischen Gründen zu Problemen und Ungenauigkeiten geführt hätte. Es kann festgestellt werden, dass die gewonnenen Ergebnisse für die Einkaufsgenossenschaften aus dem deutschsprachigen Raum Gültigkeit besitzen.

Die Beschränkung auf den Nonfood-Sektor war aus den bereits genannten Gründen sinnvoll, hatte jedoch zur Folge, dass einige bedeutende Einkaufskooperationen ausgeklammert werden mussten. Es ist somit anzunehmen, dass die untersuchten Einkaufsgenossenschaften verglichen mit dem Durchschnitt des Sektors kleiner sind, da die grossen Einkaufskooperationen aus dem Food-Bereich nicht einbezogen werden. Festzuhalten ist hingegen, dass Überschneidungen zwischen den Sektoren bestehen und somit auch die untersuchten Nonfood-Kooperationen einen Teil ihres Umsatzes im Food-Bereich erzielen, was die Unterschiede relativiert.

4.4 Experteninterviews

Die Experteninterviews hatten zum einen das Ziel, einen ersten Überblick über das Funktionieren einer Einkaufskooperation des Einzelhandels und weitere Erkenntnisse über den Sektor zu gewinnen. Zum anderen, und das war ihre wesentliche Funktion, stellten diese Interviews neben der Literaturanalyse eine weitere Basis für die Aufstellung der Hypothesen und somit für die Erarbeitung des Fragebogens dar. Alle Experteninterviews wurden anhand eines situativ angepassten Interviewleitfadens durchgeführt.

Bei der Auswahl der Experten wurde darauf geachtet, dass durch diese eine unterschiedliche Sichtweise auf den Sektor der Einkaufskooperationen vertreten wurde. Deshalb wurde ein Experte aus einem Bundesverband von Einkaufskooperationen ausgewählt[304] und zwei aus Branchen, in denen Einkaufskooperationen traditionell eine bedeutende Rolle spielen.[305]

Während gerade das Experteninterview mit einem Geschäftsführer eines nationalen Verbandes der Einkaufskooperationen hilfreich war, den Sektor auch über die Landesgrenzen hinweg zu überschauen, förderten die beiden Gespräche mit Geschäftsführern von Einkaufskooperationen das Verständnis für die Funktionsweise dieser Gebilde.[306] Es wurde deutlich, dass auch Einkaufskooperationen, welche im Laufe

---

304 Hierzu diente vor allem das Interview mit Dr. J. Schmüser, Geschäftsführer des Zentralverbandes der Gewerblichen Verbundgruppen, dem Zentralverband der Einkaufskooperationen in Deutschland.

305 Dies geschah vor allem durch die Interviews mit G. Kunz, ehemals Schuhgemeinschaft, Zürich, sowie mit W. Blank, Geschäftsführer der Möbel-Kollektiv Einkaufskooperation und geschäftsführender Präsident des Schweizerischen Möbelfachverbandes (SMFV), Middes. Herr Kunz wurde auch deshalb als Gesprächspartner gewählt, da die Schuhgemeinschaft eine Einkaufskooperation darstellt, die als Genossenschaft gegründet, sich später auf Druck der Mitglieder hin in eine Aktiengesellschaft umgewandelt hat, wobei dies auf die Zielsetzung der Erzielung besserer Einkaufskonditionen für die Mitglieder keinen Einfluss hatte. Zudem wurde ein Gesprächspartner aus der Schuhbranche gewählt, da die Einzelhändler dieser Branche traditionell stark in Einkaufskooperationen organisiert sind.
Herr Blank wurde als Experte gewählt, da - analog zur Schuhbranche - auch die Möbelbranche von je her starke Einkaufskooperationen aufweist, welche jedoch, wie auch die Möbel-Kollektiv AG, zumindest in der Schweiz keine Genossenschaften mehr sind. Zudem konnte Herr Blank aufgrund seiner zusätzlichen Tätigkeit als geschäftsführender Präsident des Schweizerischen Möbelfachverbandes die Branche aus Sicht ihres Dachverbandes beurteilen.

306 Dies wurde weiter gefördert durch die beiden Pretests des Fragebogens, auf welche im folgenden noch genauer eingegangen wird.

der Zeit einen Rechtsformwechsel vollzogen hatten, den genossenschaftlichen Gedanken beibehalten und die angeschlossenen Unternehmen ähnlich wie bei einer Genossenschaft behandeln.

Auf Basis der Erkenntnisse der Experteninterviews sowie der Literaturanalyse, wurden im nächsten Schritt der Untersuchungsvorbereitung die Arbeitshypothesen aufgestellt.

4.5 Aufstellung der Arbeitshypothesen

4.5.1 Übersicht

Ziel einer empirischen Untersuchung ist es im allgemeinen, Hypothesen, die auf theoretisch gewonnenen Erkenntnissen beruhen, zu verifizieren oder zu falsifizieren. Es liegen jedoch über die Internationalisierung von Einkaufskooperationen, abgesehen von den Ausführungen in den ersten beiden Kapiteln dieser Arbeit, kaum Erkenntnisse vor, so dass in diesem Fall keine gut abgestützten Hypothesen aufgestellt werden können. Da das Verfahren der auf Theorien beruhenden Hypothesenaufstellung und deren Test trotzdem für diese empirische Untersuchung als sinnvoll erachtet wird, werden auch in dieser Untersuchung Hypothesen aufgestellt. Diese haben jedoch eher das Ziel, das empirische Vorgehen und den Fragebogen zu strukturieren und die diesen zugrunde liegenden Grundüberlegungen aufzuzeigen. Um dies auch begrifflich deutlich zu machen, wird im folgenden - in Anlehnung u.a. an *Rapp*[307] - statt dem Terminus *Hypothese* denjenigen der *Arbeitshypothese* verwendet. Diese Arbeitshypothesen beruhen auf den Erfahrungen aus den Experteninterviews sowie auf Aussagen aus der Literatur, die jedoch nicht durch empirische Untersuchungen gestützt sind. Die Hypothesen können somit auch als eine Art Quintessenz aus den Kapiteln zwei und drei verstanden werden.

---

[307] Vgl. Rapp (1996), S. 112 f.

Grundsätzlich wurden Hypothesen zu folgenden Themenbereichen aufgestellt:

1. Beziehungen zwischen Eigenschaften des Unternehmens und seiner Internationalisierung
2. Auswahl der Zielländer der Internationalisierung
3. Höhe und Entwicklung des Einkaufsvolumens im Ausland
4. Vorgehen und gewählte Strategien bei der Internationalisierung
5. Erfahrungen mit der Internationalisierung

Abgesehen vom letzten Themenbereich konnten die Arbeitshypothesen durch Literatur aus verwandten Bereichen abgestützt werden. Insbesondere zu den Erfahrungen aus der Internationalisierung sowie den Einkaufsvolumina im Ausland lagen hingegen keine Studien vor; vor allem sie beruhen auf den Erfahrungen der Experten sowie auf Überlegungen des Verfassers. Die Themenbereiche geben auch die grobe Struktur der im folgenden erarbeiteten Fragebögen vor. Zusätzlich zu diesen Themenbereichen wurden die Fragebögen um Fragen ergänzt, welche nicht im einzelnen durch Hypothesen abgestützt sind.

Die Arbeitshypothesen werden zusammenfassend am Ende der Datenanalyse in Abschnitt 6.6 verifiziert bzw. falsifiziert. Von einer Bewertung der Hypothesen bei der Erörterung der betreffenden Frage des Fragebogens wurde abgesehen, da unweigerlich einige Hypothesen mehrere Fragen betreffen und die Datenauswertung nicht durch die jeweilige Hypothesenbewertung unterbrochen werden soll.

4.5.2 Beziehungen zwischen Eigenschaften des Unternehmens und seiner Internationalisierung

Arbeitshypothese 1.1

Ob eine Einkaufsvereinigung international tätig wird, ist unabhängig von ihrer Grösse.

Diese Hypothese besagt, dass auch schon kleine Einkaufskooperationen den Schritt ins Ausland gehen und dies nicht erst ab einer gewissen umsatzmässigen Grösse tun.[308]

Arbeitshypothese 1.2

International erfolgreiche Einkaufskooperationen haben stets starke Marktstellungen auf ihrem Heimmarkt inne.[309]

Diese Hypothese, die der vorangegangenen nur scheinbar widerspricht, besagt, dass - unabhängig von der absoluten Grösse der Einkaufskooperation - eine Führungsposition unter den Unternehmen der eigenen Branche eine Grundvoraussetzung für ein erfolgreiches Auslandsengagement darstellt.

Arbeitshypothese 1.3

Der Wunsch nach der Erschliessung neuer Märkte wird eher zu einer Internationalisierung als zu einer Diversifikation führen.[310]

Diese These besagt, dass viele Firmen bei denen der Markt, in dem sie momentan tätig sind, kein langfristiges Überleben sicherstellen kann gezwungen sind, eher ihre derzeitige Tätigkeit ins Ausland verlagern als in andere Branchen zu wechseln. Dies trifft in besonderem Masse auf die Einkaufskooperationen zu, die nach wie vor einen sehr starken Fokus auf Beschaffungsaktivitäten haben.

---

308 *Risak* stellte diese These als Ergebnis einer allgemeinen Untersuchung für Unternehmen auf. Er sagt, „dass die Grösse keineswegs für sich die Fähigkeit zur Internationalisierung begründet." Vgl. Risak (1982), S. 206; ähnlich auch bei Lingenfelder (1996), S. 45, und Blümle (o.J. a), S. 3.
Zur Vereinfachung wird zur Bestätigung dieser Hypothese nur der Umsatz der Einkaufsgenossenschaft selber und nicht derjenige ihrer Mitglieder zur Messung herangezogen werden. Auch bleiben andere Kriterien, wie beispielsweise die Anzahl der Beschäftigten, unberücksichtigt.

309 Vgl. Hill/Attiger/Ziegler (1994), S. 17, welche diese Behauptung jedoch allgemein für Dienstleistungsunternehmen aufgestellt haben.

310 Ähnlich bei Seydoux (1992), S. 8 f.

Arbeitshypothese 1.4

Im internationalen Vergleich unterscheiden sich Schweizer Einkaufskooperationen von ausländischen bis heute besonders durch ihre Binnenmarktorientierung.[311]

Diese Arbeitshypothese bringt zum Ausdruck, dass Schweizer Firmen nach wie vor weniger Auslandsengagements eingehen als Einkaufskooperationen anderer Länder. Der Hauptgrund hierfür ist in der wirtschaftlichen und politischen Isolation des Landes zu sehen. So bestehen von seiten des Staates bzw. der Kantone und einzelner Wirtschaftsverbände Gesetze und Normen, die eine Internationalisierung und ein Eindringen ausländischer Einzelhandelsfirmen verhindern.

Arbeitshypothese 1.5

Deutsche Kooperative übernehmen wegen ihres hohen Marktanteils und ihres Leistungsstandes bei der Internationalisierung eine Vorreiterrolle in Europa.[312]

Diese Hypothese knüpft an die vorhergehende an, geht jedoch einen Schritt weiter und hebt hervor, dass gerade deutsche Einkaufskooperationen aufgrund ihrer Marktdominanz bislang den Schritt in Ausland gewagt haben. Diese These unterstreicht die Arbeitshypothese 1.2.

4.5.3 Auswahl der Zielländer der Internationalisierung

Arbeitshypothese 2.1

Das Augenmerk richtet sich bei der Internationalisierung auf kulturell verwandte Länder.[313]

---

[311] Vgl. Blümle (o.J. b), o.S., der seine These jedoch auf die Lebensmittelhandelsfirmen bezieht. Vgl. hierzu auch Blümle (1991 a), S. 20.

[312] Vgl. Olesch (1994), S. 17.

[313] Vgl. u.a. Grünig/Heckner (1996), S. 272, Kutschker (1997), S. 50, sowie Seydoux (1992), S. 9.

Diese These besagt, dass Unternehmen Länder bei der Auswahl bevorzugen, bei denen erwartet wird, dass nur wenige sprachliche und sonstige kulturelle Hindernisse die Internationalisierung negativ beeinträchtigen. Im Falle der Einkaufsgenossenschaften aus dem deutschsprachigen Raum hiesse dies also, dass zunächst deutschsprachige bzw. westeuropäische Länder bevorzugt werden. Auch muss überprüft werden, ob kulturelle Gemeinsamkeiten Gründe für die Auswahl der Zielländer darstellen.

Arbeitshypothese 2.2

Frankreich, Deutschland und Österreich sind bevorzugte Zielländer für schweizerische Detailhandelsunternehmen aufgrund ihrer direkten Nachbarschaft.[314]

Diese These geht einen Schritt weiter als die vorangehende und bringt zum Ausdruck, dass vor allem die geographische Nähe, die in der Regel mit niedrigeren Transaktionskosten etc. einhergeht, und nicht nur die kulturelle Verwandtschaft der Grund für die Auswahl eines bestimmten Ziellandes darstellen.

Arbeitshypothese 2.3

Durch die Errichtung des europäischen Binnenmarktes wird sich der Trend zur Expansionstätigkeit in ausländische Märkte weiter verstärken.[315]

Diese These besagt, dass das zunehmende Wegfallen von wirtschaftlichen und politischen Grenzen, gerade in den Ländern der EU, die Internationalisierung stark gefördert hat.

[314] Vgl. Blümle (1991 a), S. 20.
[315] Vgl. Seydoux (1992), S. 8 f.

Arbeitshypothese 2.4
West- und Osteuropa werden bei der Internationalisierung für deutsche Unternehmen in Zukunft die wichtigsten Zielländer sein.[316]

Diese These besagt, dass nicht nur in bezug auf den wirtschaftlichen Entwicklungsstand verwandte Länder in Westeuropa Zielländer für Einkaufskooperationen darstellen, sondern auch die wirtschaftlich aufstrebenden, jedoch politisch und währungspolitisch unsicheren Märkte Osteuropas.

4.5.4 Einkaufsvolumen im Ausland

Arbeitshypothese 3
Das Einkaufsvolumen der international tätigen Einkaufsgenossenschaften im Ausland macht nach wie vor einen geringen Anteil am Gesamtvolumen aus.

Obwohl die Internationalisierung auch im Bereich der Einkaufsgenossenschaften fortschreitet, kommt der internationalen Tätigkeit gemessen am Einkaufsvolumen nach wie vor nur eine untergeordnete Bedeutung zu. In diesem Fall werden 10% und weniger als geringer Anteil verstanden.

4.5.5 Vorgehen und gewählte Strategien bei der Internationalisierung

Arbeitshypothese 4.1
Der Eigenaufbau stellt die erfolgsversprechendste Markteintrittsvariante dar.[317]

[316] Vgl. Tietz (1993), S. 457.
[317] In Anlehnung an Hill/Attiger/Ziegler (1994), S. 17, die dies jedoch in bezug auf Dienstleistungsunternehmen allgemein ausführen.

Diese These legt dar, dass der Aufbau eines eigenen Unternehmens im Ausland erfolgreicher ist als die vollständige oder teilweise Beteiligung an einem bereits im Ausland bestehenden Unternehmen oder eine kooperative Strategie. Es muss also geprüft werden, ob Unternehmen, welche ein Tochterunternehmen im Ausland aufgebaut haben, ihre Internationalisierung als erfolgreicher betrachten als diejenigen Einkaufsgenossenschaften, die eine andere Strategie gewählt haben.

Arbeitshypothese 4.2

Kooperationen sind als langfristiges Markterschliessungsinstrument aufgrund der Interessendivergenz der Kooperationspartner nicht geeignet.[318]

Diese Arbeitshypothese besagt, dass auf lange Sicht das Eingehen von Kooperationen, wie Joint Ventures oder losere Formen der Kooperation, nicht als Strategien geeignet sind. Aufgrund ihrer Nachteile, die vor allem in Abstimmungsproblemen aufgrund von unterschiedlichen Interessen der Partner zu sehen sind, scheitern Kooperationen zumeist.

4.5.6 Erfahrungen mit der Internationalisierung

Arbeitshypothese 5.1

Der Erfolg der Internationalisierung von Einkaufskooperationen wird zu Beginn der Auslandstätigkeit wegen der zahlreichen damit verbundenen Probleme überwiegend negativ bewertet.

Probleme einer Tätigkeit im Ausland werden im Vorfeld einer Internationalisierung in der Regel unterschätzt. Aus diesem Grund werden oft rasche Erfolgsaussichten nicht erfüllt.[319] Zudem steht die auf der

---

[318] Vgl. Hill/Attiger/Ziegler (1994), S. 18.

[319] Zum Erfolg von Internationalisierungen, vgl. die umfangreiche Darstellung bei Glaum (1996) und die dort aufgeführten Autoren.

Erfahrungskurve[320] beruhende Erkenntnis dahinter, dass ein Unternehmen sich durch einen frühen Markteintritt nachhaltige Wettbewerbsvorteile gegenüber später eintretenden Konkurrenten verschaffen kann. Diese Effekte kommen erst nach einer gewissen Zeit zum Tragen.

Arbeitshypothese 5.2
Auslandsengagements in kulturell stark unterschiedlichen Märkten werden langfristig negativer bewertet als solche in kulturell verwandten Länder.

Diese These folgt denselben Überlegungen, welche der Arbeitshypothese 2.1 zugrunde liegen. Es gilt zu untersuchen, ob Einkaufsgenossenschaften Auslandsengagements in angrenzenden Staaten bzw. im übrigen Westeuropa positiver bewerteten als in den übrigen Zielmärkten.

Auf Basis der vorgestellten Arbeitshypothesen, wurden im folgenden Schritt der Untersuchungsvorbereitung die Fragebogen erarbeitet.

4.6 Erarbeitung der Fragebogen

4.6.1 Vorbemerkung

Zur Erweiterung des Kenntnisstandes über die Internationalisierung von Einkaufsgenossenschaften war es nicht nur von Interesse, bereits international tätige Einkaufskooperationen zu untersuchen. Auch musste analysiert werden, warum andere Einkaufsgenossenschaften noch nicht international geworden sind. Zudem wurde angenommen, dass eine Untersuchung über die Internationalisierung vorwiegend für diejenigen Kooperationen von Interesse ist, die schon international

[320] Zur Theorie der Erfahrungskurve, vgl. beispielsweise Day/Montgomery (1983) und Lange (1984).

tätig sind bzw. geplant haben, international tätig zu werden. Es bestand also im Vorfeld die Gefahr, dass sich Einkaufsgenossenschaften, welche im Moment der Untersuchung noch nicht im Ausland tätig waren, an einer solchen Untersuchung nicht beteiligten.

Um diesem Sachverhalt entgegenzuwirken, wurden zwei verschiedene Fragebögen entworfen, einer für die international tätigen Einkaufsgenossenschaften[321] und ein zweiter für bislang nur regional bzw. national agierende Zusammenschlüsse[322]. Im Begleitbrief[323] wurden die Begriffe *international tätig* und *nicht international tätig* abgegrenzt und die unterschiedlichen Fragebogen zudem farblich unterschieden.[324] Die Erarbeitung der Fragebogen werden im folgenden dargestellt.

4.6.2 Aufbau der Fragebogen

4.6.2.1 Der Fragebogen für die international tätigen Einkaufsgenossenschaften

Es wurde angenommen, dass die bereits international tätigen Einkaufskooperationen an der Thematik interessiert sind und somit eher bereit sind, auf einen umfassenderen Fragenkatalog zu antworten. Neben Angaben zur Auskunftsperson, gliederten sich die wiederum gemischt offenen und geschlossenen Fragen des „gelben" Fragebogens grob in sechs Themenblöcke, welche weitgehend mit den Themenbereichen der vorher aufgestellten Arbeitshypothesen übereinstimmten.[325]

---

321 Vgl. Anhang III.

322 Vgl. Anhang IV.

323 Vgl. Anhang V.

324 So war der Fragebogen für die international tätigen Einkaufsgenossenschaften gelb und derjenige für die nicht international tätigen Unternehmen blau.

325 Diese Gliederung widerspiegelt die Logik, die dem Kapitel III zugrundeliegt und die drei Fragen reflektiert, welche sich eine Einkaufskooperation im Zuge ihrer Internationalisierung zu stellen hat. Diese drei Fragen entsprechen den Frageblöcken II bis V, wobei die Fragen nach der Markteintrittsstrategie und dem Umsatz getrennt wurden.

Konkret waren dies:

I. Angaben zum Unternehmen
II. Allgemeine Fragen zur Internationalisierung,
III. Fragen zur Auswahl der Länder,
IV. Fragen zum Einkaufsvolumen im Ausland,
V. Fragen zum Vorgehen bei der Internationalisierung sowie
VI. Fragen zu den Erfahrungen aus dem Internationalisierungsprozess.

Zudem enthielt der Fragebogen die Frage nach anderen Einkaufsgenossenschaften aus der eigenen oder einer verwandten Branche, um eventuell weitere Firmen ausfindig zu machen. Auch wurde die Möglichkeit gegeben, „*Sonstige Bemerkungen*" zu machen.

4.6.2.2 Der Fragebogen für die nicht international tätigen Einkaufsgenossenschaften

Dieser Fragebogen wurde aufgrund des zu erwartenden *low involvement*[326] der angesprochenen Personen in bezug auf die Thematik der Internationalisierung bewusst kurz gehalten. Neben der Frage nach der Auskunftsperson war der Bogen unterteilt in die beiden Fragenblöcke *Angaben zu Ihrem Unternehmen* und *Angaben zu Ihrer Tätigkeit,* welche aus einem Mix von offenen und geschlossenen Fragen bestanden.

Der erste Fragenkomplex diente der Kategorisierung der antwortenden Genossenschaft und glich weitgehend demjenigen des Fragebogens der international tätigen Unternehmen. Der zweite Frageblock hatte vornehmlich die Aufgaben zu analysieren,

- ob die Firma in Zukunft geplant hat, international tätig zu werden,
- ob sie früher schon einmal international tätig war,
- warum sie es bisher noch nicht war und
- worin mögliche Vorteile und Nachteile einer Internationalisierung der Tätigkeit gesehen werden.

---

326 Vgl. zu den Begriffen „low involvement" und „high involvement" vor allem Mühlbacher (1982).

Das Ende des Fragebogens war analog zu dem der international tätigen Einkaufsgenossenschaften.

4.6.3 Pretests der Mailings

Vor dem ersten Versand wurde die Fragebogen zwei getrennten Pretests in Form von mündlichen Interviews bzw. Beobachtungen unterzogen. Ziel der Pretests war herauszufinden, ob die betreffenden Fragebogen verstanden wird und ob Aufbau und Fragestellungen klar sind. Auch wurde überprüft, ob die Instruktionen für den Rückversand eindeutig sind.

Während des Tests wurde beobachtet, ob die Testpersonen Verständnisschwierigkeiten bei der Wahl und beim Ausfüllen der Fragebogen hatten. Nach dem Ausfüllen wurden die Testpersonen zu ihren Eindrücken und über Unklarheiten befragt und der Fragebogen auf Antworten hin untersucht, welche nicht den Intentionen der Fragestellung entsprachen. Auch wurden die Personen befragt, ob sie die Zeit zum Ausfüllen als zumutbar betrachteten. Beiden Testpersonen wurde anschliessend der jeweils andere Fragebogen zur Durchsicht auf eventuelle Unklarheiten hin vorgelegt.

Als Testpersonen wurden zwei Geschäftsführer von Einkaufskooperationen gewählt, wobei bei Ihrer Auswahl drauf geachtet wurde, dass sie einen möglichst unterschiedlichen Hintergrund aufwiesen.[327] Hierdurch sollte gewährleistet werden, dass mögliche sprachliche Unklarheiten ausgeschaltet werden und jeder der beiden Fragebogen einmal ausgefüllt wird.

---

[327] So arbeitet eine Testperson in einer grossen, seit langem international tätigen Einkaufskooperation in der Rechtsform einer GmbH in Deutschland. Hierbei handelt um den Geschäftsführer der Sport 2000 Deutschland GmbH, Mainhausen, einer der bedeutendsten Einkaufskooperationen im Sportbereich. Die zweite Testperson war der Geschäftsführer einer kleineren Einkaufsgenossenschaft aus der Schweiz, welche nicht international tätig ist (Einkaufsvereinigung Schweizerischer Gärtnermeister und Floristen (ESG), Hägendorf/Schweiz).

5. Durchführung der Untersuchung

Der vorangegangene Abschnitt stellte den letzten Schritt der Untersuchungsvorbereitung dar. Im folgenden wird die Untersuchungsdurchführung beschrieben, welche sich grob in die *Datenerhebung* und die *Datenerfassung* gliedert. Unter der Datenerhebung wird die reine Sammlung der Daten verstanden, während die Datenerfassung auf die systematische Einteilung der gesammelten Daten abzielt, welche die Basis für Analyse der Daten darstellt.

5.1 Datenerhebung

5.1.1. Durchführung der Datenerhebung

Die Datenerhebung erfolgte in zwei Mailings: einem Hauptversand und einem Nachversand an Einkaufskooperationen, welche auf den ersten Versand nicht geantwortet hatten.

Die beiden Fragebogen wurden in den Mailing von einem Brief, einem auf das Land abgestimmten Referenzschreiben sowie einem Rückantwortcouvert begleitet. Diese Beilagen werden im folgenden kurz beschrieben, um einerseits die Transparenz sicherzustellen und andererseits Anregungen für ähnliche Untersuchungen zu geben.

Da abgesehen vom Begleitbrief das erste und das zweite Mailing inhaltlich identisch waren, werden die Bestandteile im folgenden nur einmal dargestellt.

Der Begleitbrief

Der Begleitbrief der ersten Aussendung[328] gliederte sich grob in drei Bereiche: eine Einführung in die Problematik, Erklärungen zum Ausfüllen der beiden Fragebogen und abschliessende Bemerkungen, welche u.a. die Zusicherung der Vertraulichkeit enthielt. Beim Begleitbrief des zweiten Versandes[329] wurde nochmals auf die Bedeutung der Untersuchung hingewiesen und nachdrücklich zum Ausfüllen der Fragebogen aufgerufen.

Bei 63 der 64 Einkaufsgenossenschaften, welche im Vorfeld ermittelt und - soweit möglich - telefonisch kontaktiert worden waren, konnten die Begleitbriefe direkt an eine Person gerichtet werden, wobei es sich in der Regel um den Geschäftsführer handelte.[330]

Die Empfehlungsschreiben

Zur Unterstützung des Rücklaufs wurden den Mailings jeweils Begleitschreiben angesehener Institutionen beigelegt. Aufgrund der Tatsache, dass die Untersuchung in drei Ländern stattfand, wurde versucht, länderspezifische Unterstützung zu erhalten. Konkret waren dies folgende:

1. In der Schweiz wurde den Mailings ein Empfehlungsschreiben des Schweizerischen Gewerbeverbandes (SGV) beigelegt.[331] Es wurde als unterstützende Institution der SGV gewählt, da in der Schweiz kein zentraler Verband der Einkaufskooperationen existiert.

---

328 Vgl. Anhang V.

329 Vgl. Anhang VI.

330 Vier Einkaufsgenossenschaften, die telefonisch kontaktiert worden sind, baten darum, den Fragebogen zu Handen der Geschäftsleitung zu schicken.

331 Vgl. Anhang VIII.

2. In Deutschland lag jedem versandten Brief ein Schreiben des Zentralverbandes Gewerblicher Verbundgruppen (ZGV), Bonn, bei, in dem beinahe alle deutschen Einkaufsgenossenschaften organisiert sind.[332] Zudem wurde die Untersuchung vom Württembergischen Genossenschaftsverband unterstützt, dessen Präsident die Mitglieder im vorhinein intern über die Untersuchung informiert hatte.[333]
3. In Österreich wurde den Mailings kein Begleitschreiben beigelegt. Jedoch wurden die betroffenen Mitglieder des Österreichischen Genossenschaftsverbandes (ÖGV), in dem aufgrund der gesetzlichen Mitgliedschaft sämtliche österreichischen Einkaufsgenossenschaften Mitglied sind, im voraus intern informiert und der Begleitbrief mit dem Zusatz versehen, das die Untersuchung vom ÖGV unterstützt werde.

Das Rückantwortcouvert

Jedem Mailing lag ein pauschalfrankiertes, adressiertes Rückantwortcouvert bei.

5.1.2 Versand und Rücklauf der Mailings

Im Oktober 1996 wurde der erste Aussand an die 64 Einkaufsgenossenschaften des Nonfood-Einzelhandels vorgenommen, von denen 21 einen Fragebogen ausgefüllt zurückgesandten. Dies entsprach einer Rücklaufquote von 32.8%. Da diese jedoch, besonders im Hinblick auf die geringe Gesamtzahl, zu niedrig war, wurde drei Monate nach dem ersten Versand ein zweites Mailing an die verbleibenden Unternehmen durchgeführt. Der Inhalt des Versandes entsprach, abgesehen vom Begleitbrief, dem des ersten Aussandes. Auf das zweite Mailing antworteten weitere fünf Unternehmen, wodurch sich der Rücklauf auf 26 auswertbare Fragebogen oder 40.6% erhöhte.

---

[332] Vgl. Anhang VII.
[333] Vgl. Anhang IX.

Es wurden alle Fragebogen in die Auswertung einbezogen, wenngleich, gerade im Fall der international tätigen Einkaufsgenossenschaften, nicht immer alle Fragen ausreichend beantwortet waren. Dies wird bei der Auswertung der Fragen jeweils kenntlich gemacht. In folgender Tabelle 4-1 ist das Ergebnis des Versandes insgesamt dargestellt.

Tabelle 4-1: Rücklauf des ersten und zweiten Mailings insgesamt[334]

Rücklauf	*Absolut*	*Relativ*
total versandte Briefe und Fragebogen	64	100%
keine Antwort	38	59.4%
auswertbare Fragebogen	26	40.6%

Von den 26 auswertbaren Fragebogen, entfielen 15 auf die international tätigen Unternehmen und elf auf die nicht international tätigen Einkaufsgenossenschaften.

Nachdem die Daten insbesondere durch Fragebogen gesammelt worden waren, folgte die Datenerfassung, d.h. die systematische Einteilung der gesammelten Daten.

5.2 Datenerfassung

Die Datenerfassung erfolgte mit dem Tabellenkalkulationsprogramm EXCEL. Auf die Anwendung eines speziellen Statistikprogrammes wurde bewusst verzichtet, da die Untersuchung, wie bereits eingangs ausgeführt, explorativen Charakter hatte und es nicht möglich war, statistisch gesicherte Erkenntnisse hieraus zu ziehen.

334 Quelle: Eigene Darstellung.

Die Daten wurden in drei EXCEL-Tabellen erfasst, wobei eine für die Auswertung allgemeiner Ergebnisse aus beiden Fragebogen, eine zweite für die Auswertung der blauen und eine dritte der Auswertung der gelben Fragebogen diente. In diesen Tabellen wurden jeweils auf den x- und den y-Achsen die Fragen und die zur Verfügung stehenden Antwortmöglichkeiten abgetragen. Jedes Feld der Matrix zeigte in absoluten Werten an, wieviele der Einkaufsgenossenschaften, die eine der Frage auf der Horizontalen in einer bestimmten Weise beantwortet hatten, eine Frage auf der Vertikalen beantworteten.[335] Im Schnittpunkt der jeweils gleichen Frage stand somit die absolute Anzahl derjenigen Einkaufsgenossenschaften, welche diese Frage positiv beantwortet hatten.

Diese drei Matrizen wurden daraufhin auf die relevanten Informationen hin analysiert, wobei aus Plausibilitätsüberlegungen immer nur ein Teil der Ergebnisse in die Endauswertung einfloss. Aufgrund des praktisch-normativen Charakters der Untersuchung wurden für den Praktiker sekundäre Informationen bewusst vernachlässigt. Im folgenden Abschnitt ist die Auswertung dargestellt.

6. Auswertung der Ergebnisse

6.1 Vorbemerkungen

Im ersten Abschnitt der Auswertung werden alle Einkaufsgenossenschaften, die sich an der Untersuchung beteiligt haben, in Kategorien eingeteilt, um einen Überblick über die untersuchten Firmen zu geben. In einem zweiten Abschnitt werden die Fragebogen der international tätigen Einkaufsgenossenschaften ausgewertet, woraufhin im dritten Abschnitt die Auswertung der Fragebogen der nicht international

[335] Dies gilt selbstredend auch für den umgekehrten Fall.

tätigen Einkaufsgenossenschaften folgt. Im vierten Abschnitt schliesst sich ein Vergleich der Ergebnisse der international und der nicht international tätigen Einkaufsgenossenschaften an. Im darauffolgenden Abschnitt folgt ein Vergleich der Ergebnisse aus der Schweiz, Deutschland und Österreich, und im sechsten Abschnitt werden die Arbeitshypothesen getestet.

Es ist festzuhalten, dass aufgrund der teilweise geringen absoluten Zahl der Nennungen ein Grossteil der Ergebnisse nur vage interpretiert bzw. als Einzelbeispiele verstanden werden können. Trotzdem geben auch diese als Einzelbeispiele verstandenen Antworten interessante Aufschlüsse. Interpretiert wurden die Ergebnisse immer dann, wenn dies sinnvoll und vor allem im Hinblick auf das Verfahren zur Internationalisierung von Nutzen erschien.

6.2 Kategorisierung der untersuchten Einkaufsgenossenschaften

6.2.1 Überblick

Ziel dieses Unterabschnitts ist es, alle Einkaufsgenossenschaften, welche in die Auswertung einbezogen werden, zu kategorisieren. Die Einkaufsgenossenschaften werden jeweils getrennt nach ihrem Herkunftsland und zusammenfassend analysiert, wobei sie nach sieben Kriterien eingeteilt wurden:

- ihrem Stammland,
- ihrer Branchenzugehörigkeit,
- der Anzahl der Mitglieder,
- der Anzahl Beschäftigten,
- dem Gesamtumsatz des Unternehmens,
- dem Gesamtumsatz der Mitgliedsunternehmen sowie
- dem Rang, den sie in ihrer Branche bekleiden.

Generell werden alle Einkaufsgenossenschaften kategorisiert, unabhängig davon, ob sie international tätig sind oder nicht,. Wo sich jedoch nennenswerte Unterschiede in der Kategorisierung nach dem Internationalisierungsgrad der untersuchten Firmen ergeben haben, sind diese jeweils vermerkt.

6.2.2 Kategorisierung nach dem Stammland

Von den 26 Einkaufskooperationen, die in die Untersuchung einbezogen werden konnten, waren 14 in Deutschland und jeweils sechs in Österreich und der Schweiz tätig.

In Deutschland waren zwar mehr als doppelt so viele Kooperationen wie in den beiden anderen Ländern tätig, verglichen mit der Grösse der Länder ergibt sich jedoch eine verhältnismässig grössere Anzahl von Einkaufskooperationen in Österreich und der Schweiz.

Unter den international tätigen Einkaufskooperationen war der Anteil deutscher Unternehmen (60%) vergleichsweise höher als bei den nicht international tätigen (46%).

Abbildung 4-3: Einkaufskooperationen nach dem Stammland[336]

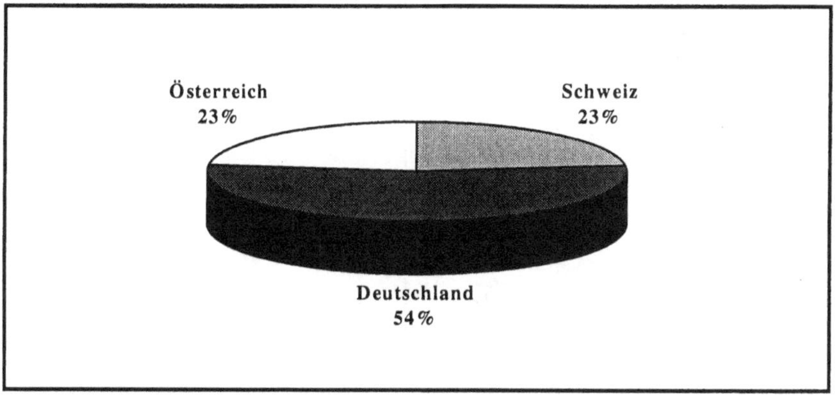

[336] Quelle: Eigene Darstellung.

6.2.3 Kategorisierung nach der Branche

Betrachtet man die untersuchten Einkaufsgenossenschaften nach ihrer Branchenzugehörigkeit, ergibt sich ein diversifiziertes Bild. So finden sich vier Unternehmen im Genussmittelbereich, welche alle der Tabakbranche aus Deutschland zuzuordnen waren. In den Bereichen Textil/Kleidung, Schuhe/Leder und Sportartikel waren im deutschsprachigen Raum je drei Unternehmen tätig. Weitere Einkaufsgenossenschaften kamen aus den Bereichen Haushaltswaren (2), Elektro (2), Apotheken/Drogerien (1) und sonstigen Branchen (6). Keine Einkaufsgenossenschaft fand sich im Möbelbereich, was wohl damit zu erklären ist, dass die Einkaufskooperationen aus diesem Bereich zum grössten Teil keine Genossenschaften mehr sind. Tabelle 4-2 fasst die Ergebnisse zusammen:

Tabelle 4-2: Einkaufsgenossenschaften nach der Branche[337]

Branche	*Schweiz*	*Deutschland*	*Österreich*	*Total*
Genussmittel	0	4	0	**4**
Textil/Kleidung	0	2	1	**3**
Schuhe/Leder	1	2	0	**3**
Sportartikel	1	1	1	**3**
Haushaltswaren	1	1	0	**2**
Elektro	1	0	1	**2**
Drogerien/Apotheken	0	1	2	**3**
Möbel	0	0	0	**0**
Sonstige (Optik etc.)	0	4	2	**6**

337 Quelle: Eigene Darstellung.

Auch wenn keine Branche klar dominiert, so kann doch festgehalten werden, dass in den sich teilweise überschneidenden und verwandten Branchen der Textil-/Kleidungs-, der Sportartikel- und der Schuh-/ Lederbranche neun Unternehmen tätig sind. Die starke Verbreitung von Einkaufskooperationen in den Modebranchen deckt sich auch mit den Erfahrungen aus der Literatur.[338]

Im Vergleich der Unternehmen nach dem Internationalisierungsgrad fiel auf, dass von vier in der stark regulierten Tabak-Branche tätigen Einkaufsgenossenschaften nur eine international aktiv ist.

6.2.4 Kategorisierung nach dem Gründungsjahr

Nach ihrem Gründungsjahr wurden die Einkaufsgenossenschaften in vier Klassen eingeteilt (vgl. Abbildung 4-4):

- Einkaufsgenossenschaften, die vor 1925 gegründet wurden,
- Einkaufsgenossenschaften, die zwischen 1925 und 1950 entstanden,
- Einkaufsgenossenschaften, die zwischen 1951 und 1975 gegründet wurden, und
- Einkaufsgenossenschaften, die nach 1975 entstanden sind.

Es zeigt sich, dass vor allem in der Nachkriegszeit seit Anfang der 50er Jahre die meisten Einkaufsgenossenschaften gegründet wurden. Dies kann mit Rekonstruktion der mitteleuropäischen Volkswirtschaften nach den II. Weltkrieg zusammenhängen, da gerade in dieser wirtschaftlich angespannten Lage der kollektiven Selbsthilfe besondere Bedeutung zukam. Aber auch vor dieser Zeit wurden insgesamt elf Einkaufsgenossenschaften gegründet. Dies fällt einerseits mit der klassischen Gründungsphase der Einkaufskooperationen zu Beginn des Jahrhunderts zusammen.[339]

---

[338] Vgl. Olesch (1994), S. 17.

[339] Vgl. Kapitel II, Abschnitt 5.2.3.

Abbildung 4-4: Einkaufsgenossenschaften nach dem Gründungsjahr[340]

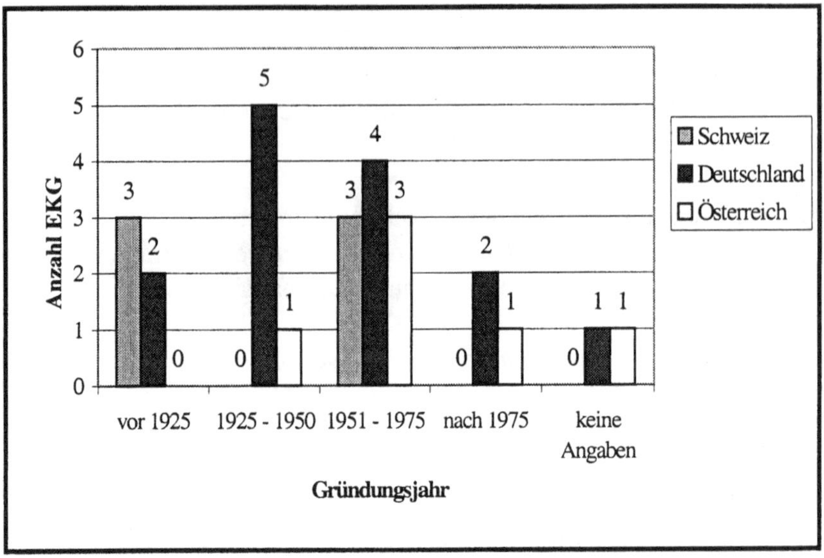

Anderseits kann dies besagen, dass gerade bei den Einkaufskooperationen in der Rechtsform der Genossenschaften oftmals ältere Organisationen anzutreffen sind, da jüngere Kooperationen bereits nicht mehr als Genossenschaft, sondern z.B. als AG gegründet wurden.[341] Auffallend ist, dass in Österreich keine der untersuchten Einkaufsgenossenschaften vor 1925 gegründet wurde. Lediglich drei Einkaufsgenossenschaften entstanden nach 1975, was nicht bedeuten muss, dass Einkaufskooperationen allgemein für den Einzelhandel an Bedeutung verlieren, sondern lediglich, dass in neuerer Zeit immer weniger die Rechtsform der Genossenschaft gewählt wird. Zwei Firmen machten zu dieser Frage keine Angaben.

[340] Quelle: Eigene Darstellung. Alle Angaben, auch im restlichen Kapitel, beziehen sich auf das Jahr 1995.

[341] Da kaum Untersuchungen zum Sektor der Einkaufskooperationen allgemein vorliegen, kann diese Aussage nicht überprüft werden.

Es wird deutlich, dass der überwiegende Teil der international tätigen Einkaufskooperationen erst nach dem 2. Weltkrieg gegründet und keine nicht international tätigen Einkaufskooperationen nach 1975 gegründet wurde. Hieraus könnte abgeleitet werden, dass die Firmen, welche international tätig werden, eher jünger sind und über eine höhere Dynamik verfügen.

6.2.5 Kategorisierung nach Anzahl Beschäftigter

Die untersuchten Einkaufsgenossenschaften wurden nach der Anzahl ihrer Beschäftigten in drei Klassen unterteilt.

- kleine Einkaufsgenossenschaften (bis zu 99 Beschäftigte),
- mittlere Einkaufsgenossenschaften (100 bis 499 Beschäftigte),
- grosse Einkaufsgenossenschaften (500 oder mehr Beschäftigte).

Aus Abbildung 4-5 wird deutlich, dass der überwiegende Teil der Einkaufsgenossenschaften gemessen an ihrer Beschäftigtenzahl kleine Unternehmen darstellen. So haben 20 Firmen weniger als 100 Beschäftigte. Gerade zwei Unternehmen verfügen über 500 Angestellte, wobei diese beiden in Deutschland tätig sind. Eine Einkaufsgenossenschaft machte keine Angaben zu diesem Kriterium. Ob dies damit zusammenhängt, dass es sich bei den beobachteten Unternehmen um Genossenschaften handelt oder dass diese im Nonfood-Sektor tätig sind, kann nicht nachgewiesen werden. Nach Einschätzung des Verfassers haben aber beide Faktoren einen Einfluss hierauf.

6.2.6 Kategorisierung nach Anzahl Mitglieder

Als weiteres Kriterium für die Messung der Grösse der Einkaufskooperationen wurde die Anzahl der Mitglieder herangezogen. Hierbei wurden vier Klassen gebildet:

- Einkaufsgenossenschaften mit bis zu 99 Mitgliedern,
- Einkaufsgenossenschaften mit 100 bis 499 Mitgliedern,
- Einkaufsgenossenschaften mit 500 bis 999 Mitgliedern und
- Einkaufsgenossenschaften mit 1000 Mitgliedern und mehr.

Abbildung 4-5: Einkaufsgenossenschaften nach Anzahl Beschäftigter[342]

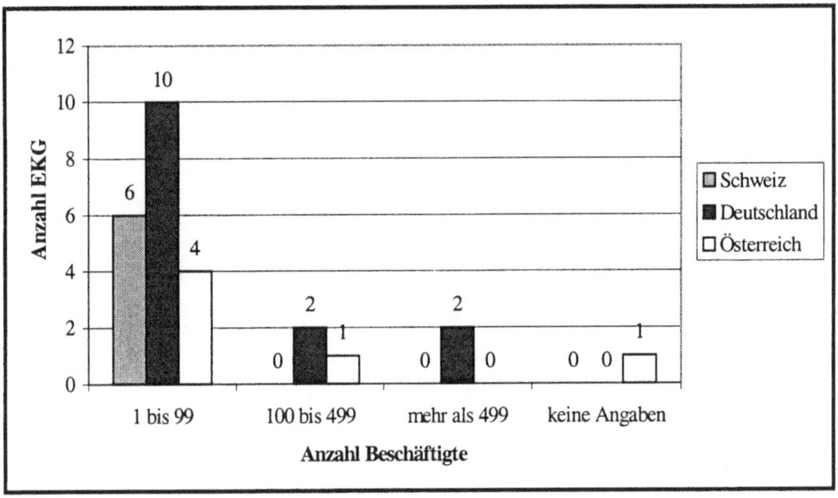

Die Verteilung nach diesem Kriterium, die in der folgenden Abbildung 4-6 dargestellt ist, relativiert die vorangegangene Unterteilung nach der Anzahl Beschäftigter, da sie ausgeglichener ist.

Auch nach diesem Kriterium stellen zwar die kleinen und mittelgrossen Einkaufsgenossenschaften den überwiegenden Teil der Unternehmen dar, jedoch existieren immerhin sieben Firmen, die mehr als 999 Mitglieder haben. Erwartungsgemäss weist Deutschland mit fünf der sieben Firmen die meisten Unternehmen dieser Klasse auf. Eine Einkaufsgenossenschaft machte keine Angaben zu ihrer Mitgliederzahl.

342 Quelle: Eigene Darstellung. Alle Daten, auch im folgenden, beziehen sich auf das Jahr 1995.

Abbildung 4-6: Einkaufsgenossenschaften nach Anzahl Mitglieder[343]

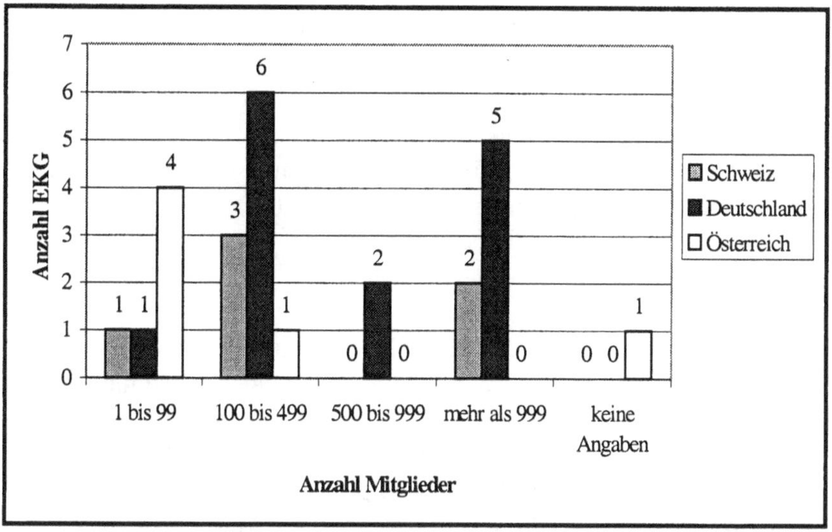

Insgesamt betrachtet, war die durchschnittliche gerundete Mitgliederzahl 688, wobei die Werte zwischen 20 und 4094 Mitgliedern lagen. Vergleicht man die Durchschnittswerte pro Land, so weisen die Schweizer Einkaufsgenossenschaften einen Wert von 511 Mitgliedern auf, die deutschen von 988 Mitgliedern und die österreichischen Einkaufsgenossenschaften von 51 Mitgliedsunternehmen. Die durchschnittliche Zahl der Mitglieder der österreichischen Genossenschaften weicht demnach auffallend von der vergleichbaren Zahl in der Schweiz und in Deutschland ab. Eine mögliche Erklärung könnte in den verschiedenen Konzentrationsgraden im Einzelhandel dieser Länder liegen, wobei dies aufgrund relativ geringer Unterschiede besonders zwischen Österreich und der Schweiz keine zufriedenstellende Erklärung dargestellt.[344] Auch könnte dies dahingehend gedeutet

---

343 Quelle: Eigene Darstellung.

344 So betrugen im Lebensmitteleinzelhandel die addierten Marktanteile der fünf grössten Unternehmen 1992 in Österreich 95%, in der Schweiz 82% und in Deutschland 67% (vgl. Tietz (1994), S. 249).

werden, dass Einkaufsgenossenschaften in Österreich allgemein im Nonfood-Einzelhandel eine geringere Bedeutung zukommt. Diese These kann jedoch aufgrund der geringen absoluten Zahl von Unternehmen nicht hinreichend belegt werden.

Auffallend ist, dass mit einer durchschnittlichen Mitgliederzahl von 740 die nicht international tätigen Einkaufsgenossenschaften über eine höhere Mitgliederzahl verfügen als die international tätigen (647).

6.2.7 Kategorisierung nach dem Umsatz

Bei der Kategorisierung nach dem Umsatz wurde generell unterschieden nach dem Umsatz der Einkaufsgenossenschaft und demjenigen der Mitglieder. Hierbei wurden fünf Klassen unterschieden:[345]

- Einkaufsgenossenschaften mit bis zu 49 Mio. SFr. Umsatz,
- Einkaufsgenossenschaften mit 50 bis 249 Mio. sFr. Umsatz,
- Einkaufsgenossenschaften mit 250 bis 499 Mio. sFr. Umsatz,
- Einkaufsgenossenschaften mit 500 bis 999 Mio. sFr. Umsatz und
- Einkaufsgenossenschaften mit mehr als 999 Mio. SFr. Umsatz

Zuerst wird die Umsatzverteilung der Einkaufsgenossenschaften selber betrachtet, welche in Abbildung 4-7 dargestellt ist. Hieraus wird deutlich, dass der überwiegende Teil (18) der befragten Genossenschaften weniger als 250 Mio. sFr. umsetzten, also eher zu den kleinen Unternehmen zu zählen sind. Diesen gegenüber stehen jedoch vier Einkaufskooperationen, die mehr als 1 Mrd. sFr. Umsatz erzielten, wobei es sich ausschliesslich um deutsche Unternehmen handelte. Alle Unternehmen betrachtend, lag die Streuung des Umsatzes zwischen 40'000 sFr. und 1.76 Mrd. sFr., was die grossen Unterschiede verdeutlicht.

---

345 Angaben von deutschen Einkaufskooperationen in DM und österreichischen in ÖS wurden zum Kurs vom 30.5.97 umgerechnet. Auf die Zuhilfenahme eines Durchschnittskurses wurde aufgrund der relativ stabilen Umtauschverhältnisse zwischen den drei Währungen und der groben Klasseneinteilung verzichtet.

Abbildung 4-7: Einkaufsgenossenschaften nach ihrem Umsatz[346]

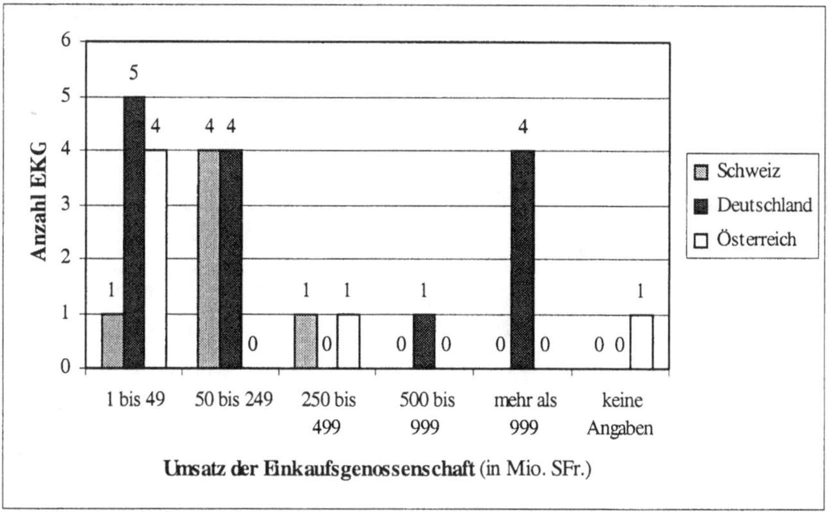

Betrachtet man den Umsatz, den die Mitgliedsunternehmen der Einkaufsgenossenschaften insgesamt 1995 erzielten, so ergab sich eine ausgewogenere Verteilung, wobei fünf der antwortenden Unternehmen diesbezüglich keine Zahlen angaben (vgl. Abbildung 4-8).

Bei dieser Verteilung fällt wiederum auf, dass lediglich deutsche Unternehmen über hohe Mitgliederumsätze von über 1 Mrd. sFr. verfügen. Zudem ist herauszustreichen, dass in der Schweiz keine sehr kleinen Einkaufsgenossenschaften verzeichnet wurden. Generell ist festzustellen, dass die Umsätze der Mitglieder leicht über denen der Einkaufsgenossenschaften lagen, was plausibel ist, da kaum eine Einkaufsgenossenschaft über Bezugsquoten ihrer Mitglieder von 100% verfügt und demnach die Mitglieder auch Umsatz tätigen, welcher nicht in die Einkaufskooperation einfliesst.

346 Quelle: Eigene Darstellung.

Abbildung 4-8: Einkaufsgenossenschaften nach dem Umsatz ihrer Mitglieder[347]

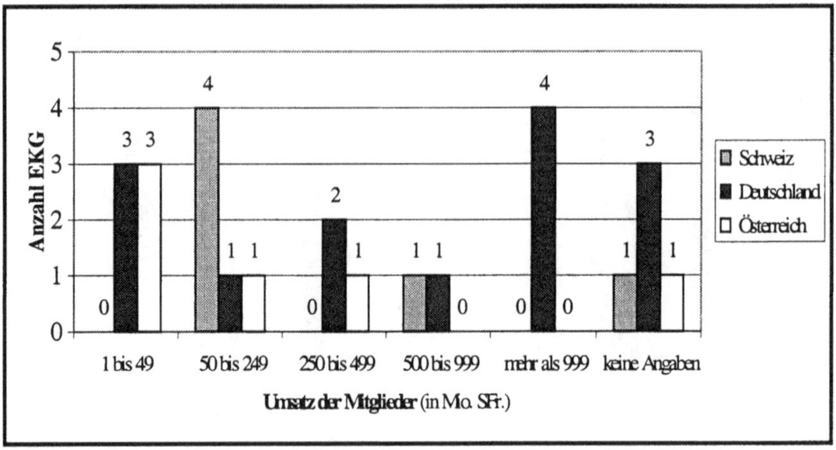

6.2.8 Kategorisierung nach dem Rang in der Branche

Als letztes Kriterium für die Kategorisierung wurde bei den untersuchten Einkaufsgenossenschaften der Rang der Einkaufsgenossenschaft, den diese gemessen am Umsatz in ihrer Branche in ihrem Land bekleidet, verglichen. Der Rang beruhte auf der Selbsteinschätzung der Unternehmen, da es dem Verfasser im vorhinein nicht möglich war, die Branchen und Grösse der Kooperationen abzugrenzen. Sich aufgrund dieser Tatsache ergebende Ungenauigkeiten waren unvermeidbar und könnten somit die Ergebnisse verzerren.

Es wurde unterschieden zwischen

- Einkaufsgenossenschaften auf Rang 1 oder 2,
- Einkaufsgenossenschaften auf Rang 3 bis 5 und
- Einkaufsgenossenschaften, die einen niedrigeren als den 5. Rang bekleideten.

[347] Quelle: Eigene Darstellung.

Sechs Unternehmen machten keine Angaben, was auf ein Problem in der Branchenabgrenzung und fehlende Vergleichszahlen zurückzuführen sein könnte. Abbildung 4-9 zeigt die Verteilung der Antworten:

Abbildung 4-9: Einkaufsgenossenschaften nach dem Rang in der Branche[348]

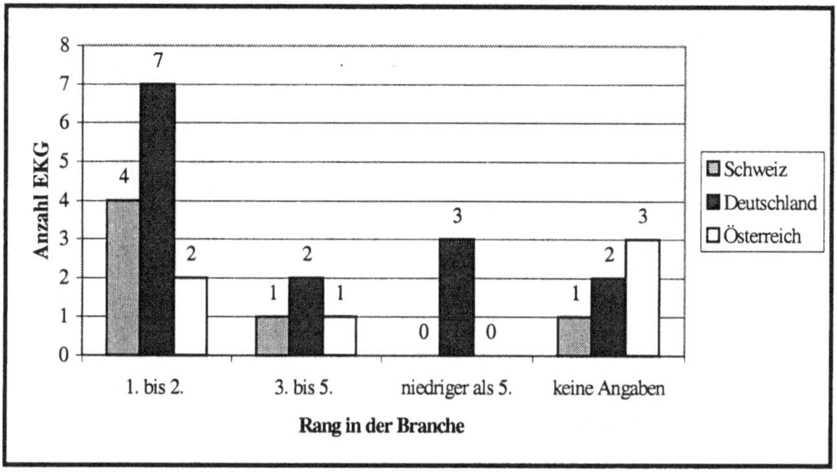

Aus der Abbildung geht hervor, dass der überwiegende Teil der Einkaufsgenossenschaften die Branchenführung bzw. den zweiten Platz in ihrem Bereich einnehmen. Dies hängt damit zusammen, dass es gerade in kleineren Ländern wie der Schweiz nur eine sehr beschränkte Anzahl von Einkaufskooperationen pro Branche gibt.

Es fiel auf, dass die international tätigen Einkaufskooperationen zu einem überwiegenden Teil die Branchenführung bzw. den zweiten Platz in ihrem Bereich einnehmen. Dies mag einerseits damit zu erklären sein, dass es gerade in kleineren Ländern wie der Schweiz in manchen Bereichen nur eine sehr beschränkte Anzahl von Einkaufskooperationen gibt. Andererseits könnte dies jedoch auch dadurch zustande

[348] Quelle: Eigene Darstellung.

kommen, dass die international tätigen Einkaufsgenossenschaften die stärkeren Unternehmen der Branche darstellen.

Nachdem nun die untersuchten Einkaufsgenossenschaften beschrieben worden sind, wird im folgenden Abschnitten zuerst der Fragebogen der international tätigen Einkaufsgenossenschaften ausgewertet. Daraufhin werden die Ergebnisse der nicht international tätigen Kooperationen getrennt analysiert und schliesslich, in einem dritten Abschnitt, länderübergreifend analysiert, soweit dies dem Verfasser sinnvoll erschien.[349]

6.3 Ergebnisse der Untersuchung der international tätigen Einkaufsgenossenschaften

6.3.1 Vorbemerkungen

In diesem Abschnitt werden die Ergebnisse des Fragebogens der untersuchten international tätigen Unternehmen dargestellt. Soweit dies sinnvoll erschien, wurde neben der allgemeinen Auswertung der Fragen auch untersucht, ob Besonderheiten in den Antworten in bezug auf bestimmte Kategorien festzustellen waren.

Es muss an dieser Stelle jedoch darauf hingewiesen werden, dass aufgrund der relativ geringen absoluten Zahl der Fragebogen von 15, die in diese Auswertung einfliesst, und des explorativen Charakters der Untersuchung es zumeist nicht möglich ist, gesicherte Erkenntnisse abzuleiten. Es können lediglich Tendenzen festgehalten werden.

Die Fragen werden in den folgenden Abschnitten strukturiert nach den Fragekategorien des Fragebogens ausgewertet.

---

[349] So macht es aus Plausibilitätsüberlegungen wenig Sinn und erschwert den Überblick, alle Fragen in bezug auf alle Kategorien auszuwerten. Als Beispiel hierbei könnte die Relation zwischen dem Rang in der Branche und der durchschnittlich eingesetzten Zeit für die Länderevaluation angeführt werden.

6.3.2 Allgemeine Fragen zur Internationalisierung der Unternehmen

Der erste Fragenkomplex umfasste als Einstieg allgemeine Fragen zur Internationalisierung der Einkaufsgenossenschaften:

Frage 1 beschäftigte sich mit der Tätigkeit, welche die Einkaufsgenossenschaften im Ausland ausüben, wobei fünf konkrete Tätigkeiten vorgegeben waren.

Diese Frage wurde deshalb an den Anfang gestellt, da die Frage nach der Tätigkeit auch die erste Frage darstellt, welche sich eine Einkaufskooperation bei ihrer Internationalisierung zu stellen hat. Die Antworten sind in Tabelle 4-3 dargestellt

Aus dieser Tabelle wird ersichtlich, dass sämtliche an der Untersuchung beteiligten international tätigen Einkaufskooperationen als ihre originäre Tätigkeit den Einkauf sowohl im Inland als auch im Ausland ausüben. Die Bereitstellung von Dienstleistungen stellt die zweitwichtigste Tätigkeit dar, welche zumindest im Inland von fast allen Einkaufsgenossenschaften ausgeübt wird und im Ausland noch von mehr als der Hälfte der Firmen. Nur noch ein Drittel der Unternehmen verkaufen diese Dienstleistungen bzw. Lizenzen im Inland auch an Nicht-Mitglieder, wobei nur ein Unternehmen dies auch im Ausland tut.

Der Verkauf von Gütern an Nicht-Mitglieder sowie die Forschung und Entwicklung betreiben noch vier bzw. zwei Einkaufskooperationen auf dem Heimmarkt, jedoch keine mehr im Ausland. Keines der befragten Unternehmen produzierte eigene Güter. Unter den sonstigen im Inland ausgeübten Tätigkeiten wurde das Streckengeschäft und Werbung genannt. Ausserdem gab ein Unternehmen an, eine sonstige Tätigkeit im In- und im Ausland auszuüben, machte jedoch keine weiteren Angaben zu dieser Tätigkeit.

Tabelle 4-3: Tätigkeiten der Einkaufsgenossenschaften im Inland und Ausland[350]

Tätigkeiten	*im Inland*	*auch im Ausland*
Einkauf	15	15
Anbieten sonstiger Dienstleistungen für Mitglieder	13	8
Verkauf von Dienstleistungen/ Lizenzen an Nichtmitglieder	5	1
Verkauf von Gütern an Nichtmitglieder	4	0
Produktion von Gütern	0	0
Forschung und Entwicklung	2	0
Sonstiges	3	1

Aus den Antworten zu dieser Frage wird deutlich, dass der Einkauf und die Bereitstellung von Dienstleistungen für die Mitglieder nach wie vor die weitaus wichtigsten Tätigkeiten im In- und Ausland darstellen, und dass weiterreichende Tätigkeiten, besonders im Ausland, nur vereinzelt ausgeübt werden. Trotzdem ist hervorzuheben, dass immerhin ein Drittel der 15 Einkaufsgenossenschaften Dienstleistungen und vier Unternehmen Güter auch an Nichtmitglieder verkauften. Zudem gaben zwei Kooperationen an, Forschung und Entwicklung zu betreiben. Eine Beziehung zwischen der Grösse der Einkaufsgenossenschaft nach ihrem Umsatz und der Breite der gewählten Tätigkeitsbereiche war nicht festzustellen.[351]

---

[350] Quelle: Eigene Darstellung.

[351] Es wäre zu vermuten gewesen, dass grössere Unternehmen eine breitere Aktivitätenpalette im In- und Ausland aufweisen.

Auf die zweite Frage: *Ist Ihre Unternehmenskultur durch die internationale Tätigkeit beeinflusst worden?* antworteten vier Unternehmen mit ja. Neun Firmen verneinten diese Frage, und zwei gaben an, dass dies teilweise der Fall sei. Drei der Einkaufskooperationen, welche die Frage bejaht hatten, gaben zur Art und Weise der Beeinflussung an, dass ihr Einkauf nun international koordiniert werde, dass verstärkt auf europäische Belange eingegangen werde und dass seit der Aufnahe der internationalen Tätigkeit wesentlich mehr Branchenkontakte gepflegt würden.[352]

Dass nur vier Unternehmen angaben, die Internationalisierung habe Einfluss auf ihre Unternehmenskultur gehabt, lässt sich wohl vor allem damit erklären, dass die meisten dieser Unternehmen lediglich Handel mit dem Ausland betreiben, wodurch die Tätigkeit im Inland nur wenig beeinflusst wird. Bei Unternehmen mit eigenen Firmen im Ausland, bei denen es zudem zu einer Vermischung des Managements kommt, ist eher ein Einfluss auf die Kultur zu erwarten. Eine Beziehung zwischen der Beeinflussung der Unternehmenskultur und der Wahl der Strategie war jedoch nicht auszumachen, da alle vier Firmen, welche diese Frage bejaht hatten, andere Strategien wählten.

Auf die Frage: *Waren Sie früher schon einmal in grösserem Ausmass international tätig, haben das Engagement jedoch wieder aufgeben müssen?* antworteten alle 15 Einkaufsgenossenschaften mit *Nein.* Hieraus könnte man die Vermutung ableiten, dass in aller Regel Auslandsengagements als erfolgreich angesehen werden.

Auch die beiden folgenden und letzten Fragen dieses Fragenblockes: *Gab es in Ihrem Stammland Faktoren von öffentlicher Seite (Subventionen etc.), die den Entscheid förderten, international tätig zu werden?* und *Gab es im Gastland Faktoren von öffentlicher Seite, die diesen Entscheid förderten?* wurden von allen Einkaufsgenossenschaften

---

[352] Diese drei Antworten stellen jedoch nach Meinung des Verfassers keine eigentlichen Elemente der Unternehmenskultur dar, sondern eher allgemeine Faktoren, welche sich verändert haben.

verneint. Offen bleibt bei dieser Frage, ob sich die befragten Genossenschaften um öffentliche Unterstützung bemüht haben und ob wirklich keine Förderung, beispielsweise durch die Einräumung von Steuervorteilen, für eine ausländische Einkaufskooperation gewährt wurde. Diese Frage kann jedoch nicht abschliessend beantwortet werden.

6.3.3 Fragen zur Auswahl der Zielländer

Dieser Fragenkomplex umfasste Fragen nach den Ländern, dem Zeitpunkt, seit welchem die Einkaufsgenossenschaften dort tätig sind, Gründen der Wahl, dem Einsatz externer Berater sowie Problemen in bezug auf die gewählten Länder und angewandte Lösungsansätze.

Die erste Frage dieses Blockes: *In welchen Ländern sind Sie tätig bzw. mit welchen Ländern arbeiten Sie seit wann zusammen?,* ergaben die in Tabelle 4-4 dargestellten Antworten, wobei jeweils mehrere Antworten möglich waren.

Betrachtet man die Länder bzw. Regionen, in denen die Einkaufsgenossenschaften tätig sind, so wird deutlich, dass der Grossteil der befragten Unternehmen (14 von 15) in angrenzenden Staaten aktiv ist. Etwas weniger als die Hälfte der Unternehmen haben ihre Tätigkeit auch auf das übrige Westeuropa ausgedehnt, und weitere sechs sind in Osteuropa tätig.

Bemerkenswert ist, dass ebenfalls sechs Einkaufskooperationen ein Auslandsengagement in Asien eingegangen sind und immerhin vier Firmen auf dem nordamerikanischen Kontinent agieren.[353]

[353] Den beiden Nennungen einer Tätigkeit in Südamerika und Australien ist weniger Bedeutung beizumessen, zumal diese von demselben Unternehmen stammen und als gering eingestuft wurden.

Tabelle 4-4: Zielmärkte und Dauer des Auslandsengagements[354]

Dauer / *Zielmarkt*	*seit 1 Jahr*	*seit 1 -5 Jahren*	*seit 6 - 10 Jahren*	*mehr als 10 Jahre*	*total tätig*	*nicht tätig*
angrenzende Staaten	0	3	2	9	14	1
übriges Westeuropa	0	1	0	6	7	8
Osteuropa	2	2	1	1	6	9
Asien	0	1	2	3	6	9
Nordamerika	0	2	1	1	4	11
Südamerika	0	0	0	1	1	14
Australien	0	0	0	1	1	14
Total	2	9	6	22	-	-

Ein eindeutiger Zusammenhang zwischen den gewählten Ländern und den ausgeübten Tätigkeiten war nicht erkennbar. Dasselbe gilt für die gewählten Strategien. Wohl aber ist die Tendenz festzustellen, dass Unternehmen, welche auch in Wachstumsmärkten wie Osteuropa oder Asien und nicht nur in Westeuropa tätig sind, zumeist höhere Wachstumsraten ihrer Umsätze im Ausland aufweisen.[355]

Betrachtet man, wie lange die Einkaufsgenossenschaften bereits in den aufgeführten Ländern tätig sind, so ist die Tendenz erkennbar, dass in benachbarten Ländern bzw. Westeuropa die Auslandsengagements bereits seit längerer Zeit, zumeist schon mehr als zehn Jahre bestehen, wohingegen gerade Engagements in Osteuropa zum grössten

[354] Quelle: Eigene Darstellung.

[355] Vgl. hierzu Abbildung 4-12.

Teil in jüngerer Zeit eingegangen worden sind.[356] Auch ist die Zahl der Einkaufsgenossenschaften, welche den Schritt nach Asien und Nordamerika gewagt haben, in den letzten fünf Jahren stark angestiegen. Aufgrund der geringen Zahl ist hier jedoch kaum eine Tendenz abzuleiten. Generell betrachtet ist bezüglich der Dauer festzuhalten, dass die weitaus meisten Projekte (22) bereits seit zehn und mehr Jahren bestehen. Dies scheint im Widerspruch zur eingangs formulierten These zu stehen, dass die Internationalisierung von Einkaufskooperationen ein neues Phänomen sei. Andererseits stehen dem 19 Projekte gegenüber, welche erst seit maximal fünf Jahren bestehen. Dies unterstreicht, dass die Internationalisierung gerade in den letzten Jahren stark an Bedeutung gewonnen hat.

Zusammenfassend ist festzuhalten, dass vor allem geographisch und auch kulturell gesehen benachbarte Länder, seien sie direkt angrenzend oder aber im übrigen Westeuropa, bevorzugt als Zielländer gewählt werden, jedoch gerade in neuer Zeit auch geographisch und kulturell entferntere Zielländer bearbeitet wurden. Osteuropa wird hierbei als der zukünftig wichtigste aussereuropäische Markt gesehen.

Die folgende Frage: *Aufgrund welcher Kriterien sind diese Länder ausgewählt worden?,* bei der ebenfalls mehrere Antworten möglich waren, befasste sich mit den Motiven für die Wahl der Zielländer bzw. -regionen. Hierbei wurden acht Kriterien vorgegeben, wobei auch die Nennung zusätzlicher Motive möglich war. Es ergab sich, dass die *Verfügbarkeit der Waren* das bei weitem meist genannte Motiv für die Wahl der Zielländer darstellte. Besonders ausschlaggebend war dieses für die Wahl angrenzender übriger westeuropäischer sowie asiatischer Staaten. Sämtliche Einkaufsgenossenschaften, die in Asien tätig waren, nannten dieses Kriterium. *Preis- und Lohnunterschiede* als Wahlkriterium wurden 15 mal genannt, wobei dieses Motiv wiederum sehr bedeutend war für die Wahl von Asien als Zielregion.

---

[356] Dies deckt sich auch mit den Ergebnissen der Studie von *Rapp*, welche sich jedoch auf schweizerische Einzelhandelsunternehmen bezog (vgl. hierzu Rapp (1995), S. 135 ff.).

Tabelle 4-5: Kriterien für die Wahl der Zielländer[357]

Zielländer / *Kriterien*	*1*	*2*	*3*	*4*	*5*	*6*	*7*	*Total*
Verfügbarkeit von Waren	9	6	3	6	2	0	0	**26**
Preis- und Lohnniveau	3	2	3	6	1	0	0	**15**
Kosten	3	5	2	3	0	0	0	**13**
geographische Nähe	7	4	1	0	0	0	0	**12**
politische Stabilität	5	3	0	1	0	0	0	**9**
Inflation /Währungsstabilität	4	2	0	0	0	0	0	**6**
Sprache / Kultur	3	2	0	0	0	0	0	**5**
persönliche Präferenzen der Entscheidungsträger	3	2	0	0	0	0	0	**5**
Sonstige	1	0	1	0	0	0	0	**2**

Legende

1. angrenzende Staaten
2. übriges Westeuropa
3. Osteuropa
4. Asien
5. Nordamerika
6. Südamerika
7. Australien

Bemerkenswert ist, dass das Argument *Niedrigere Gesamtkosten*, welches insgesamt am dritthäufigsten genannt wurde, besonders häufig als Wahlkriterium für das übrige Westeuropa angeführt war. Dies ist wohl vor allem mit der relativen Höhe der Kosten gegenüber den Heimmärkten Österreich und vor allem Deutschland und der Schweiz zu begründen. Nicht verwundernd hingegen ist die Tatsache, dass die geographische Nähe, die politische Stabilität sowie die Sprache und Kultur fast ausschliesslich für angrenzende Länder und Zielstaaten aus Westeuropa angeführt wurde. Unter *Sonstige* wurde von einer

[357] Quelle: Eigene Darstellung.

Einkaufsgenossenschaft ohne spezifische Länderangabe die Kooperation mit einer anderen Einkaufsgenossenschaft genannt; ein anderes Unternehmen führte unter derselben Rubrik Osteuropa für die Investition in Zukunftsmärkte an, was die in der letzten Frage aufgestellte Vermutung bezüglich dieser Region stützt.

Zusammenfassend kann gesagt werden, dass über die Zielländer gesamthaft betrachtet vor allem die Verfügbarkeit von Waren und Kostenaspekte die ausschlaggebenden Wahlkriterien waren.[358] Zudem standen bei benachbarten Staaten vor allem risikominimierende Aspekte des Auslandsengagements im Vordergrund. Die Ergebnisse der Frage sind in folgender Tabelle überblicksweise zusammengestellt.

Die darauf folgende Frage: *Wurden bei der Evaluation der Länder externe Berater eingesetzt?*, wurde nur von einer Einkaufsgenossenschaft positiv beantwortet, wobei auch diese sich zur anschliessenden Frage nach der Höhe des Honoraraufwandes für die externen Berater nicht äusserte.

Es kann also lediglich festgehalten werden, dass sich mit einer Ausnahme alle untersuchten Einkaufsgenossenschaften bei der Länderbewertung und wohl auch beim übrigen Internationalisierungsprozess auf eigene Mitarbeiter stützten.[359] Dies kann gerade bei kleineren

---

[358] Es ist dem Verfasser durchaus bewusst, dass zwischen der Knappheit eines Gutes und seinem Preis ein direkter Zusammenhang besteht. Die *Verfügbarkeit der Waren* bezieht sich in diesem Falle jedoch eher darauf, dass manche Waren in den deutschsprachigen Ländern nicht oder kaum originär vorhanden sind und deshalb eingeführt werden müssen.

[359] Aus welchen Gründen keine Berater beigezogen wurden, sei es der Kosten oder anderer Faktoren wegen, wurde in dieser Studie nicht untersucht. Auffällig war, dass die einzige Einkaufsgenossenschaft, welche einen externen Berater zu Hilfe zog, ihre Internationalisierung insgesamt als einziges Unternehmen als „sehr erfolgreich" bezeichnete.

Unternehmen, wie sie hier hauptsächlich vorliegen, vor allem auf Kostengründe zurückzuführen sein, aber auch auf die Tatsache, dass zu Beginn der Internationalisierung der Länderentscheid bereits getroffen war.

Wieviel Kapazitäten dies im eigenen Unternehmen in Anspruch nimmt, versucht die nächste Frage: *Wie hoch war der Aufwand (in Mitarbeitertagen) der eigenen Mitarbeiter für die Evaluation der Länder (durchschnittlich pro Land)?* zu klären. Hierbei ergab sich folgendes Bild:

Abbildung 4-10: Aufwand an Mitarbeitern bei der Länderevaluation[360]

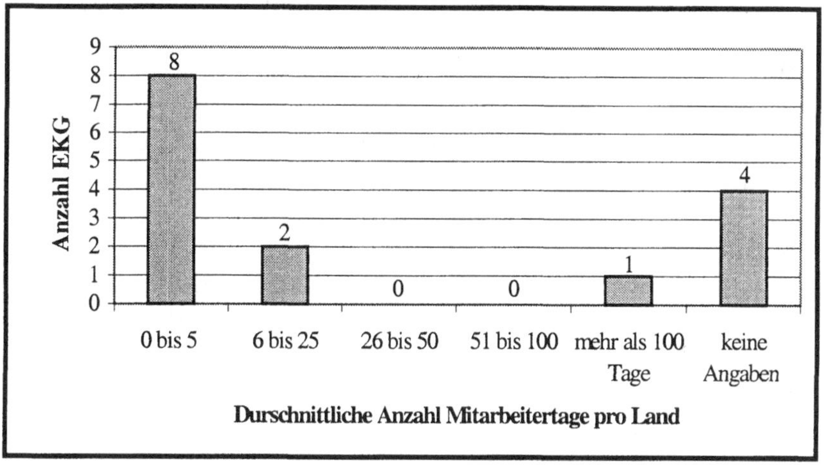

Bei dieser Frage wurde deutlich, dass die Einkaufsgenossenschaften in der Regel nach sehr kurzer Evaluation ihre Zielländer auswählten.

Acht Unternehmen setzten weniger als fünf Tage hierfür ein und weitere zwei weniger als 25 Tage. Nur gerade eine Einkaufskooperation gab mehr als 100 Tage an. Dieses Resultat lässt die Vermutung zu,

[360] Quelle: Eigene Darstellung.

dass bei vielen Länderauswahlentscheiden keine rationalen Entscheidverfahren zur Anwendung kommen, da sonst ein grösserer Aufwand vonnöten wäre. Vielmehr scheint bei den meisten betrachteten Internationalisierungen das Zielland bereits festgestanden zu haben. Ein direkter Zusammenhang zwischen dem Erfolg der Internationalisierung und dem Aufwand für die Länderauswahl war nicht nachzuweisen.

Die letzte Frage dieses Fragenblockes: *Mit welchen Hauptschwierigkeiten (z.B. rechtlicher, sprachlicher Art etc.) wurden Sie bei der Realisierung Ihres Internationalisierungsvorhabens konfrontiert, und was haben Sie hiergegen unternommen?,* wollte im besonderen analysieren, wo Probleme bei der Internationalisierung gesehen werden, vor allem um hieraus Rückschlüsse auf die Auswahl der Länder zu ziehen.

Die meisten Antworten liessen sich unter die drei Kategorien *sprachliche/kulturelle Probleme*, *Probleme mit unterschiedlichen Qualitätsnormen* und *Zoll-/Steuerprobleme* subsumieren, welche etwa gleichviel genannt wurden (vgl. Tabelle 4-6).

Es liessen sich hierbei jedoch keine klaren Tendenzen erkennen, welche Hauptschwierigkeiten in welchen Zielländern anzutreffen waren. Es lässt sich lediglich sagen, dass *sprachliche/kulturelle Probleme* bei Firmen auftraten, welche auch in anderen Kontinenten tätig waren.

6.3.4 Fragen zum Einkaufsvolumen im Ausland

Der dritte Fragekomplex betrifft die Fragen zum Einkaufsvolumen, welches die Unternehmen im Ausland erzielten. Es wurde stellvertretend für andere international ausgeübten Aktivitäten zur Abschätzung des gesamten Geschäftsvolumens im Ausland nur der Einkauf betrachtet, da im Vorfeld der Untersuchung angenommen wurde, dass dieser von sämtlichen befragten Unternehmen ausgeübt wird, was sich in der Folge bestätigte.[361]

---

[361] Vgl. die Antworten zur diesbezüglichen Frage in Abschnitt 6.3.2 dieses Kapitels.

Tabelle 4-6: Hauptschwierigkeiten und Lösungsansätze bei der Internationalisierung[362]

Hauptschwierigkeiten	*Nennungen*	*Lösungsansätze*
Sprache / Kultur-unterschiede	3	• Schulungen • Einsatz eines nationalen Managements
Qualitätsnormen	3	• Einsatz von Agenten vor Ort • klare Abmachungen mit Sanktionsandrohungen • Anpassung der eigenen bzw. der ausländischen Qualitätsnormen
Zölle / Steuern	2	• Schaffung einer Steueradresse • Einstellung der Lieferung bestimmter Waren[363]
keine Schwierigkeiten	2	-
keine Angaben[364]	6	-

Auf die Frage: *Wie hoch ist der Anteil des im Ausland erzielten Einkaufsvolumens am Gesamtvolumen Ihres Unternehmens (1995)?*, gaben zehn Einkaufsgenossenschaften einen Anteil von 25% und weniger an, wobei bei fünf Unternehmen sogar nur 5% und weniger hierauf entfielen. Nur zwei der Unternehmen nannten einen Anteil des Einkaufsvolumens im Ausland von über 50%. Ein Unternehmen lag zwischen 26% und 50%, wobei zwei Einkaufsgenossenschaften die

362 Quelle: Eigene Darstellung.

363 In diesem konkreten Fall handelte es sich um Warenlieferungen in die Schweiz.

364 Hierunter wurde auch die Antwort „viele“ einer Einkaufsgenossenschaft subsumiert, welche nicht mit einbezogen werden konnte.

Frage nicht beantworteten. Diese Antworten sind nochmals in der folgenden Abbildung abgebildet.

Abbildung 4-11: Anteil des Einkaufsvolumens im Ausland am Gesamteinkaufsvolumen[365]

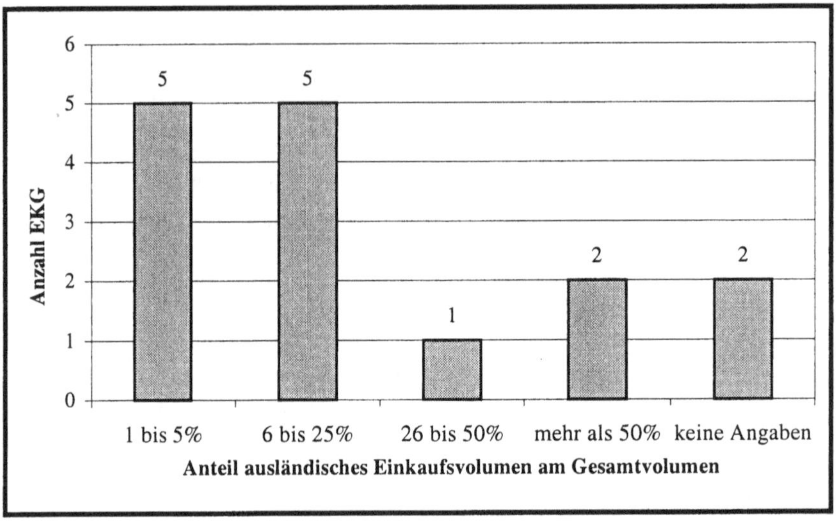

Hieraus folgt, dass bei zwei, höchstens drei der beteiligten Unternehmen der Einkauf im Ausland, welcher bei Einkaufsgenossenschaften stellvertretend für die gesamte Auslandstätigkeit gesehen werden kann, wirklich bedeutende Ausmasse annimmt. Ein Unternehmen gab sogar an, einen Auslandsanteil von 92% aufzuweisen.[366] Die meisten Einkaufsgenossenschaften sind jedoch in dem Sinne nicht als „internationale Unternehmen" anzusehen. Der internationale Einkauf stellt bei ihnen lediglich eine Ergänzung ihrer Tätigkeit dar. Zwar betrug gesamthaft gesehen der durchschnittliche Auslandsanteil rund 22%.

365 Quelle: Eigene Darstellung.

366 Bei zwei dieser Unternehmen handelte es sich um grosse deutsche Einkaufsgenossenschaften, das dritte dieser Unternehmen jedoch war eine kleine schweizerische Firma.

Nimmt man jedoch die beiden bedeutendsten Unternehmen in bezug auf dieses Merkmal aus, so beträgt der Durchschnitt gerade noch 12%.

Bei der Beantwortung der Anschlussfrage: *Wie hat sich Ihr Einkaufsvolumen im Ausland durchschnittlich über die letzten fünf Jahre pro Jahr verändert?,* ergab sich ein relativ ausgeglichenes Bild (vgl. Abbildung 4-12). Der Grossteil der Unternehmen, welche diese Frage beantwortete, gab ein konstantes bzw. geringes Wachstum von 1-5% an. Drei weitere Firmen konnten ein Wachstum von 6-10% verzeichnen, und bei einer Einkaufsgenossenschaft, welche seit kurzem im Ausland tätig ist, betrug die durchschnittliche jährliche Zuwachsrate sogar über 10%. Als wichtigste Tendenz kann festgehalten werden, dass lediglich ein Unternehmen rückläufige Umsatzzahlen zu verzeichnen hatte. Daraus kann abgeleitet werden, dass das Auslandsgeschäft für nahezu alle beteiligten Einkaufskooperationen, wenn nicht immer einen wachsenden, so doch zumindest einen konstanten Umsatz garantierte.

Allen Firmen, welche Wachstumsraten von 10% und mehr erzielten, war die Tatsache gemeinsam, dass sie nicht nur in angrenzenden, sondern mit einer Ausnahme auch in aussereuropäischen Ländern tätig waren. Erwartungsgemäss waren alle diese Einkaufsgenossenschaften mit dem Erfolg ihrer internationalen Tätigkeit zufrieden.[367]

6.3.5 Fragen zum Vorgehen bei der Internationalisierung

Dieser Fragekomplex diente dazu herauszufinden, auf welche Weise die Einkaufsgenossenschaften ihre Tätigkeit im Ausland implementiert haben und welche Gründe sie zur Internationalisierung veranlassten. Zu Beginn dieses fünften Frageblockes wurden zur Kontrolle, aber auch zur Prioritätenfestlegung nochmals die wichtigsten Tätigkeiten der Unternehmen und die Gründe, warum diese Tätigkeiten internationalisiert wurden, abgefragt.

---

[367] Zwar gab eine der Firmen bei der Frage nach dem Erfolg *teils/teils* an, jedoch verfügte diese über zahlreiche Internationalisierungsprojekte, so dass nicht auszuschliessen ist, dass sich unter diesen auch ein weniger erfolgreiches befindet.

Abbildung 4-12: Durchschnittliche Entwicklung des Einkaufsvolumens im Ausland in den letzten fünf Jahren[368]

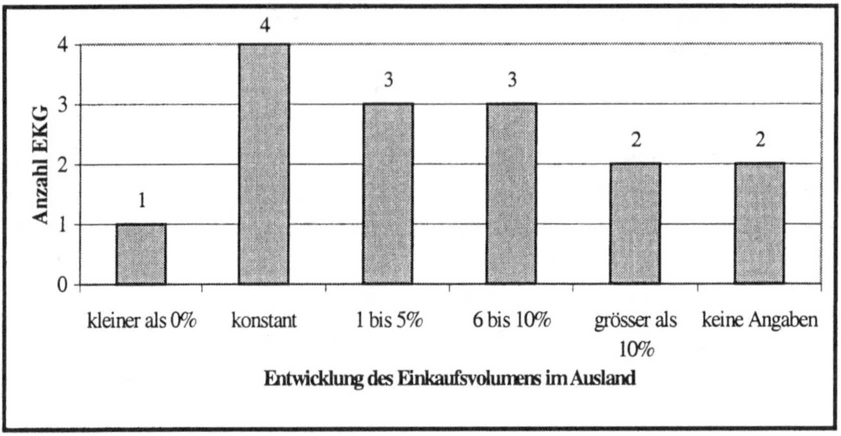

Auf die Frage: *Welches sind Ihre Haupttätigkeiten im Ausland?*, bei der mehrere Antworten möglich waren, ergaben sich leichte Abweichungen zu den Ergebnissen der Frage 2.1 nach den Tätigkeiten im Ausland allgemein, wobei die Grundtendenz gleich blieb. Dies hängt wohl damit zusammen, dass bei der vorliegenden Frage nach den Haupttätigkeiten gefragt wurde und die *Gewinnung neuer Mitglieder* als Aktivität im Ausland hinzugefügt wurde. Weiterhin wurde als meistgenannte Antwort von 14 Unternehmen der Einkauf als die wichtigste Tätigkeit im Ausland angegeben. Das Anbieten von Dienstleistungen für die Mitglieder (sechs Nennungen) sowie die Gewinnung neuer Mitglieder, was fünf Unternehmen als eine ihrer Haupttätigkeiten angaben, wurden als zweit- bzw. dritthäufigste Tätigkeiten genannt. Der Verkauf von Dienstleistungen bzw. Gütern an Nichtmitglieder hingegen wurde nur jeweils zweimal angegeben. Keines der Unternehmen nannte die Produktion von Gütern und die Forschung und Entwicklung als Haupttätigkeiten. Auch wurden keine sonstigen Aktivitäten aufgeführt.

[368] Quelle: Eigene Darstellung.

Zusammenfassend kann festgehalten werden, dass der Einkauf die wichtigste Tätigkeit im Ausland darstellt, welche mit einer Ausnahme von allen Unternehmen genannt wurde. Aber auch die Gewinnung neuer und die Versorgung bestehender Mitglieder hat für moderne Full-Service-Einkaufsgenossenschaften eine grosse Bedeutung. Die Ergebnisse dieser Frage sind in Tabelle 4-7 dargestellt.

Tabelle 4-7: Haupttätigkeiten der Einkaufsgenossenschaften im Ausland[369]

Haupttätigkeiten	*Nennungen*
Einkauf	14
Anbieten sonstiger Dienstleistungen für Mitglieder	6
Gewinnung neuer Mitglieder	5
Verkauf von Dienstleistungen, Lizenzen (Marketingkonzepten, Markenrechten etc.) an Nichtmitglieder	2
Verkauf von Gütern an Nichtmitglieder	2
Forschung und Entwicklung	0
Produktion von Gütern	0
Sonstiges	0
keine Angaben	0

Auf die folgende Frage: *Welches waren die Motive für die Aufnahme dieser Tätigkeiten im Ausland?* ergab sich ein differenziertes Bild. Betrachtet man die Ergebnisse der Frage nach der totalen Anzahl Nennungen pro Motiv, so wurden besonders häufig die *Erschliessung neuer Märkte*, *bessere Beschaffungsmöglichkeiten* sowie der *Wunsch*

[369] Quelle: Eigene Darstellung.

aus dem Mitgliederkreis als Motive angegeben. Auch die *Sicherung bestehender Märkte* und die *Überwindung von Importbarrieren* wurden noch von acht bzw. sechs Einkaufsgenossenschaften genannt. *Niedrigere Arbeitskosten* gaben noch drei Unternehmen als Gründe an.

Die übrigen neun vorgegebenen Motive erhielten jeweils nur eine Nennung, weshalb sie in der Folge nicht weiter betrachtet werden. Da auch unter *Sonstige* nur ein Unternehmen ein eigenes Motiv angab (*Verringerung der Abhängigkeit von Lieferanten*), ist zudem davon auszugehen, dass keine wesentlichen Motive unberücksichtigt blieben.

Die häufigen Nennungen der *Erschliessung neuer Märkte* und auch der *Sicherung bestehender Märkte* mag nicht weiter verwundern, stellen diese doch generelle Motive für die Internationalisierung von Unternehmen dar. Im Gegensatz dazu ist das Motiv *bessere Beschaffungsmöglichkeiten* ein typischer Internationalisierungsgrund für Einkaufskooperationen, welcher bei anderen Arten von Unternehmen nicht dieselbe Bedeutung einnehmen wird. Auch die häufige Nennung des Motivs *Wunsch aus dem Mitgliederkreis* ist bezeichnend für Einkaufskooperationen. Es kann implizieren, dass das Management der Genossenschaft von sich aus teilweise keine Internationalisierung in Gang gesetzt hätte, sondern dies allein auf Drängen wichtiger Mitglieder hin getan hat.[370] Auch die Überwindung von Importbarrieren, die von sieben Unternehmen genannt wurde, ist ein Argument, welches bei einkaufsorientierten Firmen häufiger vorkommen wird und somit ebenfalls bezeichnend für Einkaufsgenossenschaften ist.

Zusammenfassend festzuhalten ist, dass neben „klassischen", für alle Unternehmensformen relevanten Internationalisierungsmotiven vor allem für Einkaufskooperationen typische Motive genannt wurden. Tabelle 4-8 fasst die Ergebnisse zusammen.

---

[370] Hier wird eine grundsätzliche Schwierigkeit im Management von mitgliedergetragenen Organisationen offenbar, nämlich die zwingende Rücksichtnahme auf die Wünsche bedeutender Mitgliedergruppen, auch wenn das Management selber von diesen Entscheidungen nicht überzeugt ist.

Tabelle 4-8: Motive für die Aufnahme von Auslandstätigkeiten[371]

Tätigkeiten / *Motive*	*1*	*2*	*3*	*4*	*5*	*6*	*7*	*8*	*Total*
Erschliessung neuer Märkte	6	3	1	0	0	0	2	2	**14**
bessere Beschaffungsmöglichkeiten	11	0	1	0	0	0	0	1	**13**
Wunsch der Mitglieder	7	2	1	0	0	0	1	1	**12**
Sicherung bestehender Märkte	4	2	1	0	0	0	0	1	**8**
Überwindung von Importbarrieren	3	2	0	0	0	0	0	1	**6**
niedrigere Arbeitskosten	3	0	0	0	0	0	0	0	**3**
bessere Infrastruktur	0	0	0	1	0	0	0	0	**1**
bessere Marktpflege	0	0	0	1	0	0	0	0	**1**
bessere Qualifikation der Arbeitskräfte	0	0	1	0	0	0	0	0	**1**
höhere Flexibilität des Arbeitsmarktes	0	1	0	0	0	0	0	0	**1**
Minderung Wechselkursrisiko	0	0	0	1	0	0	0	0	**1**
niedrigere Betriebs-/Vertriebskosten	0	1	0	0	0	0	0	0	**1**
niedrigere Grundstückspreise	1	0	0	0	0	0	0	0	**1**
niedrigere Steuerbelastung	1	0	0	0	0	0	0	0	**1**
Standortvorteile als Exportbasis	0	0	1	0	0	0	0	0	**1**
Zusagen öffentlicher Aufträgen	0	0	0	0	0	0	0	1	**1**
Sonstige	0	0	0	0	0	0	0	1	**1**

Legende

1. Einkauf
2. Anbieten sonst. Dienstleistungen für Mitglieder
3. Verkauf Dienstleistungen an Nichtmitglieder
4. Verkauf von Gütern an Nichtmitglieder
5. Produktion von Gütern
6. Forschung / Entwicklung
7. Gewinnung Mitglieder
8. sonstige Tätigkeiten

371 Quelle: Eigene Darstellung.

Die Frage: *Mit welcher Strategie hat Ihr Unternehmen im Ausland Fuss gefasst?* ergab ebenfalls ein differenziertes Bild. So wurde, mit Ausnahme vom Joint Venture (2 Nennungen), keine der vorgegebenen Internationalisierungsstrategien von mehr als einer Einkaufsgenossenschaft gewählt.[372] Vielmehr nannten sechs Unternehmen sieben eigene Strategien. Hierbei gaben drei Genossenschaften an, nur Einkauf ohne eine bestimmte Strategie zu betreiben, wobei sie nicht angaben, wie ihr Einkauf im Ausland organisiert ist. Jeweils zwei Unternehmen hatten durch die Kooperation mit anderen Unternehmen im Ausland Fuss gefasst bzw. durch die Gewinnung neuer Mitglieder den Schritt ins Ausland vollzogen.

Es zeichnet sich also ab, dass bei der Wahl der Strategie besonders für Einkaufskooperationen typische Optionen gewählt wurden. So stellen insbesondere die Internationalisierung durch die Aufnahme ausländischer Mitglieder sowie der reine Einkauf im Ausland Besonderheiten dieser Organisationen dar, welche bei anderen Unternehmensformen kaum angetroffen werden. Auch die Nennung von Kooperationen mit ausländischen Partnern scheint sich für diese kooperative Unternehmensform als Strategie anzubieten, sei es in der Form eines Joint Ventures mit einem ausländischen Partner oder durch losere Formen der Zusammenarbeit, welche ebenfalls von zwei Einkaufsgenossenschaften genannt wurden.

Einen Überblick über die Antworten gibt Abbildung 4-13.

---

[372] Aus diesem Grund erscheint es wenig sinnvoll, die Antworten auf diese Frage mit anderen Fragen in Beziehung zu setzen. Aus der Frage nach der Beziehung zwischen der gewählten Strategie und dem gewählten Land, welche von allen Unternehmen verneint wurde, geht hervor, dass zwischen diesen Aspekten für die untersuchten Firmen keine Beziehung besteht.

Abbildung 4-13: Internationalisierungsstrategien der Einkaufsgenossenschaften[373]

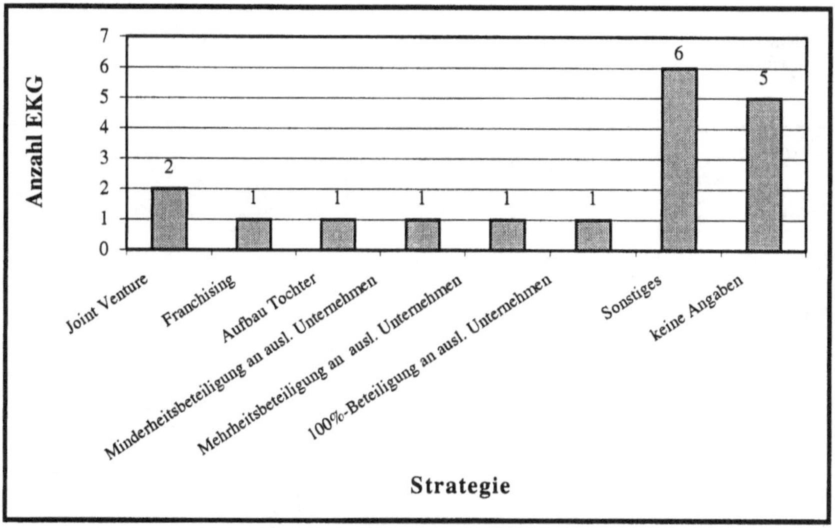

Bei der Frage: *Welches waren die Gründe für die Wahl dieser Strategien?* fällt auf, dass von den elf vorgegebenen Motiven, die *Wünsche aus dem Mitgliederkreis* bei der Wahl der Strategien eine besondere Rolle spielen, was wiederum zeigt, dass das Management dieser Unternehmen in einigen Situationen bei seinen Entscheidungen die Wünsche der Mitglieder mit berücksichtigen muss.[374] Ansonsten waren es vor allem Kostengründe und Fragen der Unternehmensstrategie, die Motive für die Wahl bestimmter Strategien darstellten. Bei der Strategie *Aufbau einer Tochtergesellschaft* wurden zudem Führungs- und Kontrollmotive genannt, welche in eigenen Gesellschaften besser

---

373 Quelle: Eigene Darstellung.

374 Aus diesem Grunde wurde im Verfahren zur Erarbeitung eines Internationalisierungskonzeptes, welches im folgenden Kapitel vorgestellt wird, die Entscheidung der Mitglieder als separater Schritt vorgesehen, um deren Bedeutung zu unterstreichen. Vgl. hierzu Kapitel V.

ausgeübt werden können.[375] Tabelle 4-9 gibt einen Überblick über die Antworten.

Tabelle 4-9: Motive für die Wahl von Internationalisierungsstrategien[376]

Strategien / *Motive*	*1*	*2*	*3*	*4*	*5*	*6*	*7*	*Total*
Wünsche aus Mitgliederkreis	0	0	0	0	0	0	4	**4**
Kostenaspekte	1	0	1	0	0	0	1	**3**
Unternehmensstrategie/-politik	1	0	0	0	0	1	1	**3**
Führungsaspekte	0	0	0	0	0	2	0	**2**
schnelle Marktabdeckung	0	1	0	0	0	0	1	**2**
Kontrolle	0	0	0	0	0	2	0	**2**
Risikoaspekte	0	0	1	0	0	0	0	**1**
Know-how	0	0	0	0	0	0	0	**0**
Tradition	0	0	0	0	0	0	0	**0**
rechtliche Aspekte	0	0	0	0	0	0	0	**0**
Sonstige	0	0	0	0	0	0	0	**0**

Legende
1. Franchising
2. Joint Venture
3. Minderheitsbeteiligung
4. Mehrheitsbeteiligung
5. 100%-Beteiligung
6. Aufbau einer Tochtergesellschaft
7. Sonstige

Die folgende Frage: *Stand die Auswahl einer dieser Strategien in einem direkten Zusammenhang zum gewählten ausländischen Markt?,*

[375] Vgl. hierzu die Ausführungen zu dieser Strategie in Kapitel III.
[376] Quelle: Eigene Darstellung.

wurde von allen zehn Unternehmen, welche die Frage beantworteten, verneint. Fünf machten keine Angaben. Dieses Ergebnis stützt demnach nicht die theoretischen Überlegungen, dass die Länderauswahl einen direkten Einfluss auf die Wahl der Strategie haben kann, wie es in Kapitel III ausgeführt wurde. Es vermag die Überlegungen jedoch auch nicht zu widerlegen, zumal Länder existieren, welche bestimmte Strategien, namentlich Joint Ventures oder auch Minderheitsbeteiligungen für ausländische Unternehmen, oktroyieren. Das Ergebnis ist eher dahingehend zu deuten, dass keine der Einkaufskooperationen in einem Land tätig geworden ist, welches derartige Strategien gesetzlich vorschreibt.[377] Der Verfasser geht also trotz dieser klaren Antwortstruktur davon aus, dass in bestimmten Fällen Rückwirkungen von der Länder- auf die Strategiewahl vorkommen können.

Auf die Frage: *Welches waren die Auswahlkriterien für die Wahl Ihres/Ihrer Partner?,* die sich an die beiden Unternehmen richtete, welche die Markteintrittsstrategie eines Joint Ventures bzw. eines Franchisings gewählt hatten, antworteten beide Unternehmen. Eines gab an, dass es sich bei dem gewählten Partner um die einzige Verbundgruppe im gewählten Land in dieser Branche handelte. Dies stützt die Beobachtung, dass oftmals pro Branche und Land nur wenige Einkaufskooperationen existieren. Die andere Einkaufsgenossenschaft antwortete, das ein mittelständisches, mitgliederorientiertes Unternehmen gesucht worden sei, was die These untermauert, dass bei der Internationalisierung von Genossenschaften darauf geachtet wird, mit Unternehmen ähnlicher Unternehmenskultur zusammenzuarbeiten.

Auf die weitergehende Frage, *wieviele Personen wie lange mit der Auswahl der Partner beschäftigt waren*, gab dieselbe Einkaufskooperation an, dass zwei Personen während eines Jahres diesen Partner

[377] Dieser Fall bestätigt sich aus den Fragebogen insofern, als dass z.B. die einzige Firma, welche ein Joint Venture eingegangen ist, als einzigen Grund hierfür eine schnelle Marktabdeckung angab, und auch die eine Einkaufskooperation, welche eine Minderheitsbeteiligung eingegangen war, hierfür andere nachvollziehbare Gründe geltend machte.

ausgewählt hatten. Dieses Einzelbeispiel verdeutlicht, was auch im Verfahren in Kapitel V zur Sprache kommt, dass die Analysen vor bestimmten Schlüsselentscheiden der Internationalisierung, aus welchen Gründen auch immer, lange Zeit und viele Ressourcen in Anspruch nehmen können.

Von den fünf Unternehmen, welche Beteiligungen (von 20-100%) im Ausland besitzen, beantworteten zwei die Fragen zu dieser Thematik. Auf die Frage, wieviele dieser Firmen sie selbst aufgebaut bzw. wieviele sie erworben hätten, gab ein Unternehmen an, es habe fünf Firmen selber aufgebaut, wobei die Niederlassungen nicht als eigene Unternehmen gezählt wurden, und sechs weitere erworben. Die andere Einkaufskooperation gab jeweils ein Unternehmen an. Es lässt sich aus den Antworten demnach keine Tendenz zum Eigenaufbau oder zum Beteiligungserwerb ableiten. Festzuhalten ist einzig, dass eine Einkaufsgenossenschaft, welche im Schuhsektor tätig ist, immerhin elf Beteiligungsgesellschaften im Ausland besitzt. Diese Firma gab auf die Folgefrage an, dass 50 ihrer Mitarbeiter (85 inkl. der Niederlassungen) im Ausland tätig seien, wohingegen die andere Einkaufsgenossenschaft antwortete, keine ihrer Mitarbeiter seien im Ausland beschäftigt.[378] Den Umsatz der ausländischen Beteiligungsfirmen betreffend antwortete lediglich die Einkaufskooperation, welche elf Beteiligungen im Ausland hat, dass diese umgerechnet über 110 Mio. sFr. (243 Mio. sFr. inkl. der Niederlassungen) verfüge. Zudem gaben beide Firmen an, welche die betreffende Frage beantworteten, dass sie das Management ihrer Beteiligungsgesellschaften aus dem jeweiligen Land zusammengesetzt hätten, bzw. in einem Fall ein gemischtes Management tätig sei. Hingegen verneinten beide Einkaufsgenossenschaften, dass Mitarbeiter aus den jeweiligen Ländern im Stammhaus tätig seien.[379]

378 Diese Antwort kann so interpretiert werden, dass die beiden Beteiligungen unabhängige Firmen darstellen, deren Mitarbeiter nicht zu den eigenen gezählt werden.

379 Bei der Einkaufsgenossenschaft, welche angab, keine Mitarbeiter im Ausland zu besitzen, ergibt sich diese Antwort.

Auf die Frage: *Wie gross ist der Anteil ausländischer Mitglieder an der Gesamtzahl? (in %),* antworteten sieben Einkaufskooperationen. Die Antworten wurden in vier Klassen eingeteilt, welche zusammen mit den Ergebnissen in folgender Abbildung dargestellt sind.

Abbildung 4-14: Anteil der Mitglieder im Ausland an der Gesamtmitgliederzahl[380]

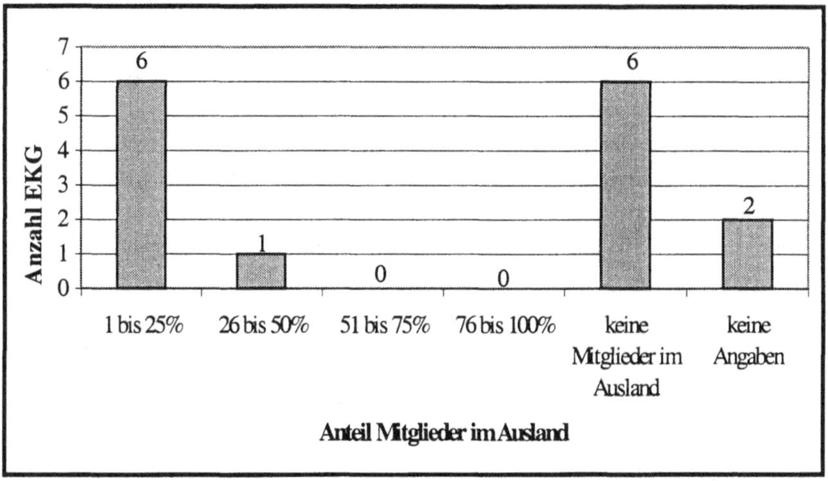

Es fällt zum einen auf, dass immerhin sechs der international tätigen Einkaufskooperationen keine Mitglieder im Ausland besitzen. Zum anderen wird deutlich, dass auch bei denjenigen Unternehmen, die Mitglieder im Ausland besitzen, diese nur einen sehr geringen Anteil ausmachen. So lagen die Werte bei allen Kooperationen in der Klasse 1-25% unterhalb von 10%. Eine stark international tätige Einkaufsgenossenschaft aus dem Schuhbereich verfügt hingegeben über 31% Mitglieder im Ausland, was als hoch einzustufen ist und einerseits verdeutlicht, dass Einzelhändler im Ausland beträchtlich zur Verbreiterung der Mitgliederbasis beitragen können,[381] und andererseits diese

380 Quelle: Eigene Darstellung.

381 Dass dies von einigen Einkaufsgenossenschaften erkannt worden ist, zeigen die fünf Nennungen der Gewinnung neuer Mitglieder als Haupttätigkeit im Ausland.

Gruppe ein nicht zu unterschätzender Einflussfaktor in der Kooperation darstellen kann, der eine Betreuung vor Ort erfordert.

Auf die folgenden Fragen, welche der Internationalisierungsstrategien bevorzugt eingesetzt wurden und worin deren Vor- bzw. Nachteile gesehen werden, ergab sich nach den Antworten zu den gewählten Strategien ebenfalls ein nur bedingt aussagekräftiges Bild. Nur drei Fragebogen konnten in die Auswertung einbezogen werden. Eine Einkaufskooperation gab den Aufbau von Tochtergesellschaften als bevorzugte Strategie an, wobei die Nutzung zentralisierter administrativer Bereiche bei gleichzeitiger dezentraler Marktbearbeitung als Vorteil genannt wurde. Ein zweites Unternehmen nannte die freiwillige Mitgliedschaft als Strategie. Hier wurden als Vorteile vor allem der Aufbau von länderspezifischem Know-how und die geringen Aufwendungen seitens der Einkaufsgenossenschaften zur Umsetzung dieser Strategie genannt. Als Nachteile wurde besonders die räumliche Entfernung zu den ausländischen Mitgliedern gesehen. Die dritte Kooperation nannte die Zusammenarbeit mit ausländischen Kooperationen als bevorzugte Strategie, wobei der Unabhängigkeitsaspekt als Stärke und der andererseits fehlende Durchsetzungsdruck als Schwäche genannt wurden.

Nach den Fragen zum Vorgehen bei der Internationalisierung befasst sich der folgende Fragenkomplex mit den Erfahrungen, welche die Einkaufsgenossenschaften bei ihrer Internationalisierung gemacht haben.

6.3.6. Fragen zu den Erfahrungen aus der internationalen Tätigkeit

Dieser Fragekomplex zielt darauf ab, den Erfolg der Internationalisierungsprojekte zu evaluieren, um hieraus Erfolgsvoraussetzungen bei der Internationalisierung von Einkaufsgenossenschaften abzuleiten.

Die Frage: *Als wie erfolgreich beurteilen Sie die Internationalisierung Ihres Unternehmens insgesamt?*, ergab folgendes Bild:

Abbildung 4-15: Erfolg der Internationalisierung[382]

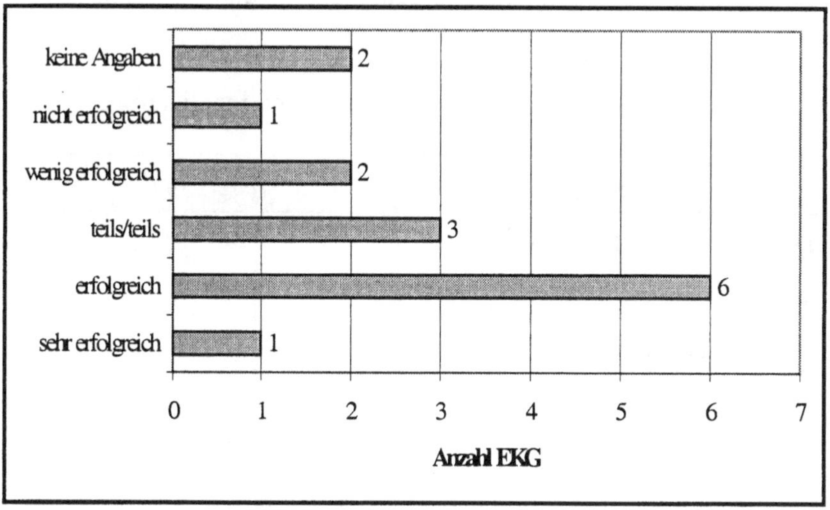

Es wird aus Abbildung 4-15 deutlich, dass mehr als die Hälfte der antwortenden Firmen ihre Internationalisierung bislang als sehr erfolgreich bzw. als erfolgreich bezeichneten. Drei weitere Unternehmen waren zumindest nicht unzufrieden mit dem bisherigen Verlauf. Nur eine Einkaufsgenossenschaft beurteilte das Vorhaben als *nicht erfolgreich*. Es kann demnach festgehalten werden, dass die Internationalisierung beim Grossteil der befragten Unternehmen als erfolgreich eingestuft wurde. Nicht beachtet an dieser Stelle wird jedoch, wie lange die Unternehmen bereits im Ausland tätig sind. Dies kann einen entscheidenden Einfluss auf den Zufriedenheitsgrad haben, da in der Anfangsphase einer Internationalisierung oftmals gewichtige Probleme zu überwinden sind. Auf diese Frage wird später zurückgekommen.[383]

---

382 Quelle: Eigene Darstellung.

383 Vgl. die Ausführungen zur Arbeitshypothese 5.1 in Abschnitt 6.6 dieses Kapitels.

Befragt nach den Faktoren, welche den Erfolg oder Misserfolg grundlegend geprägt haben, wurden verschiedene Gründe genannt, die in den folgenden Tabellen dargestellt sind.[384]

Tabelle 4-10: Faktoren für den Erfolg der Internationalisierung[385]

Faktoren für den Erfolg	*Nennungen*
Marktanteil / Marktstellung	2
Geschäftsvolumen	2
Preis- / Leistungs-Verhältnis	2
Vertrauen	1
klares Konzept	1
geringe Sprach- und Kulturunterschiede	1
politische / wirtschaftliche Stabilität	1
Aufbau von Know-how	1
keine Angaben	5

Betrachtet man die Antworten, so wird klar, dass aufgrund der Verteilung kaum abgestützte Aussagen möglich sind. Trotzdem sind die Ergebnisse aufschlussreich. So decken sich z.B. die Angaben von vier Einkaufsgenossenschaften, dass ihr Erfolg grundlegend durch den Marktanteil bzw. das Geschäftsvolumen bestimmt worden ist, mit den

[384] Es waren jeweils mehrere Antworten möglich. Von den drei Einkaufsgenossenschaften, welche *teils/teils* antworteten, machten zwei keine Angaben zu dieser Frage. Das dritte dieser Unternehmen gab einen positiven Faktor an, weshalb die Antwort zu den *Faktoren für den Erfolg* gezählt wurde.

[385] Quelle: Eigene Darstellung.

Erkenntnissen der Erfahrungskurventheorie.[386] Auch die geringen Sprach- und Kulturunterschiede und die politische und wirtschaftliche Stabilität, die von je einem Unternehmen genannt wurden, stellen häufig genannte Faktoren für den Erfolg der Internationalisierung dar.[387]

Die Faktoren für den Misserfolg stellten vornehmlich individuelle Gründe der einzelnen Unternehmen dar. So sind die Faktoren *zu wenig Personal* bzw. *kein geeigneter Partner im Zielland* Faktoren, die auf eine Fehleinschätzung respektive auf eine nicht ausreichende Analyse im Vorfeld zurückzuführen ist. Gerade diese letzte Vermutung deckt sich mit den Erkenntnissen aus der Frage nach Aufwand der Mitarbeiter bei der Länderevaluation. Die Antwort *kein Aussendienst* verdeutlicht die Wichtigkeit der Kunden- bzw. Mitgliedernähe bei Einkaufsgenossenschaften in ihrer Qualität als Dienstleistungsunternehmen.[388]

Neben den grundlegenden Faktoren für den Erfolg bzw. Misserfolg ihrer Internationalisierung, hatten die Einkaufsgenossenschaften die Möglichkeit, weitere Faktoren anzugeben, welche den Prozess positiv oder negativ beeinflusst haben. Drei Probleme wurden genannt:

- die Unverbindlichkeit der Kooperation,
- die Integration des ausländischen bzw. die Internationalisierung des inländischen Managements sowie
- die nur bedingt mögliche Übertragbarkeit der heimischen Strukturen.

In diesen Antworten werden zwei weitere typische Problemkreise von Einkaufskooperationen bzw. ihrer Internationalisierung aus der

386 Die Erfahrungskurventheorie bezieht sich zwar auf die Ausbringungsmenge, kann jedoch auch auf das Geschäftsvolumen allgemein übertragen werden. Vgl. zur Erfahrungskurventheorie Grünig (1993), S. 467, Kreilkamp (1987), S. 334 ff., und Kreikebaum (1987), S. 75 ff.

387 Vgl. beispielsweise Grünig/Heckner (1996), S

388 Vgl. hierzu auch die Vorteile einer Internationalisierung nach Mösslang (1995) in Kapitel III, Abschnitt 2.2.4.

Literatur offenbar. Zum einen ist dies das Kooperationsprinzip der untersuchten Unternehmen, welches die Gefahr beinhaltet, dass Firmen bei schlechtem Geschäftsgang oder Unstimmigkeiten relativ problemlos die Kooperation verlassen können. Zum anderen ist dies das bereits mehrfach erwähnte Problem der kulturellen Unterschiede, welches häufig im Rahmen einer Internationalisierung auftritt.

Die folgende Frage, ob die Rechtsform der Genossenschaft bei der Internationalisierung hinderlich war, wurde von allen 15 international tätigen Einkaufsgenossenschaften verneint. Die theoretischen Überlegungen des III. Kapitels, wonach die Rechtsform der Genossenschaft bei der Anwendung mancher Strategien zu Problemen führen kann, wurde somit nicht bestätigt. Andererseits wurde bei den nicht international tätigen Einkaufsgenossenschaften die genossenschaftliche Rechtsform von zwei Unternehmen als Hinderungsgrund angegeben. Die Ergebnisse widerlegen demnach nicht die Erkenntnisse, dass in manchen Situationen die genossenschaftliche Rechtsform nachteilig sein *kann*. Sie zeigen vielmehr, dass sich die international tätigen Einkaufsgenossenschaften eine Internationalisierungsform gewählt haben, die mit ihrer Rechtsform kompatibel ist.

Die letzte Frage dieses Fragebogens beschäftigte sich mit den Auswirkungen des Internationalisierungsprozesses auf die Tätigkeit im Heimmarkt. Der überwiegende Teil der Unternehmen (12) verneinte dies. Die drei Firmen, die zustimmten, gaben konkrete Auswirkungen an. So führte eine Einkaufsgenossenschaft ein *breiteres Know-how* sowie eine *breitere Beschaffungsbasis* an, eine Firma nannte ein *breiteres Angebot* und ein Unternehmen wies auf *positive Reaktionen der Mitglieder* auf die Internationalisierung der Tätigkeit hin.[389] Bei den drei Firmen handelte es sich um Unternehmen, bei denen der Einkauf im Ausland einen bedeutenden Teil ihrer Unternehmenstätigkeit ausmachte.[390]

389 Wörtlich lautete die Antwort: „Mitglieder sind ‚stolz‘ auf ihre Zentrale."

390 Bei einem Unternehmen lag der Anteil bei 15%, beim zweiten bei 35% und beim dritten sogar bei 92%.

6.4. Ergebnisse der Untersuchung der nicht international tätigen Einkaufsgenossenschaften

Die erste Frage des blauen Fragebogens: *Waren Sie früher schon einmal international tätig, haben das Engagement jedoch wieder aufgeben müssen*? wurde von sämtlichen nicht international tätigen Unternehmen verneint. Diese Unternehmen pflegten also in der Vergangenheit noch nicht einmal Warenaustauschbeziehungen mit dem Ausland.

Auf die Frage: *Haben Sie in der nächsten Zeit (innert 3 Jahren) geplant, international tätig zu werden?* antworteten vier Unternehmen mit *Ja*, wobei ein Unternehmen Import und Export betreiben möchte, eines ein Franchise-System zu etablieren plant, eine Vertriebsgesellschaft in Form einer Tochtergesellschaft gründen will und Software für elektronische Zahlungen austauschen bzw. die Bestellmengen auf europäischer Ebene poolen möchte. Es war keine Präferenz zugunsten einer Strategie zu erkennen. Je zwei dieser vier Unternehmen kamen aus der Schweiz und aus Österreich, wobei es sich, gemessen am Umsatz der Einkaufskooperation und jener der Mitglieder, um eher grössere Unternehmen handelte.

Auf die Frage: *Warum sind Sie bisher noch nicht international tätig geworden?* nannten zwei der Unternehmen die fehlende Grösse, eine Einkaufsgenossenschaft hatte bislang noch keine Internationalisierung in Angriff genommen, so dass die Kenntnisse über die ausländischen Märkte fehlten und weitere zwei Unternehmen gaben die genossenschaftliche Rechtsform als Hinderungsgrund an. Zehn der nicht international tätigen Firmen nannten sonstige Gründe. Hierbei standen vor allem steuerliche Aspekte[391] sowie staatliche Regelungen und Normen

[391] Dies wurde von zwei deutschen Einkaufsgenossenschaften aus dem Tabakhandel genannt.

im Vordergrund.[392] Die fehlende staatliche Unterstützung im Stamm- bzw. im Zielland, die mangelnde Zustimmung der Mitglieder sowie die fehlende Erwartung höherer Gewinne wurden von keiner Einkaufsgenossenschaft als Hinderungsgründe für eine Internationalisierung angeführt (vgl. Tabelle 4-11).

Die genannten Gründe scheinen plausibel. Die fehlende Grösse der meisten Einkaufsgenossenschaften wurde bereits eingangs erwähnt und steht im Widerspruch zur Arbeitshypothese 1.1., dass es unabhängig von der Grösse einer Einkaufsvereinigung ist, ob sie international tätig wird. Festzustellen ist, dass die beiden Unternehmen, welche diesen Grund angaben, über keine geringeren Umsätze als einige bereits international tätige Kooperationen verfügen.[393] Somit lässt sich die Vermutung, dass eine Einkaufsgenossenschaft über eine bestimmte kritische Grösse verfügen muss, ehe diese sich mit einer Internationalisierung auseinandersetzt, nicht bestätigen.

Die genossenschaftliche Rechtsform mit ihren Nachteilen erscheint als Hinderungsgrund ebenfalls nachvollziehbar; hieraus erklären sich auch Grossteil der erwähnten zahlreichen Rechtsformumwandlungen der letzten Jahre.[394] Die Nennung steuerlicher Gründe kann in diesem Zusammenhang nicht als allgemeingültig angesehen werden, da es sich hierbei um Einkaufsgenossenschaften aus der stark staatlich reglementierten Tabak-Branche handelt, welche hierdurch kaum mit anderen Branchen zu vergleichen ist. Sonstige staatliche Regelungen und Normen hingegen sind Probleme, mit denen sich diverse Branchen konfrontiert sehen. Dies gilt in besonderem Masse für die

[392] Diese Gründe führten je eine deutsche Einkaufskooperation aus der Arzneimittelbranche (staatliche Regelungen) und eine schweizerische Einkaufskooperation aus dem Elektrobereich (Nichtkompatibilität der Elektronormen) an. Diese letzte Erfahrung deckt sich mit den Ausführungen von Tietz (1994), S. 70.

[393] So verfügte das eine Unternehmen aus Deutschland über einen Umsatz von 34.6 Mio. sFr. und das zweite aus Österreich sogar über rund 48 Mio. sFr. Gesamtumsatz.

[394] Vgl. hierzu die diesbezüglichen Ausführungen in Kapitel II.

Schweiz, die aufgrund ihrer Aussenseiterrolle im europäischen Einigungsprozess bislang nur wenig an der Vereinheitlichung der Normen auf supranationaler Ebene teilgenommen hat.[395]

Tabelle 4-11: Gründe gegen eine Internationalisierung[396]

Gründe	*Nennungen*
fehlende Grösse des Unternehmens	2
fehlende staatliche Unterstützung im Stammland	0
fehlende staatliche Unterstützung im Zielland	0
fehlende Kenntnis über die ausländischen Märkte	1
fehlende Zustimmung der Mitglieder	0
keine Erwartung höherer Gewinne	0
genossenschaftliche Rechtsform	2
Sonstiges	10

Auf die Frage: *Welche Nachteile hätte eine mögliche internationale Tätigkeit Ihres Unternehmens Ihrer Meinung nach?,* antworteten sieben der elf Einkaufsgenossenschaften. Von diesen sieben gaben vier Unternehmen an, dass sie keine Nachteile erwarteten. Auch können die vier Firmen, die nicht geantwortet haben, im selben Sinne gedeutet werden. Eine Einkaufsgenossenschaft führte als Antwort steuerliche Benachteiligungen an und eine zweite nannte als Nachteil, dass man sich gerade beim Verkauf von Know-how an ausländische Unternehmen Konkurrenten für die Zukunft schaffe. Eine dritte Kooperation erwartete eine Schwächung ihrer inländischen Management-Kapazitäten im Falle einer Internationalisierung. Die Tatsache, dass in acht der elf Fragebogen indirekt oder explizit keine Nachteile bei einer

395 Vgl. Blümle/Maass (1998), S. 187 ff., Belz (1994), 23, sowie Briw (1991), S. 52 ff., welche die schweizerische Lebensmittelgesetzgebung als Beispiel einer solchen Norm nennt.

396 Quelle: Eigene Darstellung.

Internationalisierung erwartet werden, lässt den Schluss zu, dass diese Unternehmungen generell einer Internationalisierung positiv gegenüberstehen.

Verstärkt wird dies durch die Antworten auf die Frage: *Was könnten mögliche Vorteile sein?* Die Erzielung von Synergien, die in Form von Kostenvorteilen an die Mitglieder weitergeleitet werden können, führten vier Einkaufsgenossenschaften auf. *Mehr Leistung*, *höhere Innovationsfähigkeit* und ein *grösseres Wachstum* nannten drei Einkaufsgenossenschaften. Die Erweiterung bzw. die Sicherung ihrer Märkte wurde von zwei Einkaufskooperationen als Vorteil angesehen. Nur zwei Unternehmen sahen keine Vorteile. Dies bestärkt die Aussagekraft der vorhergehenden Frage nach den Nachteilen. Tabelle 4-12 fasst Vorteile und Nachteile nochmals zusammen.

Tabelle 4-12: Vorteile und Nachteile einer möglichen Internationalisierung[397]

Mögliche Vorteile	*Mögliche Nachteile*
• Erzielung von Synergien / Kostenvorteilen	• steuerliche Nachteile
• höhere Leistung	• Know-how-Verlust bei Kooperationsstrategien
• höhere Innovationsfähigkeit	• Schwächung der inländischen Management-Kapazitäten
• grösseres Wachstum	
• Erweiterung / Sicherung der Märkte	

[397] Quelle: Eigene Darstellung.

6.5 Vergleichende Analyse der Ergebnisse

6.5.1 Überblick

Der folgende Abschnitt verfolgt den Zweck, die Ergebnisse übergreifend über die bisher betrachteten Dimensionen zu analysieren. Hierbei wird weniger der Vergleich von international und nicht international tätigen Firmen im Vordergrund stehen als vielmehr die länderübergreifende Analyse. So werden in einem ersten Abschnitt werden die international tätigen Einkaufsgenossenschaften aus den drei Ländern gegenübergestellt. In einem zweiten Abschnitt folgt ein Vergleich der Ergebnisse der nicht international tätigen Firmen aus der Schweiz, Deutschland und Österreich. Zusätzlich werden im Rahmen des Hypothesentests weitere übergreifende Auswertungen vorgenommen.

Wie bei der Auswertung der Fragebogen gilt auch bei dieser Analyse, dass nur diejenigen Ergebnisse einbezogen werden, deren Analyse im Hinblick auf die Gesamtuntersuchung als sinnvoll und plausibel angesehen werden.

6.5.2 Vergleich der Ergebnisse der international tätigen Einkaufsgenossenschaften aus der Schweiz, Deutschland und Österreich

Ziel der folgenden Ausführungen ist herauszufinden, ob in der Internationalisierung von Einkaufsgenossenschaften aus den drei Ländern des deutschsprachigen Raums wesentliche Unterschiede bestehen. Da bei den Kategorisierungen jeweils die Ergebnisse aus den drei Ländern gegenübergestellt und zumeist auch interpretiert wurden, soll auf die Unterschiede zwischen den Unternehmen in den drei Ländern nicht mehr eingegangen werden.

Zur besseren Übersicht wird der Vergleich der Ergebnisse gegliedert nach den Komplexen des Fragebogens dargestellt.

Die Ergebnisse sollen vor allem in bezug auf folgende Frage verglichen werden:

- die Wahl und Auswahlkriterien der Zielländer,
- die Hauptschwierigkeiten bei der Internationalisierung,
- das Einkaufsvolumen als Indikator für den Umfang der Auslandstätigkeit,
- die Haupttätigkeiten im Ausland und
- die Erfahrungen aus der Internationalisierung.

Bezüglich der *gewählten Zielländer* ergaben sich kaum Unterschiede zwischen den drei Ländern. Die neun deutschen Einkaufsgenossenschaften waren zumindest mit einem Unternehmen auf allen Kontinenten aktiv. Ebenso gab es jedoch auch Schweizer und österreichische Unternehmen, welche weit über die angrenzenden Staaten und Westeuropa hinaus aktiv waren. So waren beispielsweise Firmen aus der Schweiz und Österreich seit über zehn Jahren in Asien aktiv; eine schweizerische Einkaufsgenossenschaft war seit bis zu fünf Jahren in Nordamerika tätig. Auch in bezug auf die Auswahlkriterien liessen sich keine länderspezifischen Unterschiede erkennen. So waren für alle Einkaufsgenossenschaften vor allem die Verfügbarkeit von Waren, das Preis- und Lohnniveau, die Kosten und, aufgrund der geringen Distanz zwischen den Ländern des deutschsprachigen Raums, die geographische Nähe der Zielländer ausschlaggebend.

Die *Hauptschwierigkeiten bei der Internationalisierung* werden länderübergreifend analysiert, da angenommen wird, dass länderspezifische Besonderheiten, wie beispielsweise rechtliche und politische Rahmenbedingungen, auch innerhalb des deutschsprachigen Raums Hindernisse bei der Internationalisierung darstellen können. Dies gilt insbesondere für die Schweiz. So nannte das einzige Schweizer Unternehmen an, welches diese Frage beantwortete, Schwierigkeiten in bezug auf die Einhaltung selbstgeforderter Qualitätsvorschriften. Es wurden keine für die Schweiz spezifischen Gründe angeführt, die das

Unternehmen an einer Internationalisierung gehindert hätten.[398] Andererseits aber antworteten zwei deutsche Einkaufsgenossenschaften, dass Probleme vor allem in der Zollabwicklung und Steuergesetzgebung bei Tätigkeiten mit Nicht-EU-Staaten bestanden. Ein deutsches Unternehmen gab als Lösungsansatz hierzu sogar an, dass „bestimmte Waren nicht mehr in die Schweiz geliefert" werden. Dies zeigt, dass die Sonderrolle der Schweiz immerhin zwei Unternehmen behindert oder sogar daran gehindert hat, in die Schweiz zu internationalisieren. Auf diese Eintrittsschranken zum Schutz gewisser Branchen in der Schweiz wurde bereits mehrfach in der Literatur hingewiesen.[399]

Betrachtet man das *Einkaufsvolumen* als Indikator für den Umfang der Auslandstätigkeit der Einkaufsgenossenschaften in den einzelnen Ländern, so lassen sich kaum Tendenzen ableiten. Lediglich eine grosse Schwankungsbreite in den Einkaufsvolumina im Ausland war in allen drei Ländern feststellbar. So lag dieser Anteil in der Schweiz zwischen 2% und 92%. Analog verhält es sich mit den Steigerungsraten des Einkaufsvolumens. Hier lagen die Extremwerte der Wachstumsrate bei deutschen Einkaufsgenossenschaften bei -2% und 500%.

Bezüglich der *Haupttätigkeiten*, welche die Einkaufsgenossenschaften des Einzelhandels im Ausland betreiben, ergaben sich Unterschiede zwischen den Ländern. So beschränkten sich die österreichischen und Schweizer Unternehmen mit einer Ausnahme auf den Einkauf, während deutsche Unternehmen ausser der Güterproduktion und der Forschung und Entwicklung sämtliche Tätigkeiten angaben. Auffällig war insbesondere, dass nur die deutschen Firmen die Gewinnung neuer

---

[398] Andererseits gab eine nicht international tätige schweizerische Einkaufsgenossenschaft an, keine Elektro-Produkte aus dem Ausland importieren zu können, da diese nicht Schweiz-kompatibel seien.

[399] Vgl. Tietz (1994), S. 44 ff., Ledermann (1996), 69 ff., sowie Blümle/Maass (1998), S. 187 ff.

Mitglieder als Tätigkeit im Ausland angaben.[400]

In der *Bewertung des Erfolges der Internationalisierung* ergab sich in allen drei Ländern ein diversifiziertes Bild. So existierten überall Einkaufsgenossenschaften, welche ihre Internationalisierung als erfolgreich und als weniger erfolgreich einstuften. Es kann also nicht abgeleitet werden, ob der Heimmarkt einer Einkaufsgenossenschaft direkten Einfluss auf den Erfolg der Auslandstätigkeit hat.

Zusammenfassend ist zum länderübergreifenden Vergleich der international tätigen Einkaufsgenossenschaften aus der Schweiz, Deutschland und Österreich folgendes festzuhalten:

- Ausländische Unternehmen stiessen auf Hindernisse, in der Schweiz aktiv zu werden. Dies war im umgekehrten Fall nicht nachweisbar.
- Deutsche Einkaufsgenossenschaften haben ein breiteres Aktivitätenspektrum im Ausland; insbesondere ziehen sie auch die Mitgliedergewinnung in Betracht.
- Es liessen sich keine Unterschiede feststellen in bezug auf die gewählten Zielmärkte und deren Auswahlkriterien, den Geschäftsumfang und dessen Wachstum sowie den Erfolg.

6.5.3 Vergleich der Ergebnisse der nicht international tätigen Einkaufsgenossenschaften aus der Schweiz, Deutschland und Österreich

Im folgenden werden, abgesehen von der Frage nach einem etwaigen früheren Auslandsengagement, welche von allen befragten nicht international tätigen Unternehmen verneint wurde, sämtliche Fragen des Fragebogens länderübergreifend verglichen.

[400] Bei den Motiven der Auswahl der Tätigkeiten wurden hingegen auch von Schweizer und österreichischen Einkaufsgenossenschaften Wünsche aus dem Mitgliederkreis als Gründe für die Wahl der Tätigkeit angegeben.

Auf die Frage, ob die Einkaufsgenossenschaften geplant hätten, in den nächsten drei Jahren international tätig zu werden, antworteten je zwei der schweizerischen und der österreichischen Firmen positiv, während sie von sämtlichen deutschen Unternehmen verneint wurde. Dies könnte einerseits bedeuten, dass deutsche Einkaufsgenossenschaften eine geringere Internationalisierungsdynamik aufweisen als ihre europäischen Partner, was jedoch unwahrscheinlich ist; anderseits könnte dies besagen, dass bei Schweizer und österreichischen Einkaufsgenossenschaften ein gewisser Nachholbedarf besteht, welcher in naher Zukunft in Angriff genommen werden sollte.

Auf die Frage, warum die Einkaufsgenossenschaften bislang nicht international tätig geworden sind, zeigt es sich, dass auch andere Länder als die Schweiz Unternehmen durch Gesetze, Steuern und Normen an der Internationalisierung ihrer Tätigkeit hindern. So gaben zwei deutsche Firmen an, dass die heimische Steuergesetzgebung sie bislang von einer Internationalisierung abgehalten habe.[401] Eine weitere deutsche Einkaufsgenossenschaft erklärte, aufgrund nationaler Regelungen in ihrer Branche, ohne diese weiter zu spezifizieren, den Schritt ins Ausland bisher nicht gegangen zu sein.[402] Unter den Schweizer Einkaufskooperationen fand sich nur ein Unternehmen, welches nationale Normen als Gründe für eine bislang nicht unternommene Internationalisierung verantwortlich macht. In Österreich nannte keine Kooperation derartige Motive. Hingegen gaben jeweils eine schweizerische und österreichische Einkaufskooperation an, dass die genossenschaftliche Rechtsform eine Internationalisierung bislang verhindert hätte. Weitere zwei Unternehmen aus diesen Ländern nannten als Gründe, ihr Heimmarkt sei bislang ausreichend gross gewesen, was von keiner deutschen Kooperation angegeben wurde.

Befragt nach den Nachteilen einer möglichen Internationalisierung, liessen sich keine länderspezifischen Tendenzen ableiten. Als Gemeinsamkeit war festzustellen, dass der überwiegende Teil der

[401] Es handelte sich hierbei um eine Firma aus dem Tabakbereich.
[402] Diese Einkaufsgenossenschaft ist im Arzneimittelbereich tätig.

Genossenschaften aus den drei Ländern keine Nachteile erwartete. Ähnlich verhielt es sich bei der Frage nach möglichen Vorteilen. Zwar gaben hier explizit einzig deutsche Unternehmen die Markterweiterung an, diese wurde jedoch auch bei schweizerischen und österreichischen Unternehmen implizit genannt.[403]

Zusammenfassend kann zum länderübergreifenden Vergleich der nicht international tätigen Einkaufskooperationen folgendes festgehalten werden:

- Mehr befragte Schweizer und österreichische als deutsche Einkaufsgenossenschaften haben in den nächsten Jahren geplant, international tätig zu werden.
- Nationale Gesetze und Normen scheinen den wesentlichen Hinderungsgrund der Internationalisierung für die national tätigen Einkaufsgenossenschaften darzustellen.
- Nachteile und Vorteile einer möglichen Internationalisierung wurden im deutschsprachigen Raum von den nationalen Einkaufskooperationen etwa gleich eingeschätzt bzw. nicht gesehen.

6.6 Test der Arbeitshypothesen

Zum Abschluss der Auswertung der empirischen Untersuchung werden in der Folge die zur Strukturierung der Untersuchung aufgestellten Arbeitshypothesen getestet. Hierdurch werden nochmals die wichtigsten Ergebnisse der Untersuchung übergreifend betrachtet.

Arbeitshypothese 1.1

Ob eine Einkaufsvereinigung internationalisiert, ist unabhängig von ihrer Grösse.

403 So nannten diese Einkaufsgenossenschaften mögliche Kostenvorteile und ein Pooling der Bestellmengen, was direkt mit der Markterweiterung in Relation steht.

Zur Überprüfung dieser Hypothese ist es notwendig, die Grössenstruktur der international tätigen Einkaufsgenossenschaften zu betrachten, exemplarisch gemessen am Umsatz, und diese mit der diesbezüglichen Struktur aller in die Untersuchung einbezogenen Einkaufsgenossenschaften zu vergleichen.

Es zeigt sich, dass die untersuchten Einkaufsgenossenschaften, international wie nicht international tätige, überwiegend kleine Unternehmen sind. Zudem stimmt die Grössenstruktur der internationalen Unternehmen mit derjenigen aller untersuchten Einkaufskooperationen überein. Es folgt hieraus, dass nicht festzustellen war, dass eine gewisse Grösse zur Internationalisierung der Einkaufsgenossenschaften notwendig ist, und dass die international tätigen Kooperationen im Vergleich zur Gesamtzahl nicht bedeutend grösser waren. Die Hypothese deckt sich demnach mit den Untersuchungsergebnissen.

Arbeitshypothese 1.2

International erfolgreiche Einkaufskooperationen haben stets starke Marktstellungen auf ihrem Heimmarkt inne.

Zur Untersuchung dieser Hypothese gilt es herauszufinden, ob international tätige Einkaufskooperationen, die zumindest nicht unzufrieden mit ihrer Internationalisierung sind, auf ihrem Heimmarkt höhere Ränge in ihrer Branche bekleiden als der Durchschnitt.

Von den sieben Unternehmen, welche alle relevanten Antworten zur Überprüfung der These gaben, nahmen jeweils zwei den ersten, den zweiten und den dritten Rang in ihrer Branche ein. Eine dieser Firmen bekleidete den 4. Rang. Hieran lässt sich erkennen, dass diese Einkaufsgenossenschaften zumindest keine niedrigen Ränge inne hatten. Demnach kann diese Hypothese für die vorliegende Untersuchung bestätigt werden.

Arbeitshypothese 1.3
Der Wunsch nach der Erschliessung neuer Märkte wird eher zu einer Internationalisierung als zu einer Diversifikation führen.

Es gilt zu analysieren, ob das Motiv *Erschliessung neuer Märkte* ein bedeutender Beweggrund für die Internationalisierung der Einkaufsgenossenschaften darstellte und Wachstumsperspektiven im Ausland, in diesen Fall besonders im Beschaffungsvolumen erwartet wurden.

In der Tat war dieses Motiv das meistgenannte in der eigenen Untersuchung.[404] Zwar wurden keine weiteren Spezifizierungen des Motivs in der Untersuchung abgefragt, jedoch kann davon ausgegangen werden, dass eine Sättigung oder zumindest des Heimmarktes und die Hoffnung auf Steigerungen des Volumens im Ausland Hauptgründe hierfür darstellen. Somit kann die Arbeitshypothese 1.3 für die vorliegende Untersuchung bestätigt werden.

Arbeitshypothese 1.4
Im internationalen Vergleich unterscheiden sich Schweizer Einkaufskooperationen von ausländischen bis heute besonders durch ihre Binnenmarktorientierung.

Zum Testen dieser Hypothese muss verglichen werden, ob deutlich mehr deutsche und österreichische Einkaufsgenossenschaften im Ausland tätig sind.

Wie bereits beim länderübergreifenden Vergleich der Einkaufsgenossenschaften festgestellt wurde, kann diese These für die vorliegende Untersuchung nicht gestützt werden. Vielmehr kamen aus der Schweiz relativ mehr Einkaufskooperationen als aus Deutschland, die angaben, international tätig zu sein, und gleich viele wie aus Österreich.[405]

---

404 Vgl. Tabelle 4-8 sowie deren Erläuterung.
405 Vgl. Abbildung 4-3 sowie deren Erläuterung.

Arbeitshypothese 1.5

Deutsche Kooperative übernehmen aufgrund ihres hohen Marktanteils und ihres Leistungsstandes bei der Internationalisierung eine Vorreiterrolle in Europa.

Diese Arbeitshypothese, welche die vorangegangene ergänzt, ist auf mehreren Ebenen zu untersuchen. Einerseits ist sie aufgrund der Argumentation zu Hypothese 1.4 zu falsifizieren, da der Anteil deutscher Unternehmen an den international tätigen Einkaufsgenossenschaften im Vergleich geringer ist als derjenige der beiden anderen Länder. Andererseits, und dies stützt die These, sind von allen untersuchten deutschen Firmen fast doppelt so viele international tätig wie nicht international tätig. Bei Schweizer und österreichischen Firmen sind diese beiden Gruppen jeweils gleich gross. Dies bedeutet, dass der Anteil international tätiger Einkaufsgenossenschaften relativ gesehen grösser ist. Hinzu kommt, dass deutsche Unternehmen aufgrund der politischen Rahmenbedingungen in Deutschland als Hauptpropagent der EU günstige Voraussetzungen für eine Öffnung vorfinden. Die Hypothese ist somit nach dieser Untersuchung nicht abschliessend zu belegen, jedoch tendenziell zu unterstützen.

Arbeitshypothese 2.1

Das Hauptaugenmerk richtet sich bei der Internationalisierung auf kulturell verwandte Länder.

Bezüglich dieser Arbeitshypothese gilt es zu betrachten, ob bei der Internationalisierung aller Einkaufsgenossenschaften aus dem deutschsprachigen Raum vor allem angrenzende Staaten und die übrigen Länder Westeuropas bedacht wurden.

Die Untersuchung stützt diese These: Der grösste Teil der Einkaufsgenossenschaften war in angrenzenden Staaten tätig (14 von 15 Firmen). Hinzu kamen sieben Unternehmen, die im übrigen Westeuropa agierten.[406] Hinzuzufügen ist, dass keines der Unternehmen nur ausserhalb von Westeuropa tätig war. Somit ist anzunehmen, dass die kulturell verwandten Staaten Westeuropas zumeist den Anfang der Internationalisierung der Einkaufsgenossenschaften bildeten.

Arbeitshypothese 2.2
Frankreich, Deutschland und Österreich sind bevorzugte Zielländer für die schweizerischen Detailhandelsunternehmen aufgrund ihrer direkten Nachbarschaft.

Diese These, welche die vorangegangene präzisiert, scheint sich in dieser Untersuchung ebenfalls zu bewahrheiten, da in der vorliegenden Untersuchung alle Schweizer Unternehmen in angrenzenden Staaten tätig waren.[407]

Arbeitshypothese 2.3
Durch die Errichtung des europäischen Binnenmarktes wird sich der Trend zur Expansionstätigkeit in ausländische Märkte weiter verstärken.

Es ist zu prüfen, ob in jüngster Zeit die Zahl der Internationalisierungen bei deutschen und österreichischen Einkaufskooperationen zugenommen hat und ob die betreffenden Einkaufskooperationen den Abbau der Grenzen als Grund für die Internationalisierung angegeben haben.

Betrachtet man die Anzahl der Auslandsengagements in bezug auf die Dauer, so ergibt sich, dass in den Zeiträumen seit der Errichtung des Europäischen Binnenmarktes (seit bis zu fünf Jahren) mehr Auslandsengagements eingegangen worden sind als in den fünf Jahren zuvor.[408] Bei genauerer Betrachtung wird jedoch deutlich, dass die

406 Vgl. Tabelle 4-4 sowie deren Erläuterung.
407 Vgl. Tabelle 4-4 sowie deren Erläuterung.
408 Vgl. Tabelle 4-4 sowie deren Erläuterung.

meisten untersuchten Firmen schon seit langer Zeit in Westeuropa tätig sind und in den letzten fünf Jahren lediglich drei Einkaufsgenossenschaften mit vier Engagements in Westeuropa aktiv geworden sind. Insofern kann die These nur bedingt gestützt werden

Arbeitshypothese 2.4

West- und Osteuropa werden bei der Internationalisierung für deutsche Unternehmen in Zukunft die wichtigsten Zielländer.

Diese Arbeitshypothese scheint der Realität in bezug auf die untersuchten Firmen zu entsprechen. So entfielen von 27 Auslandsengagements deutscher Firmen insgesamt 19 auf West- und Osteuropa.[409]

Zwar ist aus diesen Ergebnissen keine zukünftige Entwicklung abzuleiten. Es erscheint dem Verfasser jedoch wahrscheinlich, dass der Anteil dieser Länder an der Gesamtzahl der Auslandsengagements nicht sinken wird. Westeuropa umfasst zu einem grossen Teil kulturell und sprachlich verwandte Länder, die in bezug auf Transaktionskosten günstig gelegen sind. So werden diese auch in Zukunft bevorzugte Zielmärkte für die untersuchten Unternehmen darstellen. In Osteuropa existieren eine Reihe von Wachstumsmärkten, die eine grosse Anzahl von westeuropäischen Firmen, unter ihnen auch Einkaufskooperationen, anziehen werden.

Arbeitshypothese 3

Das Einkaufsvolumen der international tätigen Einkaufsgenossenschaften im Ausland macht nach wie vor einen geringen Anteil am Gesamtvolumen aus.

Zur Verifizierung dieser These gilt es zu überprüfen, ob die international tätigen Einkaufsgenossenschaften durchschnittlich mehr als die

[409] Vgl. Tabelle 4-4 sowie deren Erläuterung.

eingangs zu dieser These definierten 10% ausländisches Einkaufsvolumen erwirtschaften.

Aus der Untersuchung ergab sich, dass zwar einige Unternehmen mit teilweise über 90% beträchtliche Anteile im Ausland einkaufen. Nimmt man jedoch diese Extremwerte aus der Betrachtung heraus, so ergibt sich ein durchschnittlicher Einkaufsanteil von knapp über 12%. Dies liegt über der gesetzten Grenze von 10%. Obwohl dieses Limit eher willkürlich ist und nur ein geringer Unterschied zum Durchschnitt besteht, kann die These trotzdem für diese Untersuchung als gültig angesehen werden.[410]

Arbeitshypothese 4.1
Der Eigenaufbau stellt die erfolgsversprechendste Markteintrittsvariante dar.

Bei dieser These wäre zu prüfen, ob Einkaufsgenossenschaften, welche ein Tochterunternehmen im Ausland aufgebaut haben, ihre Internationalisierung als erfolgreicher betrachten, als diejenigen Unternehmen, die diese Strategie nicht gewählt haben. Da jedoch nur ein Unternehmen den Aufbau einer Tochtergesellschaft als Strategie angab, können zu dieser Arbeitshypothese keine Aussagen gemacht werden.[411]

Arbeitshypothese 4.2
Kooperationen sind als langfristiges Markterschliessungsinstrument aufgrund der Interessendivergenz der Kooperationspartner nicht geeignet.

410 Vgl. Abbildung 4-11 sowie deren Erläuterung. Zu beachten ist bei dieser Frage, dass es Branchen gibt, die generell hohe Importquoten aufweisen (vgl. zu den Warenimporten beispielsweise Bundesamt für Statistik (1997)).

411 Vgl. Abbildung 4-13 sowie deren Erläuterung.

Um diese These zu testen, muss einerseits untersucht werden, wie lange Unternehmen, die eine kooperative Strategie gewählt haben, bereits mit dieser Strategie in Ausland tätig sind. Zudem ist nachzuprüfen, ob diese Firmen ihre Internationalisierung als erfolgreich bezeichnen.

Aufgrund der geringen Datenmenge ist es nicht möglich, gesicherte Erkenntnisse zu erlangen. Es beteiligten sich nur zwei Unternehmen an der Untersuchung, die Kooperationen zur Internationalisierung gewählt hatten und diese bereits seit mehr als zehn bzw. mehr als fünf Jahre betrieben. So scheint es also in der Realität durchaus Fälle zu geben, bei denen Kooperationen seit längerer Zeit aufrechterhalten werden konnten. Andererseits gaben diese beiden Einkaufsgenossenschaften an, wenig bzw. nur teilweise mit ihrer Internationalisierung zufrieden zu sein, was die Aussage relativiert.[412]

Arbeitshypothese 5.1

Der Erfolg der Internationalisierung von Einkaufskooperationen wird zu Beginn der Auslandstätigkeit wegen der zahlreichen damit verbundenen Probleme überwiegend negativ bewertet.

Bei dieser Hypothese muss getestet werden, ob Unternehmen, die erst kürzere Zeit, maximal fünf Jahre, im Ausland tätig sind, den Erfolg ihrer Internationalisierung als überwiegend negativ bewerten.

Auch hier stellte sich das Problem der geringen Datenmenge. So hatten nur zwei Unternehmen keine Auslandsengagements, die mehr als fünf Jahre betrugen. Diese beiden bezeichneten ihr internationales Engagement jedoch als *erfolgreich.* Beide Beispiele können zwar die Arbeitshypothese nicht widerlegen, stellen jedoch Einzelbeispiele dar, die der These widersprechen.[413]

[412] Vgl. Abbildung 4-15 sowie deren Erläuterungen.

[413] Vgl. Abbildung 4-15 sowie deren Erläuterungen.

Arbeitshypothese 5.2
Auslandsengagements in kulturell stark unterschiedlichen Märkten werden langfristig negativer bewertet als solche in kulturell verwandten Länder.

Zur Verifizierung dieser Hypothese muss untersucht werden, ob Einkaufsgenossenschaften, die auch ausserhalb Europas tätig sind, ihre Internationalisierung negativer beurteilen als nur in europäischen Märkten tätige Firmen.

Diese letzte These kann grundsätzlich nicht bestätigt werden. So fanden sich sowohl bei den lediglich in Europa als auch bei den in kulturell entfernten Ländern tätigen Kooperationen jeweils Unternehmen, die ihre Tätigkeit von erfolgreich bis wenig erfolgreich bewerteten. Eine Tendenz war in dieser Untersuchung nicht erkennbar.

Trotzdem scheint die Hypothese plausibel. Es werden kulturell bedingte Probleme vor allem in der Anfangsphase der Internationalisierung ins Gewicht fallen und können mittel- und langfristig beispielsweise durch Einsatz lokaler Mitarbeiter abschwächt werden. Ob sich diese Probleme jedoch gänzlich ausräumen lassen, ist fraglich, weswegen der Verfasser diese Hypothese generell nicht verwerfen möchte.

7. Zusammenfassung der Ergebnisse des 4. Kapitels

- Ziel der empirischen Untersuchung war es, neues Faktenwissen über alle relevanten Aspekte der Internationalisierung von Einkaufsgenossenschaften im deutschsprachigen Raum zu erarbeiten, um die Lücke in der betriebswirtschaftlichen Forschung zu schliessen und die Grundlage für eine praktisch-normative Vorgehensempfehlung zur Erarbeitung eines Internationalisierungskonzeptes entwickeln zu können.

- Die empirische Untersuchung erfolgte in drei Schritten: Die *Untersuchungsvorbereitung* umfasste die Wahl von Untersuchungszweck und -methode, die Auswahl der Untersuchungseinheiten sowie die Untersuchungshypothesen. Die *Untersuchungsdurchführung* beinhaltete die Datenerhebung und die Datenerfassung. Die dritte Phase, die *Untersuchungsauswertung*, umfasste die Datenanalyse und das Verifizieren der Untersuchungshypothesen. Da bislang nur sehr unsichere Daten zum Untersuchungsfeld vorlagen, war die Studie explorativer Natur. Die Daten wurden über einen standardisierten Fragebogen gewonnen, der an die Grundgesamtheit der Untersuchung, Einkaufskooperationen des Einzelhandels, versandt wurde. Insgesamt wurden 64 Einkaufsgenossenschaften des Einzelhandels im deutschsprachigen Raum gefunden, 40 aus Deutschland, dreizehn aus Österreich und elf aus der Schweiz, wo sich besondere Erfassungsprobleme ergaben. Die Rücklaufquote betrug 40,6%, davon rund die Hälfte aus Deutschland und je ein Viertel den beiden übrigen Ländern. Zur Strukturierung der Untersuchung wurden Arbeitshypothesen zu allen relevanten Untersuchungsfeldern aufgestellt.
- Die wichtigste Tätigkeit von internationalen Einkaufskooperationen stellt sowohl im Inland als auch Ausland nach wie vor der Einkauf dar. Die Bereitstellung von Dienstleistungen ist die zweitwichtigste Tätigkeit, welche zumindest im Inland von fast allen untersuchten Einkaufsgenossenschaften ausgeübt wird und im Ausland noch von mehr als der Hälfte der Firmen. Nur noch ein Drittel der Unternehmen verkaufen diese Dienstleistungen bzw. Lizenzen im Inland auch an Nicht-Mitglieder, wobei nur ein Unternehmen dies auch im Ausland tut.
- Als Zielländer der Internationalisierung werden vor allem geographisch und auch kulturell gesehen benachbarte Länder, seien sie direkt angrenzend oder aber im übrigen Westeuropa, bevorzugt. Gerade in neuerer Zeit werden auch entferntere Zielländer bearbeitet. Osteuropa wird hierbei als der zukünftig wichtigste ausser-europäische Markt gesehen. Ausschlaggebende Wahlkriterien der Zielländer sind vor allem die Verfügbarkeit von Waren und

Kostenaspekte. Zudem stehen bei benachbarten Staaten vor allem risikominimierende Aspekte des Auslandsengagements im Vordergrund.

- Probleme bei der Internationalisierung ergaben sich vor allem sprachlicher und kultureller Natur. Ausserdem ergaben sich Schwierigkeiten aufgrund unterschiedlicher Qualitätsnormen im Ausland sowie verschiedenartiger Zoll- und Steuersysteme. So stiessen ausländische Unternehmen stiessen auf Hindernisse, in der Schweiz aktiv zu werden. Dies war im umgekehrten Fall nicht nachweisbar.
- Der Anteil des im Ausland erzielten Einkaufsvolumens am Gesamtvolumen ist bei einem Großteil der international tätigen Einkaufsgenossenschaften noch gering. Bei 30% lag der Anteil sogar unter 5%. Nur 18% der Einkaufskooperationen erzielten einen Anteil von über 25%. Nimmt man das Einkaufsvolumen als Indikator für die Gesamttätigkeit, so sind die meisten Einkaufsgenossenschaften dieser Untersuchung demnach kaum als „internationale Unternehmen“ anzusehen. Immerhin gaben 30% der Einkaufskooperationen an, der Anteil am Gesamtvolumen wachse jährlich über 5%.
- Als Motive für die Internationalisierung wurden am häufigsten die Erschliessung neuer Märkte, bessere Beschaffungsmöglichkeiten, Wünsche aus dem Mitgliederkreis, die Sicherung bestehender Märkte sowie die Überwindung von Importbarrieren genannt. Neben „klassischen“, für alle Unternehmen relevanten Internationalisierungsmotiven, wurden demnach auch für Einkaufskooperationen typische Motive genannt.
- Als Strategie zur Internationalisierung wurden besonders die Internationalisierung durch die Aufnahme ausländischer Mitglieder, der reine Einkauf im Ausland sowie Kooperationen mit ausländischen Partnern gewählt.
- 65% der international tätigen Einkaufskooperationen besitzen Mitglieder im Ausland. Jedoch machen diese in der Regel nur einen sehr geringen Anteil aus, größtenteils unter 10%.

- Mehr als die Hälfte der antwortenden Firmen bezeichnen ihre Internationalisierung bislang als *sehr erfolgreich* bzw. als *erfolgreich.* Nur eine Einkaufsgenossenschaft beurteilte das Vorhaben als *nicht erfolgreich.* Erfolgsfaktoren scheinen insbesondere der Marktanteil bzw. das Geschäftsvolumen, geringe Sprach- und Kulturunterschiede sowie die politische und wirtschaftliche Stabilität des Ziellandes zu sein. Probleme bei der Internationalisierung ergaben sich durch die Unverbindlichkeit der Kooperation, die Integration des ausländischen bzw. die Internationalisierung des inländischen Managements, die nur bedingt mögliche Übertragbarkeit der heimischen Strukturen sowie das Fehlen eines geeigneten Partners im Zielland.
- 40% der nicht international tätigen Einkaufskooperationen haben in den nächsten drei Jahren geplant, international tätig zu werden, wobei keine Präferenz zugunsten einer bestimmten Strategie zu erkennen war.
- Gründe, warum die Einkaufskooperationen bislang noch nicht international tätig sind, waren insbesondere die fehlende Unternehmensgrösse, fehlende Kenntnisse über die ausländischen Märkte, die genossenschaftliche Rechtsform, steuerliche Aspekte sowie staatliche Regelungen und Normen. Als mögliche Vorteile einer Internationalisierung wurden die Erzielung von Synergien, die in Form von Kostenvorteilen an die Mitglieder weitergeleitet werden können, höhere Innovationsfähigkeit, ein grösseres Wachstum sowie die Erweiterung bzw. die Sicherung der Märkte gesehen.
- Die untersuchten, international tätigen Einkaufsgenossenschaften sind im Vergleich zu den national tätigen überwiegend in Deutschland ansässig, vor allem in nicht regulierten Branchen tätig, vornehmlich nach 1950 gegründet worden, bezüglich ihrer Grösse nur in bezug auf die Umsätze der Mitgliedsunternehmen unterschiedlich und haben einen vergleichsweise höheren Rang in ihrer Branche.

- Der länderübergreifende Vergleich der international tätigen Einkaufsgenossenschaften aus der Schweiz, Deutschland und Österreich hat ergeben, dass ausländische Unternehmen auf Hindernisse stiessen, in der Schweiz aktiv zu werden, was im umgekehrten Fall nicht nachweisbar war. Deutsche Einkaufsgenossenschaften haben ein breiteres Aktivitätenspektrum im Ausland; insbesondere betreiben sie intensive Mitgliedergewinnung. Keine Unterschiede liessen sich feststellen in bezug auf die gewählten Zielmärkte und deren Auswahlkriterien, den Geschäftsumfang und dessen Wachstum sowie den Erfolg der Internationalisierung.
- Im Rahmen der übergreifenden Analyse der nicht international tätigen Einkaufsgenossenschaften ergab sich, dass mehr Schweizer und österreichische als deutsche Einkaufsgenossenschaften in den nächsten Jahren geplant haben, international tätig zu werden. Nationale Gesetze und Normen scheinen den wesentlichen Hinderungsgrund der Internationalisierung für die national tätigen Einkaufsgenossenschaften darzustellen.

V. Vorgeschlagenes Verfahren zur Erarbeitung von Internationalisierungskonzepten für (Einkaufs-)Kooperationen des Einzelhandels

1. Überblick

Das folgende Kapitel stellt den praktisch-normativen Teil dieser Arbeit dar. Es wird versucht, ein allgemeingültiges Verfahren, im folgenden auch Vorgehensempfehlung genannt, zur Erarbeitung von Internationalisierungskonzepten für Einkaufskooperationen zu entwickeln. Das Internationalisierungskonzept stellt das zentrale Dokument einer Internationalisierung von Einkaufskooperationen dar, und es soll sicherstellen, dass ein Internationalisierungsprojekt optimal geplant wird und abläuft.

Zu Beginn dieses Kapitels wird dargelegt, was das Ziel eines solchen Verfahrens ist, und es werden dessen Anwendungsbereiche beschrieben. Im darauffolgenden Abschnitt werden die konkreten Grundlagen vorgestellt, auf die sich bei der Erarbeitung des Verfahrens gestützt wurde. In einem fünften Abschnitt wird der Kontext dargestellt, in den sich das Internationalisierungskonzept einordnet, wonach im sechsten Abschnitt das Verfahren Schritt für Schritt erklärt wird. Der siebte Abschnitt stellt den Aufbau und Inhalt eines Internationalisierungskonzeptes als Resultat des Verfahrens vor. Eine Variante des Verfahrens für den Fall eines Kaufangebotes für ein Unternehmen im Ausland wird im achten Abschnitt vorgestellt. Im letzten Abschnitt werden die Ergebnisse zusammengefasst.

2. Ziel des Verfahrens

Das praktisch-normative Verfahren zur Erarbeitung von Internationalisierungskonzepten hat zum Ziel, den Entscheidungsträgern, die in einer Einkaufskooperation mit einer Internationalisierung befasst sind, eine Anleitung zu geben, welche Schritte sie bei der Erarbeitung eines solchen Konzeptes in welcher Reihenfolge zu unternehmen haben. Da es sich bei einer Internationalisierung um ein äusserst komplexes Problem der Unternehmensführung handelt, ist die Erarbeitung des Konzeptes, „der Heuristik der Faktorisation folgend"[414], in eine Abfolge von bewältigbaren Teilproblemen aufgegliedert worden.[415] Hierdurch wird zum einen gewährleistet, dass keine wesentlichen Schritte vergessen werden oder zu wenig bedacht bleiben. Zum anderen soll ein Ablauf der Schritte vorgegeben werden, welcher aufgrund der gewonnenen Erkenntnisse dieser Arbeit sinnvoll erscheint. Dies soll vermeiden, dass aufgrund einer Fehlplanung der Abläufe Ressourcen falsch alloziert werden. Das Verfahren dient demnach der optimalen Planung einer Internationalisierung.

Neben diesen beiden Hauptzielen soll das Verfahren zudem folgende Unterziele erfüllen: Durch die qualitative Einteilung der einzelnen Schritte des Verfahrens in die drei Arten *Analysen*, *substantielle Entscheide* und *prozessuale Tätigkeiten* soll dazu beigetragen werden, dass die Wichtigkeit der Vorgehensschritte erkannt wird, und die Ressourcen dementsprechend zugeteilt werden. Hierbei geht es vor allem um die Bedeutung der *substantiellen Entscheide*, auf welche noch genauer eingegangen wird.

Des weiteren kann ein solches Verfahren sicherstellen, dass sich die Entscheidungsträger einer Einkaufskooperation im Vorfeld ihrer Internationalisierung Gedanken über den Ablauf des Projektes in der

[414] Grünig/Heckner (1996), S. 269.
[415] Vgl. Grünig/Heckner (1996), S. 269.

Zukunft machen und den Prozess, der oftmals Monate in Anspruch nehmen kann, systematisch bis zum Ende planen. So muss schon zu Beginn abgeschätzt werden, welche Ressourcen zur Durchführung der Internationalisierung nötig sind und welche Zeit der Gesamtprozess in Anspruch nehmen wird. Es müssen „Meilensteine“ definiert werden, die im späteren Verlauf Eckdaten für den detaillierten Umsetzungsplan und eine systematische Kontrolle des Prozesses darstellen.

Schliesslich führt das Verfahren nochmals die Unterschiede in der Internationalisierung von Einkaufskooperationen gegenüber nicht mitgliedschaftlich strukturierten Unternehmen vor Augen. Dies ist jedoch weniger für die Entscheidungsträger als für die betriebswirtschaftliche Forschung von Interesse.

Zusammenfassend sind die Ziele des Verfahrens also die folgenden:

- Sicherstellung der Vollständigkeit des Internationalisierungskonzeptes und somit der Planung des Internationalisierungsprojektes,
- Strukturierung des Internationalisierungsprozesses und somit Sicherstellung eines systematischen Vorgehens,
- Erkennen der Bedeutung der einzelnen Schritte und dementsprechende Ressourcenzuteilung,
- Sicherstellen eines linearen Projektablaufs und das
- Erkennen der Besonderheiten der Internationalisierung von Einkaufskooperationen.

3. Anwendungsbereiche des Verfahrens

Grundsätzlich ist dieses für Einkaufskooperationen erarbeitete Verfahren besonders für diejenigen Unternehmen geeignet, welche vor einer erstmaligen Internationalisierung stehen, die bislang also noch hauptsächlich auf dem nationalen Markt tätig sind.[416] Es kann jedoch auch Einkaufskooperationen dienen, welche bereits mit der Verlagerung ihrer Tätigkeit ins Ausland begonnen haben bzw. seit längerer Zeit im Ausland agieren. Diese Einkaufskooperationen können anhand des Verfahrens prüfen, welche Schritte noch zu unternehmen sind, oder welche eventuell nicht bedacht bzw. vernachlässigt wurden. Auch kann das Verfahren bei einer Auswertung der Internationalisierung ex post nützlich sein, um eventuelle Fehler und Verbesserungsmöglichkeiten herauszuarbeiten.

Es ist dem Verfasser bewusst und bei Heuristiken verfahrensimmanent, dass es aufgrund der jeweiligen konkreten Situation kein Verfahren geben kann, welches in jedem Einzelfall ohne Anpassungen anwendbar ist. So kann zum Beispiel die Rechtsform der Einkaufskooperation oder auch der Anlass, der die Internationalisierung auslöst, kleinere inhaltliche Veränderungen der Vorgehensempfehlung bedingen. Zudem kristallisierte sich bei der Erarbeitung des Verfahrens eine Situation heraus, die einen grundlegend anderen Ablauf des Vorgehens bedingt. Diese Variante wird in Abschnitt 8 dieses Kapitels vorgestellt. Das Verfahren stellt also einen auf den konkreten Einzelfall anzupassenden Vorschlag und keine universell anwendbare Checkliste dar.

Auch darf der klare Aufbau und scheinbar reibungslosen Lauf durch das Verfahren nicht den Eindruck erwecken, eine Internationalisierung und die Konzepterarbeitung sei ein Prozess ohne Hindernisse unter vollkommener Information. Oftmals können nämlich gerade bei einer Internationalisierung Entscheidungen nur unter einer sehr unvollkommenen Datenlage getroffen werden, die sich oft erst nach längerer Tätigkeit im neuen Markt erhellt. Der Verfasser ist trotzdem der Auffassung, dass jeder einzelne Schritt des Verfahrens in der einen oder anderen Form und grundsätzlich in der beschriebenen Reihenfolge

[416] Im Sinne *Kutschkers* handelt es sich also um eine schubweise Internationalisierung, die systematisch abläuft, im Gegensatz zu den beschriebenen zahllosen und eher zufälligen kleinen Internationalisierungsschritten (vgl. hierzu Kutschker (1996), S. 12).

vorzukommen hat. Jedoch kann die Bedeutung der einzelnen Schritte und der damit verbundene Zeitaufwand im Einzelfall variieren[417] und auch die Informationsbasis nicht in dem Umfang vorhanden sein, welche für derart weitreichende Entscheidungen nötig wäre.[418]

4. Grundlagen des Verfahrens

Das Verfahren basiert hauptsächlich auf drei Grundlagen:

1. Die erste Grundlage stellen die Erkenntnisse der *Literaturanalyse* dar. Die Resultate der Kapitel II und III verdeutlichten zum einen die Bedeutung der Entwicklungen des Umfeldes gerade für Einkaufskooperationen. Diese Gebilde müssen nicht nur die Entwicklungen für die eigene Organisation, sondern auch für ihre Mitgliedsunternehmen, die zudem im Ausland tätig sein können, beachten. Deshalb wurde der Umfeldanalyse besonderes Gewicht eingeräumt. Zum anderen konnten weitere für den Internationalisierungsprozess wichtige Besonderheiten von Einkaufskooperationen, wie die unabdingbare innere Akzeptanz, vor allem die Zustimmung durch die Mitglieder, herausgearbeitet werden. Kapitel 3 trug im speziellen dazu bei, die drei strategischen Schlüsselentscheide, die Wahl der Tätigkeit, des Ziellandes und der Markteintrittsstrategie, abzuleiten und zu strukturieren.
2. Die Sonderrolle der Mitglieder war auch eine wichtige Erkenntnis aus dem zweiten Grundlagenkomplex des Verfahrens, der *empirischen Untersuchung* (Kapitel IV). Diese Untersuchung verdeutlichte zudem, welchen Umfang die jeweiligen Analysen in bereits durchgeführten Projekten einnahmen, wie die Auswahl von Tätigkeiten, Zielmärkten und Eintrittsstrategien vor sich ging und

[417] So muss z.B. für die Wahl einer Eintrittsstrategie nur wenig Zeit verwendet werden, wenn sie durch gesetzliche Vorgaben im Zielland bereits festgelegt ist, wobei auch in diesem Fall Vor- und Nachteile der Strategie analysiert werden müssen.

[418] Vgl. hierzu auch die Ausführungen von Glaum (1996), S. 21.

welches die Auslöser der Internationalisierung waren, auf die im sechsten Abschnitt dieses Kapitels eingegangen wird.

3. Die dritte Grundlage, auf der das Verfahren aufbaut, waren *Expertengespräche* mit Führungskräften aus Einkaufskooperationen bzw. deren Dachverbänden. Diese dienten dem Verständnis des Ablaufes einer Internationalisierung in Einkaufskooperationen. Sie machten zudem die besondere Rolle der Mitgliedsunternehmen deutlich. Auch wurde das Verfahren ex post mit Experten auf seine Gültigkeit hin diskutiert und somit der Realitätsbezug sichergestellt.[419]

Es kann festgehalten werden, dass das Verfahren zur Erarbeitung von Internationalisierungskonzepten für Einkaufskooperationen ein Resultat aller relevanten Teile dieser Arbeit und somit eine Art Quintessenz darstellt.

5. Kontext eines Internationalisierungskonzeptes

Die Erarbeitung eines Internationalisierungskonzeptes ist nicht als isolierter Prozess zu verstehen, der losgelöst von der Umwelt abläuft. Zwar stellt sie den zentralen Schritt einer Internationalisierung dar, jedoch ist sie in einen Kontext eingebettet, der weitreichende Auswirkungen auf und Wechselwirkungen mit dem Internationalisierungskonzept aufweisen kann. Dieser Kontext wird im folgenden erläutert.

Der Kontext eines Internationalisierungskonzeptes besteht aus vier Elementen, die in Abbildung 5-1 mit den Abhängigkeiten untereinander dargestellt sind:

---

[419] Vgl. das Interviewverzeichnis in Anhang I.

- dem Auslöser,
- der Realisierung,
- der Evaluation und
- der laufenden Kontrolle.

Die Erarbeitung eines Internationalisierungskonzeptes wird von einem Auslöser in Gang gesetzt, muss nach erfolgter Konzepterstellung realisiert und anschliessend evaluiert werden und ist von laufenden Kontrollen zu begleiten. Es soll aufgrund der graphisch klar abgegrenzten Schritte nicht der Eindruck erweckt werden, dass die Schritte zeitlich gesehen streng nacheinander ablaufen. Vielmehr wird es in der Realität immer wieder zu zeitlichen und manchmal auch inhaltlichen Überschneidungen kommen.

Abbildung 5-1: Kontext des Internationalisierungskonzeptes[420]

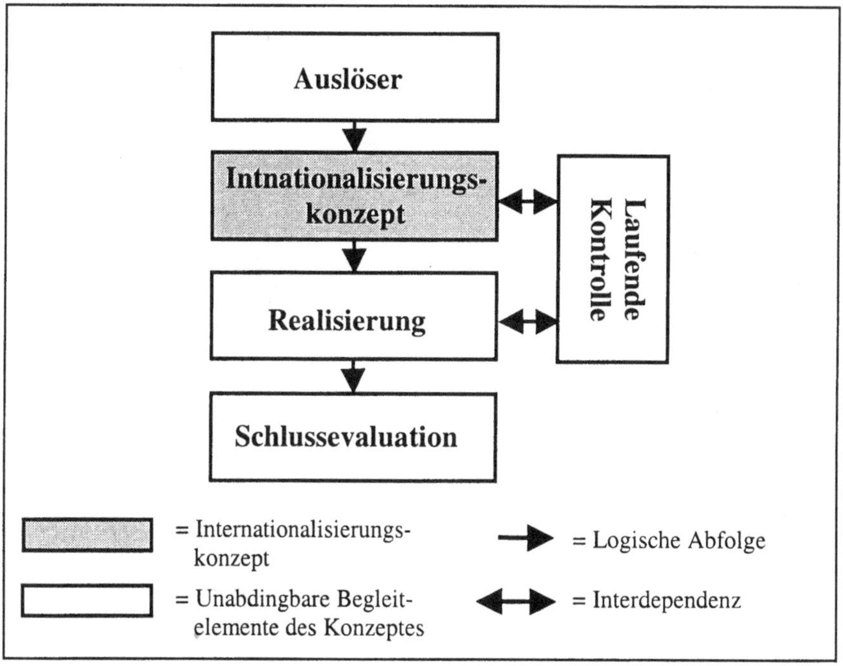

[420] Quelle: Eigene Darstellung.

Der Anstoss zur Erarbeitung eines Internationalisierungskonzeptes erfolgt durch einen *Auslöser*, welcher dem Projekt vorgelagert ist und dieses initiiert. Er stellt keinen integralen Teil der Internationalisierung dar. Es kann sich um Anstösse verschiedenster Art handeln. Eine Besonderheit von Einkaufskooperationen, auch wenn sie nicht die Rechtsform einer Genossenschaft aufweisen, ist hierbei, dass der Internationalisierungsprozess sowohl durch das Management als auch durch Wünsche aus dem Mitgliederkreis ausgelöst werden kann.

Mögliche Auslöser seitens des Managements können sein:[421]

- Notwendigkeit der Erschliessung neuer bzw. der Sicherung bestehender Märkte aufgrund schlechter Ergebnisse langfristiger Umsatzprognosen,
- Verbesserung der Beschaffungsmöglichkeiten,
- Überwindung von Importbarrieren,
- zu hohe Kosten im Heimmarkt,
- Kaufangebot für ein ausländisches Unternehmen,[422]
- persönliche Präferenzen im Management,
- Abwehrstrategie gegenüber ausländischen Konkurrenten
- etc.

Aus dem Mitgliederkreis sind als Auslöser vorstellbar:[423]

- Wunsch nach Ausweitung der Tätigkeit in einen Wachstumsmarkt,
- Wunsch von seiten ausländischer Mitglieder nach besserer Betreuung,
- Wunsch nach Ausweitung des Sortiments durch nicht auf dem Heimmarkt der Einkaufskooperation erhältliche Produkte,
- Beschwerden über zu hohe Beschaffungskosten
- etc.

---

421 Vgl. Kapitel IV, Abschnitt 6.3.2.

422 Auf diesen Auslöser wird aufgrund seiner Besonderheiten in Abschnitt 8 nochmals eingegangen.

423 Vgl. auch die Ausführungen in Kapitel III, Abschnitt 2.2.3.

Neben diesen originären Auslösern sind auch solche aus einem schon laufenden Internationalisierungsprojekt denkbar, nämlich dann, wenn das Internationalisierungskonzept vom Management oder den Mitgliedern nicht genehmigt wurde und ein neues oder modifiziertes Konzept erstellt werden muss.

Nachdem die Notwendigkeit einer Internationalisierung erkannt und das Projekt initiiert ist, erfolgt die eigentliche Erarbeitung des Internationalisierungskonzeptes. Das Vorgehen zur Erarbeitung und das Konzept als Endprodukt dieses Vorgehens wird in den Abschnitten 6 bis 8 dieses Kapitels näher vorgestellt.

Nach erfolgreichem Abschluss der Konzepterarbeitung folgt die *Realisierung*, welche die sach- und menschenbezogenen Massnahmen beinhaltet, die zur Verwirklichung der getroffenen strategischen Entscheide notwendig sind.[424] Die Realisierung kann verschiedene Bereiche umfassen. Es sind Anpassungen im organisatorischen Bereich vorzunehmen, beispielsweise durch die Schaffung neuer Abteilungen oder aber die organisatorische Verankerung zugekaufter oder selbst aufgebauter Unternehmen im Ausland. Die Internationalisierung muss also strukturell verankert und in der Organisation sichtbar werden. Hiermit eng verknüpft müssen die entsprechenden Veränderungen in den Führungsinstrumenten, wie in Budgetplänen oder Abrechnungssystemen, auf allen Ebenen vorgenommen werden. Hinzu kommt, dass die Ressourcenverteilung innerhalb der Einkaufskooperation neu überdacht und ausgestaltet werden muss, um die Internationalisierung von vornherein mit ausreichenden Mitteln auszustatten.[425]

Diese Phase hängt entscheidend davon ab, welche Tätigkeit, welcher Markt und welche Markteintrittsstrategie gewählt wurden, und kann somit von Einzelfall zu Einzelfall sehr verschieden ablaufen. Aus diesem Grunde scheint es nicht sinnvoll, ein Standardvorgehen zu

---

[424] Vgl. Grünig/Heckner (1996), S. 269.

[425] Vgl. zum ganzen Abschnitt Hill/Rieser (1990), S. 205 f., wobei sich die Autoren in ihren Ausführungen allgemein auf die Umsetzung einer Kernstrategie beziehen.

erarbeiten. Festzuhalten ist jedoch, dass das Management bei der Umsetzung eines Internationalisierungskonzeptes mit zusätzlichen Problemen im Vergleich zur Durchführung eines Projektes im Inland konfrontiert ist. Wie die eigene empirische Untersuchung ergab, können z.B. folgende Probleme auftreten:[426]

- sprachliche Verständigungsschwierigkeiten,
- kulturelle Unterschiede,
- unterschiedliche Qualitätsstandards,
- höhere Transaktionskosten aufgrund der geographischen Distanz.

Hinzu kommen Probleme, mit denen gerade Einkaufskooperationen aufgrund ihrer strukturellen Besonderheiten bei der Realisierung des Internationalisierungskonzeptes konfrontiert sein können. Dies trifft vor allem auf Genossenschaften zu, in denen die Mitglieder mehr als in anderen Einkaufskooperationen das begonnene Verfahren aus verschiedensten Gründen, z.B. aufgrund von ausbleibenden kurzfristigen Erfolgen, stoppen oder auch in der Projektplanung getroffene Entscheidungen modifizieren können.

Dieses sind Gründe, weshalb die Realisierung eines Internationalisierungskonzeptes den meist problematischsten Schritt bei der Internationalisierung darstellt. Die Probleme können jedoch im Vorfeld durch ein gut durchdachtes Internationalisierungskonzept antizipiert und zum Teil verhindert werden. So ist es beispielsweise durch den Einsatz eines nationalen Managements durch frühzeitige klare Abmachungen mit Sanktionsandrohungen oder auch Schulungen der betroffenen Mitarbeiter möglich, spätere Schwierigkeiten zu umgehen.[427] Zudem muss bei Einkaufskooperationen schon im laufenden Verfahren immer wieder eine breite Akzeptanz bei allen Einflussgruppen der Organisation sichergestellt werden.

Zusätzlich zur abschliessenden Evaluation, sollten Erarbeitung und

---

[426] Vgl. hierzu Kapitel IV, Abschnitt 6.3.2.
[427] Vgl. hierzu Kapitel IV, Abschnitt 6.3.2.

Realisierung des Internationalisierungskonzeptes begleitet sein von einer *laufenden Kontrolle.* Diese soll sicherstellen, dass die für im Konzept festgesetzten Unterziele, wie beispielsweise Zeit- und Budgetvorgaben, erreicht werden. Bei einer festgestellten Zielabweichung kann so frühzeitig gegengesteuert werden. Diese Ziele werden im ersten Schritt des Internationalisierungskonzeptes determiniert und müssen in bezug auf das Ausmass und die Dauer der Zielerreichung sowie im Kostenlimit klar definiert sein.

Sollten die Ziele nicht erreicht werden, kann dies verschiedene Ursachen und Konsequenzen haben. Es muss in diesem Fall überprüft werden, ob bei der Konzeptrealisierung Fehler begangen wurden, welche die Zielerreichung unmöglich machen. Des weiteren ist im Internationalisierungskonzept selber zu kontrollieren, ob die Ziele realistisch gesetzt waren oder ob bei der Auswahl von Tätigkeit, Land oder Markteintrittsstrategie von falschen Prämissen ausgegangen wurde. Diese sind gegebenenfalls anzupassen. Eventuell muss sogar die gesamte Internationalisierung rückgängig gemacht werden, was jedoch, abhängig vom Stadium des Internationalisierungsprozesses, mit sehr hohem Aufwand verbunden ist. Da die Kontrolle zumeist Aktivitäten im Ausland betrifft, ist die laufende Kontrolle schwieriger sicherzustellen als bei einer Tätigkeit im Inland.

Aufgrund dieser Probleme kommt dem letzen Schritt des Verfahrens, der abschliessenden *Evaluation*, eine wichtige Bedeutung zu. Der Schritt dient dazu, vor allem auch im Hinblick auf zukünftige Internationalisierungsprojekte, das abgeschlossene Internationalisierungskonzept insgesamt zu beurteilen. Es soll festgestellt werden, inwiefern gesetzte Ziele erreicht wurden und Verbesserungsvorschläge für zukünftige Projekte abgeleitet werden können. Die Evaluation sollte stattfinden, wenn das Internationalisierungskonzept umgesetzt und organisatorisch verankert ist und erste Zahlen zur Bewertung des Zielerreichungsgrades vorliegen. Aus diesem Grunde ist eine Evaluation in der Regel nicht vor sechs Monaten nach Abschluss des Projektes möglich. Sie sollte jedoch nicht später als ein Jahr nach Projektabschluss stattfinden, da sonst eventuell nicht dokumentierte Erfahrungen aus dem Prozess in Vergessenheit geraten.

Nachdem das Internationalisierungskonzept in seinen Kontext gestellt wurde, wird im folgenden Abschnitt das Verfahren zu seiner Erarbeitung vorgestellt.

6. Überblick über das Verfahren

Bevor im Verfahren dargestellt wird, wie ein Internationalisierungskonzept für Einkaufskooperationen erarbeitet werden sollte, wird zunächst der Begriff des Internationalisierungskonzeptes definiert.

In Anlehnung an den Konzeptbegriff von *Grünig,* wird ein Internationalisierungskonzept definiert als „ein auf Zusehen geltendes Grundsatzsystem, ... welches den Rahmen für die“[428] Internationalisierung einer Einkaufskooperation darstellt. Ein Internationalisierungskonzept ist das Dokument, in dem die Ergebnisse der Planung der Internationalisierung schriftlich fixiert sind.

Die Erarbeitung eines Internationalisierungskonzeptes stellt einen systematischen Prozess dar, in dessen Rahmen

- die Ziele des Internationalisierungsprojektes festlegt werden,
- die Massnahmen bestimmt werden, welche im In- und Ausland zur Verwirklichung der Ziele nötig sind und
- die benötigten Mittel abgeschätzt werden.

---

[428] Grünig (1996), S. 20. „Auf Zusehen hin“ bedeutet, dass das Konzept solange seine Gültigkeit behält, bis sich wesentliche, dem Konzept zugrunde liegende Grundannahmen ändern.

Damit entsteht ein Rahmen für die nachfolgenden Einzelentscheide und -massnahmen.

Das Konzept wird durch das Management der Einkaufskooperation erarbeitet, sollte jedoch durch die Mitglieder genehmigt werden. Aus diesem Grunde erscheint es sinnvoll, die Mitglieder bereits in die Organisation des Projekts, sei es als Mitglieder der Planungsgruppe oder durch regelmässige Entscheide über Teilbereiche des Projektes, einzubeziehen.

Die zwölf Schritte des Verfahrens zur Erarbeitung eines Internationalisierungskonzeptes gliedern sich in drei Gruppen (vgl. Abbildung 5-2):

a) Analysen,
b) substantielle Entscheidungen und
c) prozessuale Tätigkeiten.

Die *Analysen* der Schritte 2, 3, 6 und 8 haben zu Beginn der Internationalisierung stattzufinden, aber auch vor jeder der substantiellen Entscheidungen. In ihnen wird die Wissensbasis für die Entscheidungen erarbeitet. Ihnen kommt gerade bei der Internationalisierung eine grosse Bedeutung zu, da es sich vor allem um Analysen von Objekten im Ausland handelt, über die in der Regel weniger Erkenntnisse vorhanden und die schwieriger durchzuführen sind als bei Inlandsprojekten.

Die zweite Gruppe stellen die *substantiellen Entscheidungen* dar (Schritte 5, 7 und 9). Hierbei handelt es sich um die Schlüsselentscheide der Internationalisierung, die umfassend in Kapitel 3 behandelt wurden. Sie sind das Kernstück des Internationalisierungskonzeptes und legen den Rahmen der zukünftigen Auslandstätigkeit fest.

Im Gegensatz dazu enthalten die *prozessualen Tätigkeiten* (Schritte 1, 4, 10 und 11) Aktivitäten und Entscheidungen, die lediglich für das Vorankommen des Prozesses der Konzepterarbeitung wichtig sind. Diese Entscheidungen stehen demnach nicht auf derselben qualitativen Stufe wie die substantiellen und ändern nicht die Inhalte, sondern

Abbildung 5-2: Verfahren zur Erarbeitung eines Internationalisierungskonzeptes für Einkaufskooperationen[429]

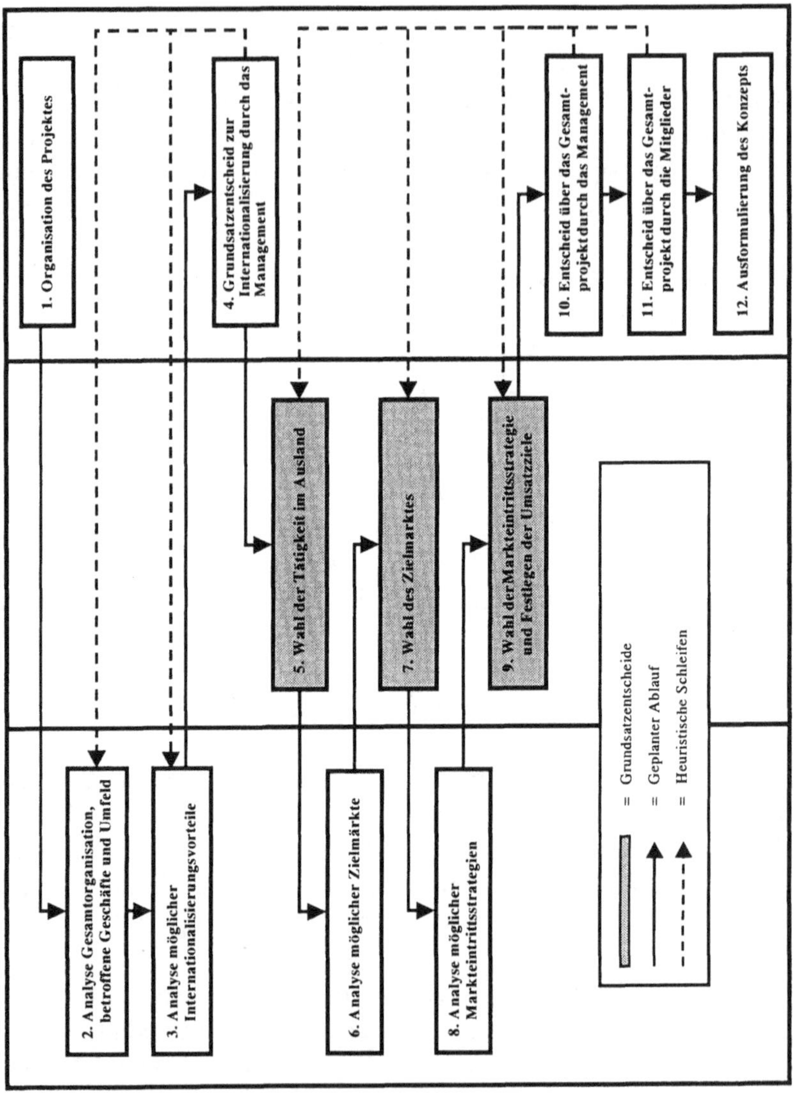

429 Quelle: Eigene Darstellung.

lediglich den Ablauf der Internationalisierung. Im folgenden wird das Verfahren zur Erarbeitung des Internationalisierungskonzeptes Schritt für Schritt vorgestellt.

In *Schritt 1* geht es zu Beginn des Verfahrens darum, den Ablauf der Konzepterarbeitung zu organisieren. Es muss eine Arbeitsgruppe gebildet und Ziele für diese vorgegeben werden. Bei der Bildung der Arbeitsgruppe ist unbedingt darauf zu achten, dass auch wichtige Vertreter aus dem Mitgliederkreis, seien dies Einzelhändler oder regionale Sektionen, hinzugezogen werden, um die Chancen einer späteren Akzeptierung des Konzeptes durch die Mitglieder zu erhöhen (Schritt 11).

So wird die EUROGROUP-Einkaufskooperation bei einer weitreichenden Internationalisierung Vertreter ihres grössten Mitgliedes, der deutschen REWE, mit in den Entscheidungsprozess einbeziehen müssen. Es darf jedoch nicht der in der Gruppe benötigte Sachverstand einer höheren Repräsentativität geopfert werden.

Zudem ist zu Beginn der zeitliche und finanzielle Rahmen der Konzepterarbeitung zu veranschlagen. Die Dauer der Erarbeitung hängt vor allem von der Zeit ab, welche für die Analysen aufgewendet wird, und ob manche Schritte oder ganze Teile des Verfahrens nochmals durchlaufen werden müssen, da sie von Mitgliedern oder dem Management nicht gutgeheissen wurden. Auch muss in diesem ersten Schritt die Frage geklärt werden, ob der Prozess durch einen externen Berater als Experten bzw. Moderator begleitet werden soll. Dies ist besonders dann sinnvoll, wenn in der Einkaufskooperation bislang noch kein Internationalisierungsprojekt durchgeführt wurde und der Berater diese Erfahrung einbringen kann. Ausserdem kann die Beteiligung eines externen Beraters vonnutzen sein, wenn Spannungen zwischen verschiedenen Einflussgruppen der Unternehmung, wie z.B. den Mitgliedern und dem Management, bestehen - vorausgesetzt, der Berater wird von allen Seiten als unabhängige Instanz akzeptiert.

Den möglichen Vorteilen eines externen Beraters stehen oftmals hohe

Kosten gegenüber. Dies kann gerade für Einkaufskooperationen problematisch sein, da diese grösstenteils zu den kleinen und mittleren Unternehmen zu rechnen sind und nur über beschränkte finanzielle Mittel verfügen.[430]

Ist diese anfängliche Planung abgeschlossen und die Projektorganisation etabliert, folgt in *Schritt 2* des Verfahrens die genaue Analyse des eigenen Unternehmens, vor allem aber des Umfeldes.[431] In bezug auf die Einkaufskooperation selber müssen die Stärken und Schwächen der Gesamtorganisation sowie der von einer Internationalisierung betroffenen Geschäftsfelder im Hinblick auf ein Auslandsengagement analysiert werden.[432]

Hierbei sind die Geschäftsfelder gesondert zu betrachten, da sie unterschiedlichen Umwelten und Marktsituationen gegenüberstehen können.[433] Als Analysemethoden eignen sich auf Gesamtunternehmensebene vor allem die Portfoliotechnik und auf Geschäftsfeldebene die Wertkettenmethode, auf welche hier nicht weiter eingegangen werden soll.[434] Ergebnis einer Unternehmensanalyse könnte die Erkenntnis sein, dass die Einkaufsaktivitäten der einzelnen Geschäftsfelder nicht gut aufeinander abgestimmt sind und optimiert werden müssen.

Bezüglich des Umfeldes gilt es allgemein, Chancen und Gefahren herauszufinden, welche die Einkaufskooperation in Zukunft betreffen. Es ist zu unterscheiden zwischen der Analyse der globalen Umwelt und

---

430 Die eigene empirische Untersuchung hat ergeben, dass keine der befragten international tätigen Einkaufskooperationen Berater bei der Internationalisierung eingesetzt hat (vgl. Kapitel IV, Abschnitt 6.3.2).

431 Vgl. zur strategischen Analyse *Aeberhard*, der auch auf das Problem der Grenzziehung zwischen Unternehmen und Umwelt hinweist (vgl. Aeberhard (1996), S. 40).

432 Vgl. zur Stärken- und Schwächenanalyse von international tätigen Unternehmen beispielsweise Meissner/ Auerbach (1992), S. 417 ff.

433 Vgl. u.a. Grünig/Heckner (1996), S. 269.

434 Zu diesen beiden Methoden, vgl. Porter (1986).

derjenigen des Marktes und der Branche.[435] Es gilt nicht nur, das inländische Umfeld zu analysieren, sondern vor allem auch das des Zielmarktes. Gerade diese Analyse ist jedoch aufgrund fehlender Erfahrung und Marktkenntnis mit zusätzlichen Problemen und Kosten verbunden. Bezüglich der globalen Umwelt muss das rechtliche, politische, kulturelle und wirtschaftliche Umfeld untersucht werden; die Analyse von Markt und Branche beschäftigt sich vor allem mir der Konkurrenzsituation und dürfte nach *Grünig/Heckner* das komplexeste Untersuchungsfeld darstellen.[436] Im Verlaufe einer Umfeldanalyse im Ausland könnten sich negative wirtschaftliche oder politische Entwicklungen im Inland offenbaren, die eine Internationalisierung bestimmter Tätigkeitsbereiche nahe legen. So könnte eine weitere Verteuerung der Preise für inländische Agrarprodukte eine deutsche Einkaufskooperation dazu bewegen, diese Güter vermehrt im Ausland zu beschaffen.

Die Unternehmens- und Umfeldanalyse stellt die Informationsbasis für das gesamte übrige Verfahren dar und sollte dementsprechend sorgfältig ausgeführt werden. Zeit, welche in diesen Schritt investiert wird, kann im weiteren Verlauf der Konzepterstellung viele Ressourcen sparen und im schlimmsten Falle verhindern, dass ein realisiertes Konzept aufgrund falscher Prognosen nach kurzer Zeit scheitert.

In *Schritt 3* folgt die *Analyse möglicher Internationalisierungsvorteile.* Diese können Standort-, Informations-, Grössen-, Verbund-, Internalisierungs- sowie Erfahrungsvorteile darstellen.[437] Es muss untersucht werden, welche dieser Vorteile für das Unternehmen anwendbar sind und einen wirklichen ökonomischen Nutzen, beispielsweise durch

---

[435] Vgl. Grünig (1992), S. 271, und zur Branchen- und Konkurrenzanalyse allgemein vor allem Porter (1980). Vgl. auch das Konzept der fünf Wettbewerbskräfte, welches sich ebenfalls eignet, die eigene Position in der Branche zu analysieren (vgl. hierzu Porter (1995), S. 4 ff.)

[436] Vgl. zur gesamten Umweltanalyse Grünig/Heckner (1996), S. 269, und zur Umfeld- und Unternehmensanalyse allgemein Steinmann/Schreyögg (1991), S 132 ff.

[437] Vgl. hierzu die Ausführungen zu dieser Thematik in Kapitel III, welche auf Mösslang (1995) basieren.

Kostensenkungen, mit sich bringen. So könnte die deutsche REWE-Einkaufskooperation untersuchen, ob sich durch ein gesamteuropäisches Netz der Penny-Märkte Verbundvorteile erzielen lassen. Nach Abwägung der Internationalisierungsvorteile geht es in diesem dritten Schritt vor allem um die Frage, ob die Tätigkeit, welche im Ausland vorgesehen ist, nicht ebenso gut oder besser im Inland ausgeführt werden könnte, wodurch internationalisierungsspezifische Probleme vermieden werden könnten. Zudem soll dieser Analyseschritt nochmals die Bedeutung der zu treffenden Entscheidungen vor Augen führen.

In *Schritt 4* muss daraufhin ein erster Grundsatzentscheid über die Internationalisierung der Unternehmensaktivitäten getroffen werden. Dieser Schritt ist die Konsequenz der beiden vorgelagerten Analyseschritte und deshalb notwendig, da die Internationalisierung einen Prozess von grosser Tragweite darstellt und der feste Wille im Management vorhanden sein muss, die Internationalisierung konsequent durchzuführen. So wurde in empirischen Untersuchungen zur Internationalisierung herausgefunden, dass ein solches Projekt die volle Unterstützung und Aufmerksamkeit des Top-Managements erfordert.[438] Sollten die Analysen Zweifel an einem möglichen Erfolg des Internationalisierungsvorhabens aufgeworfen haben, sind die Analysen der Schritte 2 und 3 zu wiederholen und zu intensivieren oder gegebenenfalls das Projekt zu beenden.

Nach diesem Grundsatzentscheid folgt in *Schritt 5* der erste Schlüsselentscheid der Internationalisierung, die *Wahl der Tätigkeit im Ausland.* Diesem Schritt ist keine Analyse möglicher Tätigkeiten vorgelagert, da sie bereits im Rahmen der Unternehmensanalyse vorgenommen wurde. Bei diesem Schritt stehen für Einkaufskooperationen grundsätzlich folgende Tätigkeiten zur Auswahl:[439]

---

[438] Vgl. implizit die Studien von Bumbacher (1994) und Hill et al. (1995).

[439] Vgl. hierzu Frage 2.1 des Fragebogens für die bereits international tätigen Unternehmen. Die empirische Untersuchung hat eine klare Präferenz zum Einkauf ergeben.

- Einkauf,
- Anbieten von Dienstleistungen für Mitglieder und Nicht-Mitglieder,
- Verkauf von Gütern an Mitglieder und Nicht-Mitglieder,
- Produktion von Gütern,
- Forschung und Entwicklung und
- Gewinnung bzw. Pflege von Mitgliedern.

Die eigene Untersuchung ergab, dass besonders die ersten beiden Punkte Tätigkeiten darstellen, welche von Einkaufskooperationen auch im Ausland betrieben werden, aber ebenso der Mitgliedergewinnung ein grosser Stellenwert eingeräumt wird.[440] Es ist jedoch auch denkbar, dass Einkaufskooperationen aus Kostengründen eigene Produktionsbetriebe oder Forschungsaktivitäten ins Ausland verlagern.

Nachdem sich das Management der Einkaufskooperation für eine oder mehrere Tätigkeiten entschieden hat, geht es in *Schritt 6* darum, mögliche Zielmärkte zu analysieren, welche für die Ausübung der gewählten Tätigkeit sinnvoll erscheinen. Wie die eigene Untersuchung gezeigt hat, werden hierbei vordringlich kulturell verwandte Länder in Betracht gezogen.[441] Beispiele sind die Engagements der Markant oder der REWE in Österreich oder der Nord-West-Ring in Holland.

Als Methode zur Auswahl eines Ziellandes kann ein Portfolio-Ansatz zu Hilfe genommen werden, wobei zur Analyse einerseits die *Marktattraktivität* und andererseits die *Möglichkeit der Übertragbarkeit von heimischen Wettbewerbsvorteilen* als Dimensionen verwendet werden könnten. Unter der Dimension der Marktattraktivität könnten je nach Situation und Einkaufskooperation folgende Merkmale herangezogen und mittels eines Punkteschemas bewertet werden:

---

440 Vgl. Kapitel IV, Abschnitt 6.3.2.

441 Vgl. Kapitel IV, Abschnitt 6.3.2, sowie Grünig/Heckner (1996), S. 272.

- ähnliche ökonomische, sozio-kulturelle, technologische, rechtlich-politische Rahmenbedingungen,
- geringere Konzentration als im Heimmarkt,
- Übernahmemöglichkeit eines Unternehmens im Zielland,
- Wachstum, Potential, Preisniveau, Lebenszyklus, Wettbewerbsintensität sowie
- Rahmenbedingungen wie Einfuhrzölle, Reglementierungen, Steuerhindernisse, Importbarrieren, Grundstückserwerb.

Die Dimension *Übertragbarkeit von Wettbewerbsvorteilen* soll aufzeigen, inwiefern auf dem Heimmarkt bestehende Stärken in bezug zur Konkurrenz auf anderen Märkten genutzt werden können. Der Schritt der Länderanalyse kürzt sich bei Einkaufskooperationen dann entschieden ab, wenn man ein bestimmtes Gut einkaufen möchte, welches nur in einem oder wenigen Ländern vorkommt oder produziert wird.[442]

In *Schritt 7* folgt als Resultat aus Schritt 6 die Auswahl von einem oder mehreren Zielmärkten, von denen man annimmt, dass in ihm bzw. ihnen die gewählte Tätigkeit optimal ausgeübt werden kann. Der Zielmarkt kann in manchen Fällen vorgegeben sein. Ein Beispiel in der Praxis wäre, wenn eine Textil-Einkaufsgenossenschaft aus Imagegründen eine Repräsentanz in Mailand oder Paris eröffnet.

Als letzter Analyseschritt schliesst sich in *Schritt 8* die *Analyse möglicher Markteintrittsformen* an, die in Abhängigkeit von der gewählten Tätigkeit und des Zielmarktes[443] für die Implementierung des internationalen Engagements gewählt werden sollen.

---

442 Ein Beispiel könnten Qualitäts-Uhren aus der Schweiz, Skischuhe aus Italien, Frankreich oder Österreich oder gewisse Pelzarten aus Russland sein.

443 In der eigenen empirischen Analyse gab jedoch keine Einkaufskooperation an, dass die gewählte Strategie einen Bezug zum gewählten Zielland hätte (vgl. Kapitel IV, Abschnitt 6.3.2). Jedoch ist diese Abhängigkeit in manchen Situationen vorstellbar und wahrscheinlich.

Hierbei kommen grundsätzlich folgende Möglichkeiten in Frage:[444]

- direkte Bestellung von Waren (Import/Export),
- länderübergreifende Kooperationen,
- Franchising,
- Joint Venture,
- Akquisition,
- Fusion,
- Aufbau einer Tochtergesellschaft und
- Repräsentanzen im Ausland.

In *Schritt 9* wird daraufhin die Entscheidung über die Markteintrittsstrategie getroffen.[445] Es hat sich gezeigt, dass in der Realität alle diese Strategien zur Anwendung kommen. So stellt die Zusammenarbeit zwischen der deutschen EDEKA und der österreichischen ADEG eine länderübergreifende Kooperation dar, die Nord-West-Ring verfügt über international agierende Franchising-Ketten (z.B. Quick-Schuh) und die Ariston Schuh-Einkaufskooperation unterhält ein Joint Venture mit einer polnischen Firma. Eine Akquisition ist die 50%-Beteiligung der Kaufring AG an der Sono-Centra-Einkaufsgesellschaft/Hongkong. Beispiel der Gründung einer Tochtergesellschaft ist der Aufbau einer Beschaffungsgesellschaft durch die Markant-Einkaufskooperation in Spanien.

Zusätzlich werden die mittel- bis langfristigen Ziele, insbesondere die Umsatzziele, für die Internationalisierung festgelegt. Die Ziele sind unabdingbar für die Kontrolle der Umsetzung des Konzeptes und direkt mit der Wahl der Strategie verknüpft. So ist in Abhängigkeit von

---

444 Zu Vor- und Nachteilen der einzelnen Strategien sowie ihrer Relevanz für Einkaufskooperationen, vgl. die diesbezüglichen Ausführungen in Kapitel III.

445 Eine Möglichkeit der Auswahl einer Markteintrittsstrategie stellt *Weiss* vor, die eine Entscheidung anhand der Höhe der durch den Entscheid entstehenden Transaktionskosten in Verbindung mit dem daraus resultierenden Kooperationsbedarf vorschlägt (vgl. Weiss (1996), 65 ff.). Da die Höhe der Transaktionskosten jedoch schwer messbar ist und die Einschätzung des Kooperationsbedarfs von vielen situativen und branchenspezifischen Faktoren abhängt, soll auf diesen Ansatz nicht weiter eingegangen werden.

den Vorstellungen über die Umsatzentwicklung eine aggressivere Strategie, wie z.B. eine Akquisition, oder eine weniger aggressive Strategie, wie beispielsweise ein Joint Venture, zu wählen. Aus der Wahl der Markteintrittsstrategie ergibt sich zudem, wie die Tätigkeit im Ausland organisatorisch in der Einkaufskooperation verankert wird. Je nach gewählter Tätigkeit und gewähltem Zielmarkt, kann die Strategie bei bestimmten Kombinationen von Tätigkeiten und Zielländern bereits vorgegeben sein.[446]

Schritt 10 beinhaltet den Entscheid des Managements über das Gesamtprojekt, wobei noch einmal überprüft werden muss, ob das Projekt in sich stimmig und realistisch ist. Sollte dies nicht oder nur bedingt der Fall sein, muss eventuell eine andere Tätigkeit, ein anderes Zielland oder eine andere Markteintrittsstrategie gewählt werden. Zudem sollten in dieser Phase Projekte und Programme zur Umsetzung der getroffenen Entscheidungen festgelegt und die Realisierungsphase bezüglich Zeit- und Kostenrahmen umschrieben werden.[447]

Als der für Einkaufskooperationen charakteristischste Vorgang folgt in *Schritt 11* der Entscheid über das Gesamtkonzept durch die Mitglieder. Sollten diese das Konzept nicht wie vorgelegt akzeptieren, so ist – analog zum vorangegangenen Schritt - auf die Schlüsselentscheidungen zurückzukommen. So ist denkbar, dass Mitglieder, die nur bestimmte Produkte von der Einkaufskooperation beziehen, gegen eine Internationalisierung sind, wenn von dieser bei allen Kosten für ein solches Projekt keine Preissenkung in den von ihnen bezogenen Produktgruppen erwartet wird.[448] Im ungünstigsten Fall kann das Gesamtprojekt

---

[446] Beispiel wäre das staatlich vorgeschriebene Eingehen eines Joint Ventures in bestimmten Ländern.

[447] Vgl. Grünig/Heckner (1996), S. 270, welche diesen Schritt in ihrem Verfahren in der Phase der Erarbeitung der Geschäftsfeldstrategien verankern.

[448] Ein Pelzeinzelhändler, der aus sortimentspolitischen Gründen keine Zobel im Angebot führt, wird der Eröffnung eines Handelskontors in Russland durch seine Einkaufskooperation, das dazu dient, dort günstiger Zobel einzukaufen, eher negativ gegenüber stehen, da er durch seinen Beitrag andererseits die Kosten der Internationalisierung mitträgt.

hier sogar verworfen werden. Dem kann, wie bereits eingangs erwähnt, durch frühzeitige Beteiligung der Mitglieder am Internationalisierungsprozess entgegengewirkt werden.

Der *zwölfte* und letzte *Schritt* des Verfahrens stellt die Ausformulierung des Internationalisierungskonzeptes dar. Die Erstellung eines Dokumentes ist wichtig, da dieses dadurch verbindlich wird und zur Kontrolle und für spätere Projekte in Schriftform vorliegt. Wie ein solches Dokument konkret aufgebaut sein sollte und welche Inhalte ein allgemeingültiges Internationalisierungskonzept zwingend umfassen sollte, ist in Abschnitt 7 dargestellt.

Der Verfasser ist der Überzeugung, dass durch ein auf diese Weise erstelltes Internationalisierungskonzept sichergestellt werden kann, dass das Internationalisierungsprojekt systematisch abläuft und keine wesentlichen Punkte unbeachtet bleiben. Es sei jedoch nochmals darauf hingewiesen, dass dieses Verfahren den Besonderheiten der konkreten Situation anzupassen ist.

7. Aufbau und Inhalt des Internationalisierungskonzeptes als Resultat

Aus dem Verfahren zur Erarbeitung des Internationalisierungskonzeptes ergibt sich der Aufbau eines solchen Dokuments, das in Abbildung 5-3 dargestellt ist.

Das Dokument fasst die wichtigsten Entscheide und die Grundlagen, auf welchen diese getroffen wurden, zusammen. In Zentrum stehen die drei strategischen Schlüsselentscheide, die Fragen nach dem *was*, *wo* und *wie*. Diesen vorangestellt sind die Analysen der eigenen Einkaufskooperation sowie der Umwelt, welche die allgemeine Basis für die Auswahl der Tätigkeit, des Landes und der Strategie. Es erscheint

Abbildung 5-3: Aufbau und Inhalt eines Internationalisierungskonzeptes für Einkaufskooperationen[449]

INTERNATIONALISIERUNGSKONZEPT
1. Ziele der Internationalisierung
2. Zusammenfassung der Chancen- und Gefahrenanalyse
3. Art der Tätigkeit im Ausland *Begründung der Wahl:*
4. Zielland der Internationalisierung *Begründung der Wahl:*
5. Markteintrittsstrategie *Begründung der Wahl:*
6. Grober Umsetzungsplan
7. Verantwortliche Stellen
akzeptiert durch Geschäftsleitung und Mitgliederversammlung

[449] Quelle: Eigene Darstellung.

wichtig, diese Analysen kurz zusammenzufassen, um die Prämissen und den Rahmen für die getroffenen Entscheide deutlich zu machen.

Neben diesen allgemeinen Analysen, sollten in den kurzen Begründungen für die Wahl von Tätigkeit, Land und Strategie die Ergebnisse der Analysen zusammenfasst werden, welche zur Auswahl der konkreten Entscheidungsalternative geführt haben. So sollte beispielsweise dargestellt werden, warum man dieses Zielland und kein anderes gewählt hat. Auch sollten weitere Möglichkeiten aufgeführt werden, die sich in den Diskussionen ergeben haben und die Ausweichmöglichkeiten darstellen könnten, wenn die gewählte Alternative beispielsweise aufgrund kurzfristiger politischer Veränderungen nicht realisierbar ist. Des weiteren sollte das Dokument einen groben Umsetzungsplan vorsehen. Dieser sollte die Hauptaufgaben und dazugehörige Eckdaten enthalten und so die Basis für die laufende Kontrolle darstellen. Zu Projektbeginn kann aufgrund dieses Plans ein detaillierter Masterplan für die Projektumsetzung von der Projektgruppe ausgearbeitet werden. Schliesslich sollen die verantwortlichen Stellen für die Konzeptumsetzung bestimmt sein.

Da es sich bei einem Internationalisierungskonzept um ein internes Papier handelt, das interessante Informationen für etwaige Konkurrenten enthalten kann, sollte es streng vertraulich behandelt werden. Es ist so auch im Einzelfall zu entscheiden, ob das Dokument oder nur die wichtigsten Ergebnisse allen Mitgliedern zugänglich gemacht werden.

8. Variante der Verfahrensanwendung für den Fall eines Kaufangebotes für ein Unternehmen im Ausland

Obwohl davon ausgegangen wird, dass das vorgestellte Verfahren unabhängig von Umfeld und Auslöser allgemeine Gültigkeit für die

Internationalisierung von Einkaufskooperationen besitzt, erscheint in einem Fall eine grundlegende Änderung bzw. Anpassung des Ablaufs des Internationalisierungskonzeptes sinnvoll.

Es handelt sich um den Sonderfall einer Internationalisierung, bei dem einer Einkaufskooperation ein Unternehmen im Ausland zu Kauf angeboten wird. Aus folgenden Gründen ist in diesem Fall das Verfahren anzupassen:

1. Eine solche Situation ist in der Regel von hohem Zeitdruck geprägt, weswegen die Entscheide und Analysen, falls Interesse am angebotenen Unternehmen besteht, schnell und unbürokratisch vorzunehmen sind. Aus diesem Grunde wird es in vielen Fällen nicht möglich sein, die Zustimmung aller Mitglieder einzuholen. Oftmals wird man sich auf die Konsultation einiger weniger Schlüsselmitglieder beschränken müssen.
2. Der Impuls für die Internationalisierung kommt in diesem Fall zumeist nicht vom Management oder den Mitgliedern, sondern von externer Seite.
3. Zwei der drei substantiellen Entscheidungen, die Wahl der Eintrittsstrategie und des Zielmarktes, sind gegeben, und es bedarf zu diesen Punkten keiner weiteren Entscheidungen und Analysen. Die Wahl der Tätigkeit ist ebenfalls oft schon vorbestimmt, auch wenn in manchen Fällen die Möglichkeit bestehen kann, die Tätigkeit des gekauften Unternehmens zu erweitern, einzuschränken oder zu modifizieren. Lediglich die grundsätzliche Entscheidung für oder gegen einen Kauf ist noch offen.

Das aufgrund dieser Einschränkungen modifizierte Verfahren ist in umseitiger Abbildung 5-4 dargestellt. Auf eine umfassende Erläuterung des Schemas soll hier verzichtet werden; die dargestellten Schritte sind nach Meinung des Verfassers selbsterklärend.

9. Zusammenfassung der Ergebnisse des 5. Kapitels

- In diesem Kapitel wurde ein Verfahren entwickelt, das zum Ziel hat, Entscheidungsträgern in Einkaufskooperationen eine Anleitung zu geben, welche Schritte sie zu unternehmen haben, um eine Konzept für die Internationalisierung ihres Unternehmens oder eines Geschäftsfeldes zu entwickeln. Hierdurch soll gewährleistet werden, dass die Internationalisierung vollständig und strukturiert abläuft.
- Das Verfahren ist besonders für diejenigen Unternehmen geeignet, welche vor einer erstmaligen Internationalisierung stehen und bislang also noch überwiegend auf dem nationalen Markt tätig sind. Es kann jedoch auch Einkaufskooperationen dienen, welche bereits mit der Verlagerung Ihrer Tätigkeit ins Ausland begonnen haben bzw. seit längerer Zeit im Ausland agieren.
- Das Verfahren wurde stufenweise, aufbauend auf der Literaturanalyse, der schriftlichen Befragung und der Experteninterviews entwickelt. Es sind also die Erkenntnisse aller Teile dieser Arbeit in seine Erarbeitung eingeflossen.
- Die Erarbeitung eines Internationalisierungskonzeptes ist nicht als isolierter Prozess zu verstehen, der losgelöst von der Umwelt abläuft. Sie ist in einen Kontext eingebettet, der weitreichende Auswirkungen auf und Wechselwirkungen mit dem Internationalisierungskonzept aufweisen kann. Dieser Kontext besteht aus vier Elementen: dem Auslöser, der Realisierung, der Evaluation und der laufenden Kontrolle.
- Die Erarbeitung eines Internationalisierungskonzeptes stellt einen Prozess dar, der für einen bestimmten Zeitraum in der Zukunft die Ziele des Internationalisierungsprojektes festlegt, die Massnahmen bestimmt, welche im In- und Ausland zur Verwirklichung der Ziele nötig sind und die Mittel abgeschätzt, die zur Ausführung der Massnahmen benötigt werden, um so die unsicheren Entscheidungen, die von Faktoren im Heim- und Zielmarkt abhängen, zu erleichtern. Das daraus resultierende Internationalisierungskonzept

Abbildung 5-4: Verfahren zur Erarbeitung eines Internationalisierungskonzeptes im Fall eines Kaufangebotes für ein Unternehmen im Ausland[450]

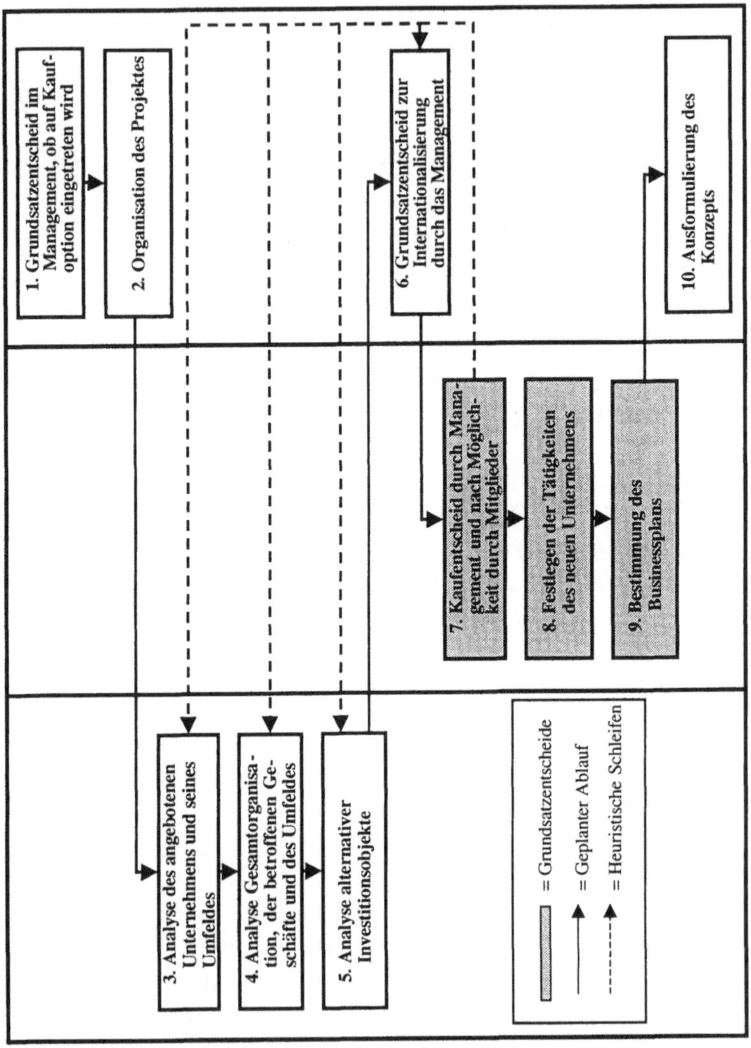

450 Quelle: Eigene Darstellung.

enthält somit die Ergebnisse der Planung der Internationalisierung. Es wird durch das Management der Einkaufskooperation erarbeitet, sollte jedoch durch die Mitglieder genehmigt werden. Aus diesem Grunde erscheint es sinnvoll, die Mitglieder bereits in die Organisation des Projekts, sei es als Mitglieder der Planungsgruppe oder aber durch regelmässige Entscheide über Teilbereiche des Projektes, einzubeziehen. Die Erarbeitung eines Internationalisierungskonzeptes setzt sich grob aus drei Gruppen von Tätigkeiten zusammen: *Analysen*, die der Untersuchung der Einkaufskooperationen und ihrer Umwelt dient, *substantiellen Entscheidungen*, welche die drei Grundentscheidungen der Internationalisierung umfassen, und *prozessualen Tätigkeiten*, die für das Vorankommen des Erarbeitungsprozesses eine Rolle spielen.

- Der Erarbeitungsprozess widerspiegelt sich in der Struktur des Internationalisierungskonzeptes, welches das Ergebnis des Prozesses darstellt. Es umfasst die Zielsetzung des Projekts, eine Zusammenfassung der Unternehmens- und Umweltanalyse, gibt die getroffenen Schlüsselentscheide der Internationalisierung wieder und enthält Begründungen ihrer Wahl, um die Entscheidungen nachvollziehbar zu machen. Schliesslich sollte das Internationalisierungskonzept einen Umsetzungsplan enthalten, der verdeutlicht, wie die getroffenen Entscheide realisiert werden sollen, und Verantwortlichkeiten definieren.
- Obwohl davon ausgegangen wird, dass das vorgestellte Verfahren unabhängig von Umfeld und Auslöser allgemeine Gültigkeit besitzt, erscheint im Sonderfall, bei dem einer Einkaufskooperation ein Unternehmen im Ausland zum Kauf angeboten wird, eine Anpassung der Erarbeitung des Internationalisierungskonzeptes sinnvoll. Eine solche Situation ist in der Regel von hohem Zeitdruck geprägt und der Impuls für die Internationalisierung kommt in diesem Fall nicht vom Management oder den Mitgliedern, sondern von externer Seite, so dass zwei der drei substantiellen Entscheidungen, die Wahl der Eintrittsstrategie und des Zielmarktes, gegeben sind.

VI. Schluss und Ausblick

1. Überblick

Das Kapitel hat zum Ziel, die wesentlichen Fragen dieser Arbeit nochmals zusammenfassend aufzugreifen, um ein allgemeingültiges Fazit der Dissertation zu ziehen. Hierauf aufbauend wird ein Ausblick auf die zukünftige Entwicklung der Einkaufskooperationen vorgenommen und aufgezeigt, in welchen Bereichen die vorliegende Arbeit weitere Fragestellungen aufwirft, die Ausgangspunkt für zukünftige Studien darstellen können.

2. Zusammenfassung

Eingangs dieser Arbeit wurden eine Hauptzielsetzung formuliert, welche diese Dissertation verfolgt: die Erarbeitung eines praktisch-normativen Verfahrens zur Erstellung von Internationalisierungskonzepten für diese Art von Unternehmen.

Wie diese Arbeit insgesamt, so wird sich auch die Zusammenfassung an diesem Ziel orientieren. So wird im folgenden aufgezeigt, welches die wesentlichen neuen Erkenntnisse über die Einkaufskooperationen, deren Internationalisierung und darauf aufbauend, aus dem im vorangegangenen Kapitel erarbeiteten praktisch-normativen Verfahren waren.

Nach der Einleitung des ersten Kapitels, zielte das zweite Kapitel insbesondere darauf ab, die Grundlagen zu den Einkaufskooperationen des Einzelhandels zu erarbeiten. *Einkaufskooperationen des Einzelhandels* wurden als Integrationsformen des Handels verstanden, die durch Kooperation selbständiger Einzelhandelsbetriebe entstanden sind. Wesensmerkmale sind die Förderung der Mitglieder als primäre Zielsetzung, die Rückwärtsintegration und die Freiwilligkeit des Zusammenschlusses. Einkaufskooperationen wurden hauptsächlich von kleinen und mittleren Unternehmen gegründet, um im Wettbewerb mit den Grossunternehmen der Branche bestehen zu können. Die Hauptfunktion von Einkaufskooperationen stellt auch heute noch der kostengünstigere gemeinsame Einkauf dar, wobei eine Entwicklung hin zu Full-Service-Kooperationen erfolgt ist, die ihren Mitgliedern, aber auch anderen Unternehmen ein breites Service-Angebot zur Verfügung stellen.

Eine Betrachtung der Bedeutung der Einkaufskooperationen in der Schweiz, Deutschland und Österreich ergab, dass Einkaufskooperationen in der Schweiz eine eher untergeordnete Bedeutung haben und zumeist national tätig sind. Einkaufskooperationen in Deutschland sind stark verbreitet, wobei der Lebensmittelbereich den weitaus wichtigsten Sektor für diese Organisationen darstellt. Auch in Österreich existieren die wichtigsten Einkaufskooperationen im Food-Sektor. Die Besonderheit in diesem Land stellt die pflichtmitgliedschaftliche Dachorganisation dar.

Das dritte Kapitel hatte zum Ziel, die Internationalisierung von Einkaufskooperationen im deutschsprachigen Raum darzustellen. Hierbei standen insbesondere die drei strategischen Grundfragen bei einer Internationalisierung im Vordergrund: *was* möchte ich im Ausland tun, *wo* will ich es tun und *mit welcher Strategie* möchte ich Tätigkeiten im Ausland implementieren. In bezug auf die Tätigkeiten kommt neben den an den Unternehmensfunktionen orientierten Aktivitäten Einkauf, Verkauf, Produktion und Forschung und Entwicklung bei Einkaufskooperationen noch diejenige des Aufbaus einer Mitgliederbasis hinzu. Bei den Internationalisierungstrategien kommen für Einkaufskooperationen dem Import und Export und den kooperativen Strategien eine besondere Bedeutung zu. Zum Abschluss des Kapitels wurde deutlich gemacht, dass die Internationalisierung der Einkaufskooperationen bislang kaum erforscht ist.

Ziel der empirischen Untersuchung in Kapitel IV war es, neues Faktenwissen über alle relevanten Aspekte der Internationalisierung von Einkaufsgenossenschaften im deutschsprachigen Raum zu erarbeiten, um einerseits die Lücke in der betriebswirtschaftlichen Forschung zu schliessen und insbesondere dazu beizutragen, eine praktisch-normative Vorgehensempfehlung zur Erarbeitung eines Internationalisierungskonzeptes erarbeiten zu können. Die wichtigsten Ergebnisse waren die folgenden:

- Ob eine Einkaufsvereinigung internationalisiert, ist unabhängig von ihrer Grösse.
- Die wichtigste Tätigkeit der Einkaufskooperationen stellt sowohl im Inland als auch Ausland nach wie vor der Einkauf dar.
- Als Zielländer der Internationalisierung werden vor allem geographisch und auch kulturell gesehen benachbarte Länder bevorzugt. Gerade in neuerer Zeit werden auch entferntere Zielländer bearbeitet. Osteuropa wird hierbei als der zukünftig wichtigste Markt neben Westeuropa gesehen.
- Ausschlaggebende Wahlkriterien der Zielländer sind vor allem die Verfügbarkeit von Waren und Kostenaspekte.
- Probleme bei der Internationalisierung ergaben sich vor allem in sprachlicher und kultureller Hinsicht.
- Der Anteil des im Ausland erzielten Einkaufsvolumens am Gesamtvolumen ist bei einem Großteil der Einkaufsgenossenschaften noch gering.
- Als Motive für die Internationalisierung wurden am häufigsten die Erschliessung neuer Märkte, bessere Beschaffungsmöglichkeiten, Wünsche aus dem Mitgliederkreis, die Sicherung bestehender Märkte sowie die Überwindung von Importbarrieren genannt.

- Als Strategie zur Internationalisierung wurden besonders für Einkaufskooperationen typische Optionen gewählt, wie die Internationalisierung durch die Aufnahme ausländischer Mitglieder, der reine Einkauf im Ausland sowie Kooperationen mit ausländischen Partnern.
- 65% der international tätigen Einkaufskooperationen besitzen Mitglieder im Ausland, jedoch machen diese in der Regel nur einen sehr geringen Anteil aus, größtenteils unter 10%.
- 40% der nicht international tätigen Einkaufskooperationen haben in den nächsten drei Jahren geplant, international tätig zu werden.
- Gründe, warum die Einkaufskooperationen bislang noch nicht international tätig sind, waren insbesondere die fehlende Unternehmensgrösse, fehlende Kenntnisse über die ausländischen Märkte, die genossenschaftliche Rechtsform, steuerliche Aspekte sowie staatliche Regelungen und Normen.
- Ausländische Unternehmen stiessen auf Hindernisse, in der Schweiz aktiv zu werden. Dies war im umgekehrten Fall nicht nachweisbar.

Kernstück dieser Arbeit stellte das Verfahren zur Erarbeitung von Internationalisierungskonzepten für Einkaufskooperationen des Einzelhandels dar (Kapitel V). In die Erarbeitung dieses Verfahrens sind die wesentlichen Erkenntnisse sämtlicher Teile dieser Arbeit eingeflossen.

Die Erarbeitung eines Internationalisierungskonzeptes stellt einen systematischen Prozess dar, in dessen Rahmen die Ziele des Internationalisierungsprojektes festlegt werden, die Massnahmen bestimmt werden, welche im In- und Ausland zur Verwirklichung der Ziele nötig sind und die benötigten Mittel abgeschätzt werden. Damit entsteht ein Rahmen für die nachfolgenden Einzelentscheide und -massnahmen. Das daraus resultierende Internationalisierungskonzept dient somit der genauen Planung der Internationalisierung. Die Erarbeitung eines Internationalisierungskonzeptes setzt sich aus drei Gruppen von Tätigkeiten zusammen: *Analysen*, welche der Untersuchung der

Einkaufskooperationen und ihrer Umwelt dienen, *substantiellen Entscheidungen*, welche die drei Grundentscheidungen der Internationalisierung umfassen, und *prozessualen Tätigkeiten*, die für das Vorankommen des Erarbeitungsprozesses eine Rolle spielen. So beinhaltet ein Internationalisierungskonzept eine Zusammenfassung der Unternehmens- und Umweltanalyse, gibt die getroffenen Schlüsselentscheide der Internationalisierung wieder und enthält Begründungen ihrer Wahl, um die Entscheidungen nachvollziehbar zu machen. Es sollte immer auch einen Umsetzungsplan enthalten, der die Implementierung und die Einhaltung der gesetzten Ziele sicherstellt.

3. Ausblick und weitergehende Fragestellungen

Nachdem insbesondere durch den deskriptiven und den empirischen Teil der Kapitel I bis IV aufgezeigt wurde, wo der Sektor der Einkaufskooperationen in Deutschland, der Schweiz und Österreich heute steht, dient der folgende Abschnitt dazu, einen Ausblick auf die zukünftige Entwicklung des Sektors vorzunehmen. Die Aussagen zu dieser Entwicklung beruhen hierbei hauptsächlich auf Einschätzungen des Verfassers.

Beispielhaft werden im folgenden drei Entwicklungen betrachtet, mit denen sich Einkaufskooperationen in Zukunft konfrontiert sehen:

- Verstärkte Konkurrenz und Konzentration zwischen Detailhandelsunternehmen
- Verstärkte Konkurrenz und Konzentration unter den Kooperationen auf nationaler und europäischer Ebene
- Verstärkte Konkurrenzierung der Einzelhändler durch Einkaufskooperationen

Die *verstärkte Konkurrenz im Detailhandel* wird umfassende Konsequenzen für die Einkaufskooperationen haben. Sie wird dazu führen, dass sich auch in Zukunft die seit längerem bestehende Tendenz fortsetzen wird, dass mittlere und kleine Detailhandelsunternehmen, auch wenn sie einer Einkaufskooperation angeschlossen sind, nicht mehr profitabel sind und nach einer gewissen Zeit vom Markt verschwinden.[451] Einzige Ausnahme dieser Tendenz dürften einige wenige, spezialisierte Nischenanbieter sein, die insbesondere in Agglomerationen anzutreffen sind.[452]

Diese Strukturbereinigung im Detailhandel wird für Einkaufskooperationen in Zukunft verstärkt die Auswirkung haben, dass die Mitgliederzahlen zurückgehen, die durch die Einkaufskooperationen getätigten Umsätze jedoch gleich bleiben oder gar leicht ansteigen. Es wird auch zu einer weiteren Verlagerung der Dienstleistungspalette der Kooperationen kommen, da grössere Detailhandelsunternehmen höhere Anforderungen in bezug auf die angebotenen Dienstleistungen der Einkaufskooperationen stellen. Diesen Anforderungen müssen die Kooperationen nachkommen, da es sich um grosse und somit wichtige Mitglieder handelt. Insofern wird sich der Trend hin zu Full-Service-Kooperationen verstärken.

Eine zusätzliche Auswirkung der Konzentration in Detailhandel ist eine weitere Verknappung der potentiellen Mitgliederbasis im Inland. Um nicht auf lange Sicht nur noch sehr wenige, sehr grosse Mitglieder zu besitzen, müssen sich Einkaufskooperationen daher vermehrt bemühen, Mitglieder im Ausland zu rekrutieren.

Aus der zunehmenden Konkurrenz und Konzentration im Detailhandel folgt die zweite grosse Herausforderung, der sich die Einkaufskooperationen in Zukunft zu stellen haben, die *zunehmende Konkurrenz und Konzentration unter den Einkaufskooperationen* auf nationaler, vor allem aber auch auf internationaler Ebene.

---

451 Diese Entwicklung ist in der Schweiz als „Lädelisterben" bekannt; vgl. die Ausführungen in Kapitel II.

452 Vgl. zu diesen Ausführungen auch Sheth/Rajendra (1998), S. 2 f.

Auf nationaler Ebene sehen sich Einkaufskooperationen in vielen Branchen bereits heute einer steigenden Konkurrenz ausgesetzt. Diese manifestiert sich auf zwei Ebenen: einerseits werden in einigen Branchen neue „klassische“ Einkaufskooperationen gegründet, die dem Detailhandel eine breite Dienstleistungspalette mit dem Schwerpunkt des gemeinsamen Einkaufs offerieren. Andererseits treten Anbieter auf den Markt, die den Einzelhändlern ausschliesslich einige wenige Spezialdienstleistungen bieten, welche die Einkaufskooperationen nur am Rande abdecken können, die jedoch für die Einzelhändler eine bedeutende Rolle spielen (z.B. im Marketing-Bereich). Diese führen dazu, dass Detailhandelsunternehmen die Kooperationen verlassen und gezielt nur die gewünschten Dienstleitungen einkaufen.

Wie auch im Detailhandel, wird es zudem in Zukunft verstärkt zu Zusammenschlüssen im Bereich der Einkaufskooperationen kommen, die sich zumeist auf nationaler Ebene abspielen werden.[453] Auf internationaler Ebene wird es verstärkt zum Zusammenschluss von international tätigen Einzelhandelsunternehmen und national tätigen Einkaufskooperationen zu internationalen Kooperationen kommen. Es existieren in manchen Branchen bereits mehrere dieser zum Teil sehr grossen Firmen mit Umsätzen in zweistelligen Milliarden-Beträgen[454] und beträchtlichen Marktanteilen. Sie liegen im Wettbewerb um die grossen europäischen Einzelhandelsketten und Einkaufskooperationen.[455]

Hieraus ergibt sich die dritte Tendenz, die sich in Zukunft verstärken wird, ist die *Konkurrenzierung des Einzelhandels durch Einkaufskooperationen.* Auch diese Entwicklung umfasst mehrere Dimensionen.

---

[453] Ein aktuelles Beispiel ist der Zusammenschluss des Nürnberger Bundes mit der Kaufring AG (vgl. o.V. (1998 b), S. 19.)

[454] Beispiele die EMD AG und die AMS AG, beide Schweiz, sowie die EUROGROUP, Brüssel. Auf die EMD entfielen 1996 15.5% des europäischen Lebensmitteleinzelhandelsumsatzes, auf die AMS/ERA-Gruppe 8.9% (1994) und auf die EUROGROUP 5.4% (1994). Vgl. hierzu auch die Ausführungen in Kapitel III.

[455] So ist die EDEKA Mitglied der AMS/ERA, wohingegen die Rewe der EUROGROUP angeschlossen ist.

Einerseits ist eine bereits im Verlaufe dieser Arbeit angesprochene Konkurrenzierung der Mitglieder durch ihre eigene Kooperation zu beobachten,[456] welche besonders drastisch im deutschen Lebensmitteleinzelhandel zutage tritt. In Zukunft wird es jedoch auch verstärkt zu einer Konkurrenzierung der Einzelhändler auf der Lieferantenseite kommen. Hierbei geht es insbesondere darum, dass grosse Einkaufskooperationen dieselben oder gar bessere Einkaufskonditionen als sehr grosse Einzelhandelsunternehmen erhalten. Ein aktuelles Beispiel aus der Schweiz ist die Übernahme von Mabeag durch die Syntrade, wodurch eine Einkaufskooperation entstanden ist, welche die Coop in bezug auf den Umsatz übertrifft und dementsprechende Einkaufspreise erzielen wird.[457]

Abschliessend ist festzuhalten, dass Einkaufskooperationen in Zukunft in einem verstärkt kompetitiven Umfeld agieren müssen, was einerseits die Gefahr mit sich bringt, dass gerade kleinere Kooperationen die Bedürfnisse ihrer Mitglieder nicht mehr ausreichend befriedigen können und vom Markt verschwinden, andererseits die Chance birgt, durch innovative und mutige Strategien nicht nur zu überleben, sondern auch international zu den bedeutenden Unternehmen der Branche zu gehören.

Auch wenn diese Arbeit versucht hat, die wesentliche Fragen des Untersuchungsbereichs zu beantworten, so liegt es in der Natur einer fokussierten wissenschaftlichen Arbeit, dass sie andere Fragen ausklammern muss und zudem neue Fragen aufwirft.

So werden im folgenden beispielhaft weitergehende Fragestellungen aufgezeigt, die Ausgangspunkte für zukünftige Untersuchungen darstellen könnten. Hierbei sollen zwei Bereiche betrachtet werden:

- Fragen in bezug auf das Untersuchungsobjekt,
- Fragen in bezug auf die Methodik.

---

[456] Vgl. Kapitel II.

[457] So erzielt die *Syntrade* einen Umsatz von über 14 Mrd. sFr. (vgl. hierzu Rietmann (1998), S. 42).

Fragen in bezug auf das Untersuchungsobjekt stellen sich insbesondere in folgenden Bereichen:

- Struktur des Sektors der Einkaufskooperationen, insbesondere auch ausserhalb des deutschsprachigen Raums,
- Auswirkungen von Einkaufskooperationen auf den Detailhandelssektor,
- Funktionsweise von Einkaufskooperationen und Besonderheiten der Führungssituation,
- Internationalisierung von Einkaufskooperationen ausserhalb des deutschsprachigen Raums,
- Entwicklung der Internationalisierung über die Zeit.

In bezug auf die Struktur des Sektors der Einkaufskooperationen, insbesondere auch ausserhalb des deutschsprachigen Raums, wäre zu untersuchen, wie sich Einkaufskooperationen im restlichen oder sogar ausserhalb von Europa darstellen und inwiefern sie sich mit denjenigen des deutschsprachigen Raumes vergleichen lassen. Hierbei wäre insbesondere die Betrachtung der Entwicklung der Einkaufskooperationen in jungen, aufstrebender Volkswirtschaften von Interesse, da sich hier Entwicklungen wiederholen könnten, die im deutschsprachigen Raum bereits der Vergangenheit angehören. Ein Vergleich mit den Einkaufskooperationen des deutschsprachigen Raums könnte insbesondere im Hinblick auf die mögliche Übertragbarkeit hiesiger Konzepte von Interesse sein.

Eine tiefergehende Analyse der Auswirkungen von Einkaufskooperationen auf Struktur und Entwicklung des Detailhandels wäre besonders länderübergreifend von Interesse. Der Vergleich von Einzelhandelssektoren mit und ohne starke Einkaufskooperationen könnte u.a. Erkenntnisse über Bedeutung, Funktion und Nutzen von Einkaufskooperationen und Detailhandelsunternehmen liefern.

Ein weiteres, gerade aus praktisch-normativer Sichtweise interessantes Untersuchungsfeld, ist die Analyse der Funktionsweise von Einkaufskooperationen und der Besonderheiten der Führungssituation in diesen mitgliederorientierten Organisationen. Hierbei böte sich eine Untersuchung der Führungs- bzw. Planungsprozesse und -instrumente in Einkaufskooperationen an. Ziele könnten die Entwicklung praktisch-normativer Verfahren, beispielsweise zur Erarbeitung strategischer Pläne, darstellen. Auch die Entwicklung eines auf Einkaufskooperationen angepassten Führungsmixes[458] stellt ein sehr interessantes und in bezug auf Einkaufskooperationen noch gänzlich unbearbeitetes Untersuchungsfeld dar.

Die Internationalisierung von Einkaufskooperationen, die nicht im deutschsprachigen Raum ansässig sind, ist ein weiteres interessantes Untersuchungsfeld. Vor allem der Vergleich mit dem deutschsprachigen Raum könnte Einsichten liefern, welche Einkaufskooperationen international tätig werden und welche Entwicklungen in Zukunft zu erwarten sind.

Eine Untersuchung der Entwicklung der Internationalisierung über die Zeit könnte aufzeigen, ob Einkaufskooperationen ähnlich ihren Mitgliedsunternehmen vermehrt im Ausland tätig werden, oder ob die Einkaufskooperationen in ihrer Entwicklung hinter dem stationären Einzelhandel zurückbleiben.

Nachdem nun einige Gedanken zu weiterreichenden Fragen betreffend der Einkaufskooperationen und ihrer Internationalisierung dargestellt wurden, sollen nun noch kurz weiterreichende *Fragen zur Untersuchungsmethodik* aufgezeigt werden.

Bezüglich des Vorgehens könnten beispielsweise breit angelegte Interviews mit Führungskräften von Einkaufskooperationen die qualitativen Aspekte der Internationalisierung von Einkaufskooperationen besser hervorbringen. Insbesondere auch Fragen zur Internationalisierungsstrategie wären auf diesem Weg wohl leichter zu evaluieren.

---

458 Vgl. zum Führungsmix als Ansatz zur Untersuchung von Führungsproblemen Kühn/Grünig (1991).

Neben der direkten Befragung von Einkaufskooperationen könnte auch in Betracht gezogen werden, nicht die Einkaufskooperationen selber, sondern ihre Mitglieder zu befragen, welche Bedürfnisse diese an ihre Kooperation haben, und davon ausgehend, ob sie eine Internationalisierung begrüssen würden. Im Falle einer solchen Untersuchung könnte sicherlich auch auf interne Mitgliederbefragungen der Einkaufskooperationen zurückgegriffen werden.

Zusammenfassend ist festzuhalten, dass der bislang unzureichende betriebswirtschaftliche Forschungsstand im Bereich der Einkaufskooperationen zur Folge hat, dass dieser Bereich sowohl in inhaltlicher als auch in methodischer Sicht Nährboden für eine Vielzahl weiterer wissenschaftlicher Arbeiten bieten kann und sollte.

ANHÄNGE

ANHANG I

Verzeichnis der Expertengespräche

Blank, Walter
Geschäftsführer der Möbel-Kollektiv AG und Präsident des Schweizerischen Möbelfachverbandes (SMFV), Middes / CH
8. März 1996 und 9. Dezember 1997

Blaser, Christian
Geschäftsführer der Einkaufsvereinigung Schweizerischer Gärtnermeister und Floristen (ESG), Hägendorf / CH
6. September 1996 und 12. Dezember 1997

Kunz, Walter
ehemals Direktor der Schuhgemeinschaft, Zürich /CH
16. Januar 1996

Pfarr, Norbert
Geschäftsführer der Sport 2000 Deutschland GmbH, Mainhausen / D
26. September 1996

Schmüser, Jan
Geschäftsführer des Zentralverbandes Gewerblicher Verbundgruppen, Bonn / D
20. Dezember 1995

ANHANG II

Verzeichnis der angeschriebenen Einkaufsgenossenschaften

1. Deutschland

1. Ardek Arbeitsgemeinschaft der europäischen Kinderausstatter eG, Hofheim-Wallau
2. ARISTON Schuheinkaufsvereinigung eG, Neuss
3. Baby-Rose Ein- und Verkaufs-Genossenschaft eG, Würzburg
4. Bettenring eG, Filderstadt
5. büro aktuell Einkaufs- und Marketingverband eG, Frankfurt/M.
6. BÜRORING eG, Haan
7. ESÜDRO Einkaufsgenossenschaft Deutscher Drogisten eG, Hockenheim
8. Egesa - Zookauf eG, Hannover
9. EK Bielefeld Grosseinkauf eG, Bielefeld
10. ERMURI Einkaufsverband eG, Detmold
11. EVM Verbundgruppe, Gütersloh
12. "Für Sie" Handelsgenossenschaft eG, Köln
13. GESKO Handels- und Dienstleistungsverbund eG (Tabak), Gerlingen
14. IGA Optic eG, Datteln
15. IGEKA eG, Enger-Oldinghausen
16. Interschuh p/A REXOR Schuh Einkaufsvereinigung eG reg.Gen.m.b.H., St. Augustin
17. INTERFUNK eG., Ditzingen
18. Intersport Deutschland eG, Heilbronn

19.Kaufring eG, Düsseldorf
20.neuform-Vereinigung Deutscher Reformhäuser eG, Oberursel
21.NOWEDA eG, Essen
22.Nord-West-Ring Schuh-Einkaufsgenossenschaft eG, Mainhausen
23.Nürnberger Bund Grosseinkauf eG, Essen
24.REXOR Schuh-Einkaufsvereinigung eG, St. Augustin
25.Sanitätshaus Aktuell eG , Vettelschloß
26.Sonnenecken eG., Overath
27.Spezialisten der Mode eG, Olching
28.SÜDBUND Einkaufsverband für Heimtextilien eG, Backnang
29.TAWAGRO-Zentrale eG, Wuppertal
30.Tabakwaren-Grosseinkauf Bielefeld eG, Bielefeld
31.Tabakwaren-Grosseinkauf Bonn eG, Bonn
32.Tabakwaren-Grosseinkauf für Gross-Hamburg und Umgebung
33.Tabakwaren-Grosseinkauf Hannover eG, Isernhagen
34.Tabakwaren-Grosseinkauf Kassel eG, Kassel
35.Tabakwaren-Grosseinkauf Süd eG, Korntal-Münchingen
36.Textil-Einkaufsverband "Nordwest" eG, Ascheberg
37.VEDES eG, Nürnberg
38.WÜMEG Verbundgruppe Farbe und Heimtex eG, Ludwigsburg
39.ZEG Zweiradeinkaufsgenossenschaft, Köln
40.ZOO-Fachring eG, Pleidelsheim

2. Schweiz

1. Agus Arbeitsgemeinschaft unabhängiger Schuhhändler eG, Liebefeld
2. COPAP Coopérative d'achat de Papiers Peint, Genève
3. EEV Schweiz. Elektro-Einkaufs-Vereinigung, Bern
4. Vedes, St. Gallen
5. Einkaufsvereinigung schweiz. Gärtnermeister und Floristen eG, Hägendorf

6. ez-textil Einkaufszentrale für schweiz. Textilfachgeschäfte eG, Zürich
7. Gatex, Bern
8. PEG Papeteristen-Einkaufs-Genossenschaft, Aarburg
9. ZEEV Zentralschweiz. Eisenhändler-Einkaufs-Verband eG, Zürich
10. ZENTRASPORT Schweiz eG, Zürich
11. ZUSA Einkaufsvereinigung unabhängiger Schuhhändler eG, Mäggenswil

3. Österreich

1. B & K Einkaufs- und Werbegemeinschaft für Baby und Kinderfachgeschäfte reg.Gen.m.b.H., Oberwart
2. Elektro-Wigo, Wirtschaftsgenossenschaft des Elektro-Radiofachhandels reg.Gen.m.b.H., Wien
3. E & R Genossenschaft des Elektrowaren- und Radiohandels in Kärnten und Osttirol reg.Gen.m.b.H., Villach
4. EXPERT Einkaufsgenossenschaft im Elektro-, Radio- und Fernsehfachhandel- und -handwerk, Leonding
5. Fachoptiker reg.Gen.m.b.H., Linz
6. "Flora" Apotheker Einkaufsgenossenschaft reg.Gen.m.b.H., Wien
7. "Funkberaterring" Fernseh-, Radio- und Elektrohandelsverband reg.Gen.m.b.H., Biedermannsdorf
8. Die gewusst wie-Drogerien, Parfümerien und Reformhäuser reg.Gen.m.b.H., Baden
9. Intersport Österreich reg.Gen.m.b.H., Wels
10. Registrierte Gablonzer Genossenschaft m.b.H., Enns-Neugablonz
11. Ring-Schuh-Einkaufsvereinigung reg.Gen.m.b.H., Graz-St. Peter
12. Zentrasport Österreich Einkaufsgenossenschaft von Sportartikel-Einzelhändlern reg.Gen.m.b.H., Ohlsdorf
13. Nürnberger Bund eG (Deutschland), Wien

ANHANG III

Fragebogen für international tätige Einkaufskooperationen

IHR UNTERNEHMEN IST INTERNATIONAL TÄTIG

Name/Position der Auskunftsperson ______________________________

An wen darf ich mich bei Unklarheiten wenden? ____________________

____

I. Angaben zu Ihrem Unternehmen

- **Name, Adresse des Unternehmens** ______________________________

  ____
- **Branche** ______________________________
- **Rechtsform** ______________________________
- **Gründungsjahr** ______________________________
- **Anzahl Beschäftigte 1995** ______________________________
- **Anzahl Mitglieder 1995** ______________________________
- **Gesamtumsatz Ihres Unternehmens 1995** ______________________________
- **Gesamtumsatz Ihrer Mitglieder 1995** ______________________________
- **Welchen Rang, gemessen am Umsatz, nimmt Ihr Unternehmen unter den Einkaufskooperationen Ihrer Branche ein?** ____________ Rang

- **Ist Ihr Unternehmen Mitglied in einem internationalen Dachverband?**

  [ ] Ja [ ] Nein

  Wenn *Ja*, in welchem?

  ____

  ____

II. Allgemeine Fragen zur Internationalisierung Ihres Unternehmens

2.1. In welchem der folgenden Bereiche sind Sie hauptsächlich tätig? *(mehrere Antworten möglich)*

[ ] Einkauf	dies auch im Ausland [ ]
[ ] Anbieten sonstiger Dienstleistungen für Mitglieder	dies auch im Ausland [ ]
[ ] Verkauf von Dienstleistungen/ Lizenzen an Nichtmitglieder	dies auch im Ausland [ ]
[ ] Verkauf von Gütern an Nichtmitglieder	dies auch im Ausland [ ]
[ ] Produktion von Gütern	dies auch im Ausland [ ]
[ ] Forschung und Entwicklung	dies auch im Ausland [ ]
[ ] Sonstiges:	dies auch im Ausland [ ]

2.2. Ist Ihre Unternehmenskultur durch die internationale Tätigkeit beeinflusst worden?

[ ] Ja [ ] Nein [ ] teilweise

Wenn *Ja*, in wiefern?

____

____

2.3. Waren Sie früher schon einmal in grösserem Ausmass international tätig, haben das Engagement jedoch wieder aufgeben müssen?

[ ] Ja [ ] Nein

Wenn *Ja*, in welchem Land und aus welchen Gründen mussten Sie dies wieder aufgeben?

Land	Gründe

2.4. Gab es in Ihrem *Stammland* Faktoren von öffentlicher Seite (Subventionen etc.), die den Entscheid förderten, international tätig zu werden?

[ ] Ja [ ] Nein

Wenn *Ja*, welche?

____

____

2.5. Gab es im *Gastland* Faktoren von öffentlicher Seite, die diesen Entscheid förderten?

[ ] Ja [ ] Nein

Wenn *Ja*, welche?

____

____

____

____

____

III. Zur Auswahl der Länder

3.1. In welchen Ländern sind Sie tätig bzw. mit welchen Ländern arbeiten Sie seit wann zusammen?

	nicht tätig	seit 1 Jahr	seit 1 - 5 Jahren	seit 5-10 Jahren	mehr als 10 Jahre
angrenzende Staaten					
übriges Westeuropa					
Osteuropa					
Asien					
Nordamerika					
Südamerika					
Australien					

3.2. Aufgrund welcher Kriterien sind diese Länder ausgewählt worden?
(mehrere Antworten möglich)

	An-grenz. Staa-ten	Übr. W.-euro-pa	Osteu-ropa	Asien	Nord-Ame-rika	Süd-Ameri ka	Au-stra-lien
Verfügbarkeit von Waren							
Inflation/Währungs-stabilität							
Preis- und Lohnniveau							
Kosten							
Sprache, Kultur							
politische Stabilität							
geographische Nähe							
persönl. Präferenzen der Entscheidträger							
Sonstige:							

3.3. Wurden bei der Evaluation der Länder externe Berater eingesetzt?

[ ] Ja [ ] Nein

Wenn *Ja*, wie hoch war der Honoraraufwand (durchschnittlich pro Land)?

____

3.4. Wie hoch war der Aufwand (in Mitarbeitertagen) der eigenen Mitarbeiter für die Evaluation der Länder (durchschnittlich pro Land)?

________________ Tage

3.5. Mit welchen Hauptschwierigkeiten (z.B. rechtlicher, sprachlicher Art etc.) wurden Sie bei der Realisierung Ihres Internationalisierungsvorhabens konfrontiert, und was haben Sie hiergegen unternommen?

Hauptschwierigkeiten	Lösungsansätze

IV. Zum Ihrem Einkaufsvolumen im Ausland

4.1. Wie hoch ist der Anteil des im Ausland erzielten Einkaufsvolumens am Gesamtvolumen Ihres Unternehmens (1995)?

___________ %

4.2. Wie hat sich Ihr Einkaufsvolumen im Ausland durchschnittlich über die letzten 5 Jahren pro Jahr verändert? *(zutreffendes Vorzeichen bitte einkreisen)*

+ /- _________%

V. Zum Vorgehen bei Ihrer Internationalisierung

5.1. Welches sind Ihre Haupttätigkeiten im Ausland? *(mehrere Antworten möglich)*

[ ] Einkauf **(1)**

[ ] Anbieten sonstiger Dienstleistungen für Mitglieder **(2)**

[ ] Verkauf von Dienstleistungen, Lizenzen (Marketingkonzepten, Markenrechten etc.) an Nichtmitglieder **(3)**

[ ] Verkauf von Gütern an Nichtmitglieder **(4)**

[ ] Produktion von Gütern **(5)**

[ ] Forschung und Entwicklung **(6)**

[ ] Gewinnung neuer Mitglieder **(7)**

[ ] Sonstiges **(8)**: ______________________________

5.2. Welches waren die Motive für die Aufnahme dieser Tätigkeiten (Ziffern gemäss 5.1.) **im Ausland?** *(jeweils mehrere Antworten möglich)*

	1	2	3	4	5	6	7	8
Erschliessung neuer Märkte								
Sicherung bestehender Märkte								
bessere Beschaffungsmöglichkeiten								
Standortvorteile als Exportbasis								
Überwindung von Importbarrieren								
bessere Qualifikation Arbeitskräfte								
höhere Flexibilität Arbeitsmarkt								
niedrigere Arbeitskosten								
niedrigere Steuerbelastung								
niedrigere Betriebs-/Vertriebskosten								
niedrigere Grundstückspreise								
bessere Marktpflege (Service etc.)								
Minderung des Wechselkursrisikos								
Zusagen von öffentlichen Aufträgen								
bessere Infrastruktur								
Wunsch aus dem Mitgliederkreis								
Sonstige:								

5.3. Mit welcher Strategie hat Ihr Unternehmen im Ausland Fuss gefasst? *(mehrere Antworten möglich)*

[ ] Franchising
[ ] Joint Venture *(Gründung eines neuen Unternehmens durch mind. 2 bestehende Firmen)*
[ ] Minderheitsbeteiligung an einem ausländischen Unternehmen (20-50%)
[ ] Mehrheitsbeteiligung an einem ausländischen Unternehmen (>50%-99.9%)
[ ] 100%-Beteiligung an einem ausländischen Unternehmen
[ ] Aufbau einer Tochtergesellschaft
[ ] Sonstiges: ______________________________

5.4. Welches waren die Gründe für die Wahl dieser Strategien (siehe 5.3)? *(mehrere Antworten möglich)*

	Fran-chi-sing	Joint Ven-ture	Mind. Betei-ligung	Mehr-heits Beteili gung	100% Betei-li-gung	Toch-ter gesell.	Son-stige
Kostenaspekte							
Führungsaspekte							
schnelle Marktabdeckung							
Risikoaspekte							
Know-How-Aspekte							
Kontrolle							
Tradition							
Unternehmensstrategie/ -politik							
rechtliche Aspekte							
Wünsche aus dem Mit-gliederkreis							
Sonstige:							

5.5. Stand die Auswahl einer dieser Strategien in einem direkten Zusammenhang zum gewählten ausländischen Markt?

[ ] Ja [ ] Nein

Wenn *Ja*, welche und in welchem Sinne?

____

____

5.6. *Im Falle einer kooperativen Strategie (Franchising/Joint Venture):*

a) Welche waren die Auswahlkriterien für die Wahl Ihres/Ihrer Partner(s)?

____

____

b) Wieviele Personen waren wie lange mit dem Auswahlprozess beschäftigt?

____

5.7. *Falls Sie Beteiligungen an Unternehmen im Ausland besitzen (20-100%):*

a) Wieviele dieser Unternehmen haben Sie selber aufgebaut? ________

b) Wieviele haben Sie erworben?______________________________

c) Wieviele Ihrer Beschäftigten arbeiten im Ausland? ______________

d) Wie hoch ist der Umsatz Ihrer Unternehmen im Ausland? ________

e) Wie setzt sich das Top-Management in diesen Firmen nach der Nationalität zusammen? ___________________________________

f) Sind Mitarbeiter aus den Ländern, in denen Sie Firmen besitzen, in Ihrem Stammhaus tätig?

[ ] Ja [ ] Nein

Wenn *Ja*, wieviele? __________ %

5.8. *Falls Sie Mitglieder im Ausland haben:*

Wie gross ist der Anteil ausländischer Mitglieder an der Gesamtzahl?____ %

5.9. Welche Internationalisierungsstrategie (siehe 5.3.) **setzten Sie bevorzugt ein?**

____

5.10.a) Worin sehen Sie die Vorteile dieser bevorzugten Strategie?

____

____

____

b) Worin Ihre Nachteile?

____

____

VI. Zu Ihren Erfahrungen aus der internationalen Tätigkeit

6.1. Als wie erfolgreich beurteilen Sie die Internationalisierung Ihres Unternehmens insgesamt?

[ ] sehr erfolgreich
[ ] erfolgreich
[ ] teils/teils
[ ] wenig erfolgreich
[ ] nicht erfolgreich

6.2. Welche Faktoren erachten Sie als grundlegend für den Erfolg/ Misserfolg?

1. ____
2. ____
3. ____
4. ____
5. ____

6.3. Welche weiteren positiven Erfahrungen machten Sie bzw. welche weiteren Probleme stellten sich bei Ihrer Internationalisierung?

____

____

6.4. War Ihre Rechtsform bei der Internationalisierung hinderlich?

[ ] Ja [ ] Nein

Wenn *Ja*, warum?

____

6.5. Haben oder hatten die Erfahrungen aus ihrem Internationalisierungsprozess Auswirkungen auf die Tätigkeit in Ihrem Heimmarkt?

[ ] Ja [ ] Nein

Wenn *Ja*, welche?

____

6.6. Kennen Sie Einkaufsgenossenschaften in Ihrer oder in verwandten Branchen, die international tätig sind?

[ ] Ja [ ] Nein

Wenn *Ja*, welche?

____

Sonstige Bemerkungen:

____

____

____

____

[ ] Bitte senden Sie mir zu gegebener Zeit **gratis** die wichtigsten Ergebnisse Ihrer Untersuchung zu.

[ ] Bitte senden Sie mir zu gegebener Zeit ___ Exemplar(e) ihrer Dissertation zum Selbstkostenpreis von ca. sFr. 40.-.

Bitte senden Sie diesen Fragebogen
im adressierten Rückumschlag oder an:
Rüdiger Maass
Kurzweg 12
CH - 1700 Freiburg/Schweiz
bis spätestens XXXXX zurück.

Herzlichen Dank für Ihre wertvolle Mitarbeit !

ANHANG IV

Fragebogen für nicht-international tätige Einkaufskooperationen

IHR UNTERNEHMEN IST **NICHT**
INTERNATIONAL TÄTIG

Name/Position der Auskunftsperson ______________________________
An wen darf ich mich bei Unklarheiten wenden? ____________________
____

I. Angaben zu Ihrem Unternehmen

- **Name, Adresse des Unternehmens** ____________________________
  ____
- **Branche** ____________________________________
- **Rechtsform** _________________________________
- **Gründungsjahr** ______________________________
- **Anzahl Beschäftigte 1995** _____________________
- **Anzahl Mitglieder 1995** _______________________
- **Gesamtumsatz Ihres Unternehmens 1995** ____________
- **Gesamtumsatz Ihrer Mitglieder 1995** ______________
- **Welchen Rang, gemessen am Umsatz, nimmt Ihr Unternehmen unter den Einkaufskooperationen Ihrer Branche ein?** ____________ Rang

II. Angaben zu Ihrer Tätigkeit

2.1. Waren Sie früher schon einmal international tätig, haben das Engagement jedoch wieder aufgeben müssen? (Unter *international tätig* wird hierbei jegliche Aufnahme von Warenaustausch-Beziehungen mit dem Ausland, also auch schon Import und Export, verstanden.)

[ ] Ja [ ] Nein

Wenn *Ja*, warum?

____

____

2.2. Haben Sie in der nächsten Zeit (innert 3 Jahren) geplant, international tätig zu werden?

[ ] Ja [ ] Nein

Wenn *Ja*, in welcher Form?

____

____

2.3. Warum sind Sie bisher noch nicht international tätig geworden? *(mehrere Antworten möglich)*

[ ] fehlende Grösse des Unternehmens
[ ] fehlende staatliche Unterstützung im Stammland
[ ] fehlende staatliche Unterstützung im Zielland
[ ] fehlende Kenntnis über die ausländischen Märkte
[ ] fehlende Zustimmung der Mitglieder
[ ] keine Erwartung höherer Gewinne
[ ] aufgrund der genossenschaftlichen Rechtsform
[ ] Sonstiges:______________________________

2.4. a) Welche Nachteile hätte eine mögliche internationale Tätigkeit Ihres Unternehmens Ihrer Meinung nach?

____

____

b) Was könnten mögliche Vorteile sein?

____

____

2.5. Kennen Sie Einkaufsgenossenschaften in Ihrer oder in verwandten Branchen, die international tätig sind? Wenn *Ja*, welche?

____

____

Sonstige Bemerkungen:

____

____

____

____

____

[ ] Bitte senden Sie mir zu gegebener Zeit **gratis** die wichtigsten Ergebnisse Ihrer Untersuchung.

[ ] Bitte senden Sie mir zu gegebener Zeit ___ Exemplar(e) ihrer Dissertation zum Selbstkostenpreis von ca. sFr. 40.-.

Bitte senden Sie diesen Fragebogen im adressierten Rückumschlag oder an:

Rüdiger Maass
Kurzweg 12
CH - 1700 Freiburg/Schweiz

bis spätestens XXXX zurück.

Herzlichen Dank für Ihre wertvolle Mitarbeit !

ANHANG V

Begleitbrief zu den Fragebogen

Herrn
Dr. Peter Mustermann
Einkaufsgenossenschaft XY
Musterstr. 15
CH-8000 Zürich

23. September 1996/ RM

Internationalisierung von Einkaufsgenossenschaften des Einzelhandels

Sehr geehrter Herr Dr. Mustermann

Die zunehmende Globalisierung der Wirtschaft zwingt Unternehmen vermehrt, ihre Tätigkeit international auszurichten. Auch Einkaufsgenossenschaften sehen sich mit dieser Problematik konfrontiert. Bislang liegen jedoch kaum Erkenntnisse darüber vor, welche Faktoren für den Erfolg einer Internationalisierung entscheidend sind.

Im Rahmen einer Dissertation an der Universität Freiburg/Schweiz wird versucht, diese Lücke zu schliessen. Die Untersuchung hat zum Ziel, Erfolgsfaktoren bei der Internationalisierung von Einkaufsgenossenschaften zu erarbeiten, die auch für Ihr Unternehmen von grossem Interesse sein könnten.

Mit den beiliegenden Fragebögen, die an etwa 80 Einkaufsgenossenschaften des Einzelhandels in der Schweiz, Deutschland und

Österreich versandt werden, sollen empirische Daten erhoben werden. Da die Gesamtzahl der Einkaufsgenossenschaften relativ gering ist, **ist Ihre Mitarbeit** für die Untersuchung von **grosser Bedeutung**.

Beiliegend finden Sie zwei Fragebögen:

- Falls Ihr Unternehmen international tätig ist, füllen Sie bitte den **gelben Fragebogen** aus. Unter *Internationalisierung* wird hierbei jegliche Aufnahme von Warenaustausch-Beziehungen mit dem Ausland verstanden. Ihr Unternehmen ist also nach unserer Definition bereits international tätig, wenn es nur schon Waren *importiert* bzw. *exportiert.*
- Falls Ihr Unternehmen **nicht** international tätig ist, so füllen Sie bitte den **blauen Fragebogen** aus.

Sollten Sie beim Ausfüllen Ihres Fragebogens irgendwelche Probleme haben, so hilft Ihnen der Projektbearbeiter, Hr. Rüdiger Maass, unter Tel. XXX (ab 2. November 1996: XXX) gerne weiter.

Wir wären Ihnen sehr dankbar, wenn Sie Ihren Fragebogen *bis zum 31. Oktober 1996* im beiliegenden Rückumschlag zurücksenden könnten. Selbstverständlich versichern wir Ihnen, dass Ihre Angaben **streng vertraulich** behandelt und **nur zu wissenschaftlichen Zwecken** verwendet werden.

Mit herzlichem Dank im voraus für Ihre wertvolle Mitarbeit verbleiben wir

mit freundlichen Grüssen

Seminar für Unternehmensführung

Prof. Dr. R. Grünig   Lic.rer.pol. R.Maass
Projektleiter   Projektbearbeiter

PS: Auf Wunsch erhalten Sie **kostenlos** die Ergebnisse der Untersuchung!

ANHANG VI

Begleitbrief zum 2. Aussand der Fragebogen

Herrn
Dr. Peter Mustermann
Einkaufsgenossenschaft XY
Musterstr. 15
CH-8000 Zürich

6. Dezember 1996 / RM

Internationalisierung von Einkaufsgenossenschaften des Einzelhandels

Sehr geehrter Herr Dr. Mustermann

Anfang Oktober haben wir Ihnen zwei Fragebogen über die Internationalisierung von Einkaufsgenossenschaften zugesandt. Die Untersuchung, welche im Rahmen einer Dissertation an der Universität Freiburg/Schweiz durchgeführt wird, hat zum Ziel, Erfolgsfaktoren bei der Internationalisierung von Einkaufsgenossenschaften abzuleiten.

Erfreulicherweise hat bereits eine beachtliche Anzahl von Einkaufsgenossenschaften den betreffenden Fragebogen zurückgeschickt, so dass schon zu diesem Zeitpunkt erste Erkenntnisse vorliegen. So zeigt sich beispielsweise, dass etwa 50% aller Einkaufsgenossenschaften aus dem deutschsprachigen Raum international tätig sind.

Da die Gesamtzahl der Einkaufsgenossenschaften jedoch relativ gering ist, ist für uns jeder Fragebogen von grosser Bedeutung. Deshalb bitten wir Sie höflich, uns den für Sie relevanten Fragebogen, den *gelben*, wenn Sie international tätig sind, oder den *blauen*, wenn dies nicht der Fall ist, zurückzusenden. Sie tragen damit entscheidend zum Gelingen dieses wissenschaftlichen Projektes bei. Wir versichern Ihnen, dass

Ihre Angaben **streng vertraulich** behandelt und **nur zu wissenschaftlichen Zwecken** verwendet werden. Die Ergebnisse der Untersuchung erhalten Sie nach Abschluss des Projektes selbstverständlich **kostenlos** zugesandt!

Sollten Sie beim Ausfüllen Ihres Fragebogens Probleme haben, so hilft Ihnen der Projektbearbeiter, Hr. Rüdiger Maass, unter Tel. XXX gerne weiter.

Herzlichen Dank im voraus für Ihre wertvolle Mitarbeit!

Mit freundlichen Grüssen

Seminar für Unternehmensführung

Prof. Dr. R. Grünig	Lic.rer.pol. R. Maass
Projektleiter	Projektbearbeiter

ANHANG VII

Begleitschreiben des Zentralverbands gewerblicher Verbundgruppen (ZGV)

ZGV

ZENTRALVERBAND
GEWERBLICHER
VERBUNDGRUPPEN E.V.

z. H. Herrn R. Maass
Universität Freiburg
Postfach 2 84

CH - 1701 Freiburg

16.08.1996
JS-bo

Internationalisierung von Einkaufsgenossenschaften

Sehr geehrte Damen und Herren,

mit der Teilnahme an der vorliegenden Umfrage helfen Sie mit, eine Verbesserung des Informationsstandes zur Internationalisierung von Einkaufsgenossenschaften zu erreichen. Die Bedeutung dieses Arbeitsfeldes wird immer größer, nicht nur vor dem Hintergrund der Europäischen Gemeinschaften. Der ZGV unterstützt dieses Projekt und bittet Sie, den Fragebogen auszufüllen und zurückzusenden.

Mit freundlichen Grüßen

Jan Schmüser

VORGEBIRGSSTRASSE [illegible] BONN TELEFON [illegible] TELEFAX [illegible]
BANKKONTO VOLKSBANK BONN EG [illegible]

ANHANG VIII

Begleitschreiben des Schweizerischen Gewerbeverbands (SGV)

Schweizerischer Gewerbeverband
Union suisse des arts et métiers
Unione svizzera delle arti e mestieri

3001 Bern
Postfach
Schwarztorstrasse 26
Telefon 031 381 77 85
Telefax 031 382 23 66

Bern, 20. September 1996 Tr/gl

Forschungsprojekt der Universität Freiburg

„Internationalisierung von Einkaufsgenossenschaften des Einzelhandels"

Sehr geehrte Damen und Herren

Mit der Teilnahme an der vorliegenden Umfrage helfen Sie mit, eine Verbesserung des Informationsstandes über die Internationalisierung von Einkaufsgenossenschaften im Einzelhandel zu erreichen. Der Schweizerische Gewerbeverband unterstützt dieses Projekt und bittet Sie, den Fragebogen auszufüllen und zurückzusenden.

Für Ihre Bemühungen danken wir Ihnen bestens.

Mit freundlichen Grüssen
SCHWEIZERISCHER GEWERBEVERBAND

Dr. P. Triponez
Direktor

Beilage: Fragebogen

ANHANG IX

Informationsschreiben des Württembergischen Genossenschaftsverbands

WÜRTTEMBERGISCHER
GENOSSENSCHAFTSVERBAND
Raiffeisen/Schulze-Delitzsch e.V.

Heilbronner Straße 41
70191 Stuttgart
(GENO-Haus)

Fernruf 07 11/9 40-0
FS 722 443-0 gz d
Telefax 07 11/9 40-2604

An die Verbandsmitglieder
der Gruppe „Einkaufsgenossenschaften
des Einzelhandels"

30.05.1996 VS/w-za

Dissertation „Internationalisierung der Einkaufsgenossenschaften des Einzelhandels"

Sehr geehrte Damen und Herren

unser Verband steht mit dem Forschungsinstitut für Verbands- und Genossenschafts-Management in Freiburg (Schweiz) in enger Verbindung. Von dort erreicht uns die Bitte um Unterstützung einer Doktorarbeit. Dem Doktoranden haben wir die Adressen der 17 in unserem Verband zusammengeschlossenen Einkaufsgenossenschaften des Einzelhandels zur Verfügung gestellt. Darauf ist zurückzuführen, daß Sie demnächst angeschrieben werden. Wir bitten Sie, dem Vorhaben aufgeschlossen gegenüber zu stehen.

Bei dem Forschungsinstitut für Verbands- und Genossenschafts-Management handelt es sich um eine seriöse Adresse. Das Institut beschäftigt sich sehr praxisnah mit Fragestellungen aus dem Genossenschaftswesen.

Mit freundlichen Grüßen

WÜRTTEMBERGISCHER GENOSSENSCHAFTSVERBAND
Raiffeisen/Schulze-Delitzsch e. V.

Literaturverzeichnis

Aeberhard, K. **(1996)**, Strategische Analyse: Empfehlungen zum Vorgehen und zu sinnvollen Methodenkombinationen, Bern, 1996.

Amt für amtliche Veröffentlichungen der Europäischen Gemeinschaften (Hrsg.) **(1986)**, Die Genossenschaften Europas und ihre Verbände, Baden-Baden, 1986.

Arnold, U. **(1993)**, Beschaffung, in: Dichtl, E./Issing, O. (Hrsg.), Vahlens grosses Wirtschafts-Lexikon, Bd. 1, München, 1993, S. 234.

Aschhoff, G. **(1989)**, Die Verwirklichung der Genossenschaftsidee durch Hermann Schulze-Delitzsch, in: Jokisch, J./Raettig, L./ Ringle, G. (Hrsg.), Finanz-, Bank- und Kooperationsmanagement, Beiträge zur Betriebswirtschaftslehre nationaler und internationaler Unternehmungen, Frankfurt a.M., 1989, S. 119-130.

Aschhoff, G./**Henningsen**, E. **(1995)**, Das deutsche Genossenschaftswesen - Entwicklung, Struktur, wirtschaftliches Potential, Veröffentlichungen der DG Bank, Bd. 15, Frankfurt a.M., 1995.

Attiger, P. **(1994)**, Internationale Wettbewerbsfähigkeit in der Versicherungsbranche: eine weltweite empirische Analyse, Karlsruhe, 1994.

Balling, R. **(1997)**, Kooperation – Strategische Allianzen, Netzwerke, Joint Ventures und andere Organisationsformen zwischenbetrieblicher Zusammenarbeit in Theorie und Praxis, Frankfurt a.M. et al., 1997.

Barth, K. **(1988)**, Betriebswirtschaftslehre des Handels, Wiesbaden, 1988.

Bartu, F. **(1997 a)**, Weitere Konzentration in Europas Einzelhandel, in: Neue Zürcher Zeitung, Nr. 116, 23.5.97, S. 25.

Bartu, F. **(1997 b)**, Konzentration in Frankreichs Detailhandel, in: Neue Zürcher Zeitung, Nr. 230, 4./5.10.97, S. 25.

Bâthory-Hüttner, S. **(1992)**, Expansionsstrategien von Verbundgruppe: Das Beispiel Regent-Möbel, in: Zentes, J. (Hrsg.), Strategische Partnerschaften im Handel, Stuttgart, 1992, S. 109-131.

Belz, C. **(1994)**, Internationale Distribution, in: Thexis, Nr. 3, 1994, S. 22-27.

Bernath, E./**Hartmann**, K./**Weber**, B. **(1997)**, Unausgeschöpftes Potential zur Wertsteigerung, in: HandelsZeitung, Nr. 3, 16.1.97, S. 55.

Beuthien, V./**Schwarz**, G.C. **(1993)**, Kooperationsgruppen des Handels und Franchisingsysteme in Europa aus der Sicht des EG-Wettbewerbsrechts, Marburger Schriften zum Genossenschaftswesen, Bd. 77, Göttingen, 1993.

Bidlingmaier, J. **(1974)**, Kooperationen im Handel, in: Tietz, B. (Hrsg.), Handwörterbuch der Absatzwirtschaft, Stuttgart, 1974.

Bitterli, H. **(1997 a)**, Unveränderte Dividende der Intersport PSC, in: Neue Zürcher Zeitung, Nr. 191, 20.8.97, S. 23.

Bitterli, H. **(1997 b)**, Migros als „Markengebäude", in: Neue Zürcher Zeitung, Nr. 206, 6./7.9.97, S. 25.

Bitterli, H. **(1996)**, Intersport zahlt wieder Dividende, in: Neue Zürcher Zeitung, Nr. 229, 2.10.96, S. 28.

Bitz, M. **(1993)**, Handlungsalternative, in: Dichtl, E./Issing, O. (Hrsg.), Vahlens grosses Wirtschaftslexikon, Bd. 1, München, 1993, S. 888.

Bleeke, J./**Ernst**, D. **(1993)**, The Way to Win in Cross-Border Alliances, in: Bleeke, J./Ernst, D. (Hrsg.), Collaborating to Compete, New York et al., 1993, S. 17-34.

Bleeke, J. **et al. (1993 a)**, Succeeding at Cross-Border Mergers and Acquisitions, in: Bleeke, J./Ernst, D. (Hrsg.), Collaborating to Compete, New York et al., 1993, S. 79-89.

Bleeke, J. **et al. (1993 b)**, The New Shape of Cross-Border Mergers and Acquisitions, in: Bleeke, J./Ernst, D. (Hrsg.), Collaborating to Compete, New York et al., 1993, S. 91-113.

Bleicher, K. **(1992)**, Unternehmenspolitische und kulturelle Voraussetzungen erfolgreicher strategischer Allianzen, in: Zentes, J. (Hrsg.), Strategische Partnerschaften im Handel, Stuttgart, 1992, S. 307-327.

Bleicher, K. **(1991)**, Kooperation als Teil des organisatorischen Harmonisierungsprozesses, in: Wunderer, R. (Hrsg.), Kooperation, Stuttgart, 1991, S. 143-157.

Blümle, E.-B. **(1997)**, Ist die Genossenschaft veraltet? - Gedanken zum genossenschaftlichen Lebenszyklus, in: Zeitschrift für das gesamte Genossenschaftswesen, Nr. 1, 1997, S. 2-3.

Blümle, E.-B. **(1996)**, Dienstleistungsmarketing, Vortragsunterlagen eines Referats am Postgraduate Lehrgang für Verbands- und Nonprofit-Management des Verbands-Management Instituts der Universität Fribourg, Fribourg, 1996.

Blümle, E.-B. **(1994 a)**, Starke Position ausländischer Anbieter, in: Dynamik im Handel, Nr. 4, 1994, S. 90-92.

Blümle, E.-B. **(1994 b)**, Internationalization of Swiss Retail Companies - Some Findings of an Empirical Analysis, in: The European Retail Digest, Automn 1994, S. 16-22.

Blümle, E.-B. **(1991 a)**, Ist der schweizerische Detailhandel wettbewerbsfähig?, in: Der Monat, Nr. 9, 1991, S. 18-20.

Blümle, E.-B. **(1991 b)**, Beschwerdemanagement - Last oder Chance für Einkaufsverbände?, in: Der Verbund, Nr. 3, 1991, S. 6-9.

Blümle, E.-B. **(1990)**, Verbundgruppen als Dienstleistungsbetriebe, in: Der Verbund, Nr. 1, 1990, S. 4-6.

Blümle, E.-B./**Briw**, A. **(1990)**, Internationalisierung des Einzelhandels: eine explorative Studie über die Schweiz, Working Paper des Wirtschafts- und Sozialwissenschaftlichen Instituts der Universität Fribourg, Fribourg, 1990.

Blümle, E.-B./**Halm**, R. **(1994)**, Die Internationalisierung schweizerischer Einzelhandelsunternehmen (EHU) - Ergebnisse einer empirischen Untersuchung, in: Trommelsdorf, V. (Hrsg.), Handelsforschung 1994/95, Wiesbaden, 1994, S. 203-222.

Blümle, E.-B./**Maass**, R. **(1998)**, Isolation im Schweizer Einzelhandel, in: Zentes, J. (Hrsg.), Strategisches Euro-Management, Bd. 2, 1998, S. 183-196.

Bock, H.-H. **(1984)**, Explorative Datenanalyse - Eine Übersicht, in: Allgemeines Statistisches Archiv, Bd. 68, Nr. 1, 1984, S. 1-40.

Boemle, M. **(1995)**, Unternehmensfinanzierung, Zürich, 1995.

Bonus, H. **(1985)**, Die Genossenschaft als Unternehmungstyp, Arbeitspapier des Instituts für Genossenschaftswesen der Westfälischen Wilhelms-Universität, Münster, 1985.

Bradley, F. **(1991)**, International Marketing Strategy, New York et al., 1991.

Brazda, J. **(1991)**, Der Rechtsformwandel bei Genossenschaften - am Beispiel der deutschen Konsumgenossenschaften, Wiener Studien des Forschungsinstitutes für Genossenschaftswesen, Neue Folge, Bd. 7, 1. Teil, Wien, 1991.

Brazda, J./**Schediwy**, R./**Todey**, T. **(1997)**, Selbsthilfe oder politisierte Wirtschaft - Zur Geschichte des Österreichischen Genossenschaftsverbandes (Schulze-Delitzsch), Wien, 1997.

Brindlmayr, M. **et al. (1989)**, EWIV - Die Europäische wirtschaftliche Interessenvereinigung, Bonn, 1989.

Briw, A. **(1991)**, Zur Europafähigkeit des schweizerischen Detailhandels, in: Thexis, Nr. 3, 1991, S. 52-56.

Broll, U. **(1993)**, Internationaler Handel, München/Wien, 1993.

Bruhn, M. **(1997)**, Qualitätsmanagement für Dienstleistungen - Grundlagen, Konzepte, Methoden, Berlin/Heidelberg/New York, 1997.

Buckley, P.J. **(1993)**, Barriers to Internationalization in the New Global Economy, in: Schmalenbach Gesellschaft - Deutsche Gesellschaft für Betriebswirtschaft e.V. (Hrsg.), Internationalisierung der Wirtschaft - Herausforderung an Betriebswirtschaft und Unternehmenspraxis, Kongress-Dokumentation der 46. betriebswirtschaftlichen Tagung 1992, Stuttgart, 1993.

Büchel, B. **et al.** **(1997)**, Joint Venture-Management, Bern/Stuttgart/ Wien, 1997.

Bumbacher, U. **(1994)**, Internationale Wettbewerbsfähigkeit in der Bankenbranche: eine weltweite empirische Analyse, WWZ-Forschungsbericht Nr. 4, 1994, Basel, 1994.

Bumbacher, U. **(1992)**, Die Wettbewerbsfähigkeit der schweizerischen Grossbanken in internationalen Geschäft, Bern/Stuttgart/ Wien, 1992.

Bundesamt für Statistik (Hrsg.) **(1997)**, Statistisches Jahrbuch der Schweiz, Zürich, 1997

Buse, I. **(1996)**, Allianz im Schweizer Sportfachhandel, in: Neue Zürcher Zeitung, Nr. 193, 21.8.96, S. 19.

Day, G.S./**Montgomery**, D.B. **(1983)**, Diagnosing the Experience Curve, in: Journal of Marketing, Vol. 47, 1983, S. 44-58.

Deutsche Genossenschaftsbank (Hrsg.) **(1997 a)**, Die deutschen Genossenschaften - Präsentation, Frankfurt a.M., 1997.

Deutsche Genossenschaftsbank (Hrsg.) **(1997 b)**, Die deutschen Genossenschaften - Statistik, Frankfurt a.M., 1997.

Deutsche Genossenschaftsbank (Hrsg.) **(1996)**, Die deutschen Genossenschaften - Bericht, Frankfurt a.M., 1997.

Deutsche Genossenschaftsbank (Hrsg.) **(1986)**, Die Genossenschaften in der Bundesrepublik Deutschland, Frankfurt a.M., 1986.

Deutsche Genossenschaftsbank (Hrsg.) **(o.J.)**, Eine Idee gibt Impulse, Frankfurt a.M., o.J.

Dichtl, E./**Issing**, O. (Hrsg.) **(1993)**, Vahlens grosses Wirtschaftslexikon, Bd. 1, München, 1993

Draheim, G. **(1955)**, Die Genossenschaft als Unternehmenstyp, Göttingen, 1955.

Dülfer, E. **(1995)**, Betriebswirtschaftslehre der Genossenschaften und vergleichbarer Kooperative, Göttingen, 1995.

Dülfer, E. **(1992 a)**, Genossenschaft, in: Mändle, E./Swoboda, W. (Hrsg.), Genossenschaftslexikon, Wiesbaden, 1992, S. 57 f.

Dülfer, E. **(1992 b)**, Internationales Management in unterschiedlichen Kulturbereichen, München/Wien, 1992.

Dülfer, E. **(1982)**, Internationalisierung der Unternehmung - gradueller oder prinzipieller Wandel?, in: Lück, W./Trommelsdorf, V. (Hrsg.), Internationalisierung der Unternehmen als Problem der Betriebswirtschaftslehre, Berlin, 1982, S. 47-71.

Dunning, J.H. **(1993)**, Multinational Enterprises and the Global Economy, Wokingham et al., 1993.

Dupuis, M./**Prime**, N. **(o.J.)**, Internationalization of Retail Formats: A Model of Analysis of Key Success/Failure Factors, unveröffentlichter Artikel, Paris, o.J.

EDEKA Zentrale AG (1997), Jahresbericht 96, Hamburg, 1997

Edward, E.M. **(1992)**, Joint Venture, in: Douglas Greenwald Encyclopedia of Economics, New York, 1992, S. 566-567.

Einkaufsvereinigung Schweizerischer Gärtnermeister und Floristen (Hrsg.) **(1996)**, ESG - 41. Geschäftsbericht der ESG-Genossenschaft 1994/95 Hägendorf, 1996.

EMD (Hrsg.) **(1997)**, Die Kooperationszentrale für den unabhängigen selbständigen privatwirtschaftlichen Handel in Europa, Bericht aus der EMD-Pressemappe, Pfäffikon, 1997.

Engelhardt, W.W. **(1989)**, Zu theoretischen Analysen genossenschaftsspezifischer Vorteile und positiver Effekte - Gruppenvorteile, Economies of Scale und Synergieeffekte bei Kooperativen und Kollektiven, in: Jokisch, J./Raettig, L./Ringle, G. (Hrsg.), Finanz-, Bank- und Kooperationsmanagement, Beiträge zur Betriebswirtschaftslehre nationaler und internationaler Unternehmungen, Frankfurt a.M., 1989, S. 139-155.

EuroHandelsinstitut e.V. (EHI) (Hrsg.) **(1997)**, Handel aktuell '97, Köln, 1997.

Falk, B./**Wolf**, J. **(1988)**, Handelsbetriebslehre, Landsberg a. Lech, 1988.

Faust, H. **(1977)**, Geschichte der Genossenschaftsbewegung, Frankfurt a.M., 1977.

Flütsch, A./**Balzli**, B. **(1997)**, Mit dem Vieri-Tram auf Einkaufstour, in: Sonntags Zeitung, 6.7.97, S. 65-67.

Friedrichs, J. **(1990)**, Methoden empirischer Sozialforschung, Opladen, 1990.

Friedrichs, J. **(1982)**, Methoden empirischer Sozialforschung, Opladen, 1982.

Frey, R./**Ledermann**, J. **(1990)**, Wie europafähig ist der Schweizer Detailhandel?, Ergebnisse einer wissenschaftlichen Studie des WWZ, in: Coop Schweiz (Hrsg.): Der schweizerische Detailhandel und die europäische Herausforderung, Referate des Symposiums vom 6. November 1990 in Basel, Basel, 1990, S. 29-53.

Gemperle, R. **(1997)**, Globalisierung der Märkte - Chance für Europa, in: Neue Zürcher Zeitung, Nr. 40, 18.2.97, S. 14.

Georg, G.E./**Diller**, H. **(1993)**, Internationalisierung als Wachstumsstrategie im Einzelhandel, in: Trommelsdorf, V. (Hrsg.), Handelsforschung 1992/93, Handel im integrierten Europa, Wiesbaden, 1993, S. 165-186.

Germann, H./**Rürup**, B./**Setzer**, M. **(1996)**, Globalisierung der Wirtschaft: Begriff, Bereiche, Indikatoren, in: Steeger, U. (Hrsg.), Globalisierung der Wirtschaft – Konsequenzen für Arbeit, Technik, Umwelt, Berlin et al., 1996, S. 18-55.

Gieskes, H. **(1997)**, Deutsche Handelsfirmen werden international, in: Neue Zürcher Zeitung, 20.8.97, Nr. 191, S. 21.

Gisler, M. **(1997)**, Migros vor der Verjüngungskur, in: Cash, Nr. 28, 11.7.97, S. 7.

Glaum, M. **(1996)**, Internationalisierung und Unternehmenserfolg, Wiesbaden, 1996.

Gobbers, A. **(1992)**, Internationalisierung genossenschaftlicher Handelsvereinigungen: eine empirische Untersuchung, Marburger Schriften zum Genossenschaftswesen, Bd. 71, Göttingen, 1992.

Götz, G. **(1981)**, Verbundbildung bei den Einkaufsgenossenschaften des Lebensmittelhandels und einzelgenossenschaftlicher Förderauftrag, Marburger Schriften zum Genossenschaftswesen, Bd. 54, Göttingen, 1981.

Green, P.E./**Tull**, D.S. **(1982)**, Methoden und Techniken der Marketingforschung, Stuttgart, 1982.

Grochla, E./**Schönbohm**, P. **(1980)**, Beschaffung in der Unternehmung, Stuttgart, 1980.

Grünig, R. **(1996)**, Das Planungskonzept - Instrument zur Gestaltung der Planung und ihrer Kontrolle, Bern, 1996.

Grünig, R. **(1995)**, Gedanken zum wissenschaftlichen Arbeiten in der BWL, Vortragsunterlagen, Fribourg, 1995.

Grünig, R. **(1993)**, Grundlagen, Techniken und Dokumente der strategischen Planung, in: Der Schweizer Treuhänder, Nr. 7-8, 1993, S. 465-472.

Grünig, R. **(1992)**, Methoden und Instrument der strategischen Planung, in: Die Unternehmung, Nr. 4, 1992, S. 267-276.

Grünig, R. **(1990)**, Verfahren zur Überprüfung und Verbesserung von Planungskonzepten, Bern/Stuttgart, 1990.

Grünig, R. **(1984)**, Verfahren zur Erarbeitung eines Grundsatzsystems für den Investitionsbereich, Bern/Stuttgart, 1984.

Grünig, R./**Heckner**, F. **(1996)**, Erarbeitung von Internationalisierungsstrategien, in: Zeitschrift Führung und Organisation, Nr. 5, 1996, S. 268-273.

Gümbel, R. **(1985)**, Handel, Markt und Ökonomik, Wiesbaden, 1985.

Gutersohn, A. **(1969)**, Die Genossenschaften des schweizerischen Gewerbes, in: Blümle, E.-B. (Hrsg.), Genossenschaftswesen in der Schweiz, Veröffentlichungen der deutschen Genossenschaftskasse, Bd. 6, Frankfurt a.M., 1969, S. 71-96.

Hahn, O. **(1990)**, Allgemeine Betriebswirtschaftslehre, München/ Wien, 1990.

Halm, R. **(1995)**, Internationalisierung schweizerischer Detailhandelsunternehmen, Dissertation, Fribourg, 1995.

Handelskammer Deutschland-Schweiz (Hrsg.) **(1991)**, Detailhandelsführer Schweiz, Zürich, 1991.

HandelsZeitung (Hrsg.) **(1997)**, Top 500 - Die grössten Unternehmen der Schweiz 1997, Sonderbeilage zur HandelsZeitung, Nr. 27, 26.6.97, S. 49-60.

Hansen, U. **(1990)**, Absatz- und Beschaffungsmarketing des Einzelhandels, Göttingen, 1990.

Hansen, U./**Algermissen**, J. **(1979)**, Handelsbetriebslehre 2, Göttingen, 1979.

Hauser, W./**Müller**, A. **(1997)**, Globi im Labor der Wettbewerbshüter, in: Cash, Nr. 35, 29.8.97, S. 7.

Hemm, H./**Diesch**, P. **(1992)**, Internationale Kooperationen und Strategische Allianzen - Ziele, Probleme und praktische Gestaltung unterschiedlicher Partnerschaft, in: Kumar, B.N./Hausmann, H. (Hrsg.), Handbuch der Internationalen Unternehmenstätigkeit, München, 1992, S. 531-547.

Hermann, R. **(1989)**, Joint Venture Management: Strategien, Strukturen, Systeme und Kulturen, Dissertation, St. Gallen, 1989.

Hill, D. **(1989)**, Alternativen für das genossenschaftliche Warengeschäft von Morgen, in: Jokisch, J./Raettig, L./Ringle, G. (Hrsg.), Finanz-, Bank- und Kooperationsmanagement, Beiträge zur Betriebswirtschaftslehre nationaler und internationaler Unternehmungen, Frankfurt a.M., 1989, S. 157-174.

Hill, W./**Attiger**, P./**Bumbacher**, U./**Ziegler**, F. **(1995)**, Dienstleistungsunternehmen im internationalen Wettbewerb, Bern et al., 1995.

Hill, W./**Attiger**, P./**Ziegler**, F. **(1994)**, Internationale Wettbewerbsfähigkeit im Dienstleistungssektor, in: WWZ News, Nr. 18, 1994, S. 11-20.

Hill, W./**Rieser**, I. **(1990)**, Marketing-Management, Bern/Stuttgart, 1990.

Hillig, A. **(1997)**, Die Kooperation als Lernarena in Prozessen fundamentalen Wandels – Ein Ansatz zum Management von Kooperationskompetenz, Bern/Stuttgart/Wien, 1997.

Hilke, W. **(1989)**, Grundprobleme und Entwicklungstendenzen des Dienstleistungs-Marketing, in: Hilke, W. (Hrsg.), Dienstleistungs-Marketing, Wiesbaden, 1989.

Hoppenstedt (1995), Verbände, Behörden, Organisationen der Wirtschaft 1995, Darmstadt, 1995.

Hug, L. **(1992)**, Die Detaillisten sind inlandlastig, in: Finanz und Wirtschaft, Nr. 50, 24.6.92, S. 32.

Hurth, J. **(1997)**, Erfolgsfaktoren im mittelständischen Einzelhandel, Saarbrücken, 1997.

Jäger, W. **(1991)**, Anpassungsfähigkeit und Fortschrittsfähigkeit der Genossenschaften, in: Institut für Genossenschaftswesen der Universität Münster (Hrsg.), Genossenschaften: Eine Chance für die Zukunft, Münster, 1991, S. 228-251.

Just, R.W. **(1997)**, Die Internationalisierung der Unternehmensbereiche Forschung und Entwicklung, Frankfurt a.M. et. al., 1997

Karmasin, F./**Karmasin**, H. **(1977)**, Einführung in Methoden und Probleme der Umfrageforschung, Graz, 1977.

Kattinger, M. **(1996)**, Viele Gewinner, nur wenige Verlierer, in: HandelsZeitung, Nr. 43, 24.9.96, S. 46.

Kaynak, E. **(1988)**, Global Retailing: Integrative Statement, in: Kaynak, E. (Hrsg.), Transnational Retailing, Berlin/New York, 1988, S. 3 ff.

Kneubühler, A. **(1997)**, Grüne Profis, in: HandelsZeitung, Nr. 25, 19.6.97, S. 27.

v. Kodolitsch-Jonas, T.-S. **(1997)**, Die Europäische Genossenschaft in identitätsorientierter Betrachtung, Göttingen, 1997.

Koppelmann, U. **(1993)**, Beschaffungsmarketing, Berlin et al., 1993.

Kreikebaum, H. **(1987)**, Strategische Unternehmensplanung, Stuttgart et al., 1987.

Kreilkamp, E. **(1987)**, Strategisches Management und Marketing, Berlin/New York, 1987.

Kromrey, H. **(1991)**, Empirische Sozialforschung, Modelle und Methoden der Datenerhebung und Datenauswertung, Opladen, 1991.

Kühn, R. **(1990)**, Globalisierung: Ein sich verstärkender Prozess?, in: Werbung /Publicité, Nr. 5, 1990, S. 20-23.

Kühn, R./**Grünig**, R. **(1991)**, Der Führungsmix – Ein Ansatz zur Diagnose von Führungsproblemen, in: Die Unternehmung, Nr. 4, 1991, S. 226-240.

Kumar, B.N./**Dolles**, H. **(1996)**, Überlegungen zur strategischen Führung und Wettbewerbsstärke japanischer Unternehmen, in: Engelhard, J. (Hrsg.), Strategische Führung internationaler Unternehmen, Wiesbaden, 1996, S. 39-68.

Kutschker, M. **(1997)**, Internationalisierung der Unternehmensentwicklung, in: Macharzina, K./Oesterle, M.-J. (Hrsg.), Handbuch Internationales Management, Wiesbaden, 1997, S. 45-67.

Kutschker, M. **(1996)**, Evolution, Episoden und Epochen: Die Führung von Internationalisierungsprozessen, in: Engelhard, J. (Hrsg.), Strategische Führung internationaler Unternehmen, Wiesbaden, 1996, S. 1-37.

Kutschker, M./**Mösslang**, A. **(1996)**, Kooperationen als Mittel der Internationalisierung von Dienstleistungsunternehmen, in: Die Betriebswirtschaft, Nr. 3, 1996, S. 319-337.

Lambertz, W. **(1996)**, Mehr Flexibilität bei Ordersystemen, in: Dynamik im Handel, Nr. 10, 1996, S. 86-88.

Lang, J./**Weidmüller**, L. (Hrsg.) **(1988)**, Genossenschaftsgesetz, Berlin/New York, 1988.

Lange, B. **(1984)**, Die Erfahrungskurve: Eine kritische Beurteilung, in: Zeitschrift für betriebswirtschaftliche Forschung, Nr. 3, 1984, S. 229-245.

Laseter, T.M./**Ramachandran**, C.V./**Leary**, T.M. **(1997)**, Global Sourcing: Another Critical Purchasing Skill, in: Strategy&Business, 3. Quarter, Nr. 8, 1997, S. 11-16.

Leber, M. **(1990)**, Warum investieren Schweizer Unternehmen im Ausland?, WF Artikeldienst, Nr. 6, Zürich, 1990, o.S.

Ledermann, J. **(1996)**, Der Schweizer Lebensmitteldetailhandel im Umbruch, Perspektiven im internationalen Wettbewerbsumfeld, WWZ-Beiträge, Bd. 23, Chur/Zürich, 1996.

Leuenberger, R. **(1997)**, Schulterschluss zwischen Industrie und Handel, in: Manager Bilanz, Nr. 1, 1997, S. 20-21.

Lingenfelder, M. **(1996)**, Die Internationalisierung im europäischen Einzelhandel, Berlin, 1996.

Longchamp, C./**Huth**, P. **(1996)**, Globalisierung: Ein Phänomen, das die Schweiz spaltet?, Dossier Forschung, Bildung, Beruf, Beilage zu: Die Volkswirtschaft, Nr. 10, 1996.

Lubritz, S. **(1995)**, Entwicklungstendenzen der Kooperation im deutschen Reifenhandel, Marketing- und Management-Transfer, April 1995, S. 16-19.

M+M Eurodata (Hrsg.) **(1995)**, TOP-Firmen 1996, Strukturen, Umsätze und Vertriebslinien des Lebensmittelhandels Food/Nonfood in Deutschland, Frankfurt a.M., 1995.

Manz, M. **(1997)**, Heiratsregeln für die Wirtschaft, in: HandelsZeitung, Nr. 25, 19.6.97, S. 12.

Marschner, H.F. **(1994)**, Der Stand der Handelsforschung in Europa (1992), Kurzfassung der Ergebnisse einer Studie des Instituts für Handel, Absatz und Marketing der Universität Innsbruck, Innsbruck, 1994.

Martin, T. **(1997)**, Konzentrationsfieber in Frankreichs Einzelhandel, in: Finanz und Wirtschaft, Nr. 68, 3.9.97, S. 32.

Maurer, R. **(1996)**, Der österreichische Einzelhandel: Die Auswirkungen der EU-Integration, in: Zentes, J./Liebermann, H.-P. (Hrsg.), GDI-Trendbuch Handel No. 1, Düsseldorf/München, 1996, S. 55-68.

Meffert, H/**Bruhn**, M. **(1995)**, Dienstleistungsmarketing - Grundlagen, Konzepte, Methoden, Wiesbaden, 1995.

Meissner, H.G. **(1995 a)**, Strategisches Internationales Management, München/Wien, 1995.

Meissner, H.G. **(1995 b)**, Eintrittsstrategien auf west- und osteuropäischen Märkten, in: Scholz, Ch./Zentes, J. (Hrsg.), Strategisches Euro-Management, Stuttgart, 1995, S. 115-133.

Meissner, H.G. **(1988)**, Strategisches internationales Marketing, Berlin et al., 1988.

Meissner, H.G./**Auerbach**, H. **(1992)**, Stärken- und Schwächenanalyse der Unternehmen bei Auslandsaktivitäten, in: Kumar, B.N./ Hausmann, H. (Hrsg.), Handbuch der Internationalen Unternehmenstätigkeit, München, 1992, S. 417-427.

Mett, U. **(1996)**, Wie sicher ist Ihre Kooperation?, in: Handelsjournal, Nr. 8, 1996, S. 24-25.

Metz, E. **(1988)**, Errichtung der Genossenschaft, in: Lang, J./ Weidmüller, L. (Hrsg.), Genossenschaftsgesetz, Berlin/New York, 1988, S. 57-260.

Meyer, W. **(1991)**, Joint Ventures: ein schwieriges Unterfangen?, Bericht über die WWZ-Fachtagung Internationale Joint Ventures vom 22.1.91, in: WWZ (Hrsg.), WWZ News, Nr. 9, 1991, Basel, 1991, S. 29-30.

Migros-Genossenschafts-Bund (Hrsg.) **(1996)**, Jahresbericht 1995, Zürich, 1996.

Mösslang, A.M. **(1995)**, Internationalisierung von Dienstleistungsunternehmen, Wiesbaden, 1995.

Müller, A. **(1997)**, Mit Bio fit für schlanke Portmonnaies, in: Cash, Nr. 2, 10.1.97, S. 5.

Müller, S./**Kormeier**, M. **(1997)**, Motive und Unternehmensziele als Einflussfaktoren der einzelwirtschaftlichen Internationalisierung, in: Macharzina, K./Oesterle, M.-J. (Hrsg.), Handbuch internationales Management, Wiesbaden, 1997, S. 71-101.

Müller-Hedrien, B.W. **(1997)**, Betriebliche Investitionswirtschaft: systematische Planung, Entscheidung und Kontrolle von Investitionen, Renningen-Malmsheim, 1997.

Mühlbacher, H. **(1982)**, Selektive Werbung, Linz, 1982.

Mugler, J. **(1994)**, Ursachen für Kooperationskrisen heute und mögliche Auswege, in: Die gewerbliche Genossenschaft, Nr. 3, 1994, S. 22-29.

Neumann, G. **(1992)**, Zukunftsaspekte genossenschaftlicher Kooperationen im Handel, in: Zentes, J. (Hrsg.), Strategische Partnerschaften im Handel, Stuttgart, 1992, S. 63-89.

Nieschlag, R. **(o.J.)**, Die bunte Welt der Kooperationen, in: Zentralverband Gewerblicher Verbundgruppen (Hrsg.), ZGV - Ein Verband stellt sich vor, Broschüre, Bonn, o.J., S. 4-5.

Norddeutscher Genossenschaftsverband (Raiffeisen-Schulze-Delitzsch) e.V. (Hrsg.) **(1997)**, Geschäftsbericht 1996, in: Genossenschaftliche Mitteilungen für Hamburg, Mecklenburg-Vorpommern und Schleswig-Holstein, Nr. 5, 1997, Kiel, 1997, S. 30-32.

Nord-West-Ring (Hrsg.) **(1997)**, Geschäftsbericht 1996, Mainhausen, 1997.

Nord-West-Ring (Hrsg.) **(1996)**, Geschäftsbericht 1995, Mainhausen, 1996.

Nord-West-Ring (Hrsg.) **(1994)**, 75 Jahre Jubiläum, Mainhausen, 1994.

Österreichischer Genossenschaftsverband (Schulze-Delitzsch) (Hrsg.) **(1997)**, Jahresbericht 1996, Wien, 1997.

Österreichischer Genossenschaftsverband (Schulze-Delitzsch) (Hrsg.) **(1996)**, Jahresbericht 1995, Wien, 1996.

Österreichischer Raiffeisenverband (Hrsg.) **(1989)**, Genossenschaftsrecht, Wien, 1989.

Olesch, G. **(1994)**, Internationalisierungsstrategien der Kooperationen des Handels, in: Thexis, Nr. 4, 1994, S. 16-20.

Ohmae, K. **(1993)**, The Global Logic of Strategic Alliances, in: Bleeke, J./Ernst, D. (Hrsg.), Collaborating to Compete, New York et al., 1993, S. 35-54.

Ohmae, K. **(1990)**, The Borderless World, London, 1990.

Otto, G.C. **(1992)**, Einzelhandelsgenossenschaften, in: Mändle, E./ Winter, H.-W. (Hrsg.), Handwörterbuch des Genossenschaftswesens, Wiesbaden, 1992.

o.V. (1998 a), Wachstum im Bank- und im Sportgeschäft – Nord-West-Ring: Logistik-Konzept an Herstellern gescheitert, in: Frankfurter Allgemeine Zeitung, Nr. 129, 6.6.98, S. 18.

o.V. (1998 b), Nürnberger Bund bei Kaufring, in: Frankfurter Allgemeine Zeitung, Nr. 265, 14.11.98, S. 19.

o.V. (1997 a), Hartes Brot für den Schweizer Detailhandel, Erhöhter Margendruck und Verdrängungswettbewerb, in: Neue Zürcher Zeitung, Nr. 22, 28.1.97, S. 29.

o.V. (1997 b), Umsatzeinbussen des deutschen Einzelhandels - Schwaches Geschäft seit fünf Jahren, in: Neue Zürcher Zeitung, Nr. 38, 15./16.2.97, S. 23.

o.V. (1997 c), Rewe-Gruppe weiterhin auf Expansionskurs, in: Neue Zürcher Zeitung, Nr. 36, 13.2.97, S. 23.

o.V. (1997 d), Edeka hält die Position, in: Neue Zürcher Zeitung, Nr. 66, 20.3.97, S. 28.

o.V. (1997 e), Promodès im Kampf um Ralley gescheitert, in: Neue Zürcher Zeitung, Nr. 273, 24.11.97, S. 17.

o.V. (1996 a), Tante-Emma-Läden sterben langsam aus, in: Frankfurter Allgemeine Zeitung, Nr. 275, 25.11.96, S. 13.

o.V. (1996 b), Mit Eigenmarken will Bäko-West das Grosshandelsgeschäft steigern, in: Frankfurter Allgemeine Zeitung, Nr. 245, 21.10.96, S. 25.

o.V. (1996 c), Was ist Globalisierung?, Eine Tagung der Studiengesellschaft für Mittelstandsfragen, in: Neue Zürcher Zeitung, Nr. 231, 4.10.96, S. 23.

o.V. (1995), Intersport, in: HandelsZeitung, Nr. 39, 28.9.95, S. 31.

o.V. (1994), Handelskonzern bleibt auf Wachstumskurs, in: Handelsblatt, Nr. 34, 17.2.94, S. 21.

o.V. (1993a), Auf der Suche nach Partnern in Europa, in: Handelsblatt, Nr. 119, 24.6.93, S. 21.

o.V. (1993b), Monopolkommission denkt über neues Gutachten nach, in: Handelsblatt, Nr. 14, 21.1.93, S. 19.

o.V. (1992), Gruppe „Ware und Dienstleistung" - Leistungspräsentation im Grazer Congress, in: Die gewerbliche Genossenschaft, Nr. 4, August 1992, S. 15-18.

o.V. (o.J.), Marktanteile der Verbundgruppen, in: Zentralverband Gewerblicher Verbundgruppen (Hrsg.), ZGV - Ein Verband stellt sich vor, Broschüre, Bonn, o.J., S. 6.

Pausenberger, E. **(1994)**, Alternative Internationalisierungsstrategien, in: Pausenberger, E. (Hrsg.), Internationalisierung von Unternehmungen, Stuttgart, 1994, S. 1-30.

Pausenberger, E. **(1982)**, Die finanzielle Führung ausländischer Tochtergesellschaften, in: Lück, W./Trommelsdorf, V. (Hrsg.), Internationalisierung der Unternehmen als Problem der Betriebswirtschaftslehre, Berlin, 1982.

Pellinghausen, W. **(1997)**, Paroli bieten, in: Wirtschaftswoche, Nr. 15, 3.4.97, S. 50-52.

Peters, T./**Waterman**, R. **(1984)**, Auf der Suche nach Spitzenleistungen, Landsberg a. Lech, 1984.

Pichler, J.H./**Pleitner**, H.J./**Schmidt**, K.-H. **(1996)**, Management in KMU, Bern/Stuttgart/Wien, 1996.

Porter, M.E. **(1986)**, Wettbewerbsvorteile, Frankfurt, 1986.

Porter, M.E. **(1985)**, Competitive Advantage, New York/London, 1985.

Porter, M.E. **(1980)**, Techniques for Analyzing Industries and Competitors, New York/London, 1980.

Porter, M.E./**Fuller**, M.B. **(1989)**, Coalitions and Global Strategy, in: Porter, M.E. (Hrsg.), Competition in Global Industries, Boston/Mass., 1989, S. 315-344.

Publicus (1996), Publicus 1996/97- Schweizer Jahrbuch des öffentlichen Lebens, Basel, 1996.

Purtschert, R. **(1990)**, Zur Ökonomisierung der genossenschaftlich organisierten Wirtschaft, in: Laurinkari, J. (Hrsg.), Genossenschaftswesen, München/Wien, 1990, S. 264-275.

Rapp, S. **(1995)**, Die Internationalisierung von Einzelhandelsunternehmen nach Ostmitteleuropa, Dissertation, Fribourg, 1995.

Reischl, H. **(1994)**, Die Internationalisierung der REWE-Gruppe, in: Thexis, Nr. 4, 1994, S. 9-12.

Rexrodt, G. **(1995)**, Politik und Handel: mit Mut und Tatkraft ins nächste Jahrtausend, in: Zentralverband Gewerblicher Verbundgruppen (Hrsg.), Die Verbundgruppen des Handels und Handwerks im politischen Dialog, ZGV-Schriftenreihe, Bd. 3, Bonn, 1995, S. 21-30.

REWE-Zentral AG (1997) Geschäftsbericht 1996, Köln, 1997.

Richenberger, H. **(1997)**, Für neue globale Perspektiven, in: Neue Zürcher Zeitung, Nr. 165, 19./20.7.97, S. 17.

Rietmann, M. **(1997 a)**, Erster grosser Fall, in: HandelsZeitung, Nr. 34, 21.8.97, S. 3.

Rietmann, M. **(1997 b)**, Auf Metro folgt Intercontessa, in: HandelsZeitung, Nr. 44, 30.10.97, S. 1.

Rietmann, M. **(1998)**, Metro und Coop neu auf den Plätzen 2 und 3, in: HandelsZeitung, Nr. 39, 23.9.9, S. 42.

Ringle, G. **(1995)**, Genossenschaftliche Einkaufsvereinigungen des Nahrungsmittel-Handels, in: Zeitschrift für das gesamte Genossenschaftswesen, Nr. 3, 1995, S. 162-180.

Ringle, G. **(1975)**, Aspekte der Verschmelzung von Genossenschaften, in: Zeitschrift für Betriebswirtschaft, Nr. 5, 1975, S. 333-344.

Rinze, J. **(1996)**, Die Europäische wirtschaftliche Interessenvereinigung (EWIV) im Unternehmensverbund, Marburger Schriften zum Genossenschaftswesen, Bd. 83, Göttingen, 1996.

Risak, J. **(1982)**, Die Internationalisierung der Unternehmung - Ein Instrument zur Erlangung und Gestaltung der Fortschrittsfähigkeit, in: Lück, W./Trommelsdorf, V. (Hrsg.), Internationalisierung der Unternehmen als Problem der Betriebswirtschaftslehre, Berlin, 1982.

Rosmanith, U./**Scharrer**, J./**Vogel**, M. **(1998)**, Am Start, in: Der Handel, Nr. 8, 1998, S. 16-22.

Rotering, J. **(1993)**, Zwischenbetriebliche Kooperation als alternative Organisationsform, Stuttgart, 1993.

Rubitschung, S.A. **(1997)**, Franchising - ein anderes Vertriebssystem, in: Neue Zürcher Zeitung, Nr. 204, 4.9.97, S. B 17.

Rüedi, W.(1996), Zunahme ohne Ende, in: HandelsZeitung, Nr. 43, 24.10.96, S. 40.

Ruppe, H.G. **(1970)**, Das Genossenschaftswesen in Österreich, Veröffentlichungen der deutschen Genossenschaftskasse, Bd. 7, Frankfurt a.M., 1970.

Sampson, G.P./**Snape**, R.H. **(1985)**, Identifying the Issues in Trade in Services, in: The World Economy, 8. Jg., 1985, S. 171-181.

Sauer, K. **(1982)**, Das Einkaufs-Entscheidungsverhalten im genossenschaftlichen Lebensmitteleinzelhandel, - Eine empirische Untersuchung, Marburger Schriften zum Genossenschaftswesen, Bd. 57, Göttingen, 1982.

Schäfer, E./**Knoblich**, H. **(1978)**, Grundlagen der Marktforschung, Stuttgart, 1978.

Schäper, C. **(1997)**, Entstehung und Erfolg zwischenbetrieblicher Kooperation, Wiesbaden, 1997.

Schaffland, H.-J. **(1988)**, Auflösung und Nichtigkeit der Genossenschaft, in: Lang, J./Weidmüller, L. (Hrsg.), Genossenschaftsgesetz, Berlin/New York, 1988, S. 938-1053.

Schalla, G. **(1991)**, Wertschöpfungspotentiale in der Logistik – Das Beispiel Markant, in: Zentes, J. (Hrsg.), Moderne Distributionskonzepte in der Konsumgüterwirtschaft, Stuttgart, 1991, S. 63-75.

Schanz, K.-U. **(1995)**, Internationale Unternehmensstrategien in der neuen WTO-Welthandelsordnung, St. Gallen, 1995.

Schmocker, A. **(1996)**, „Sportfachhandel Schweiz AG" entsteht, in: Finanz und Wirtschaft, Nr. 65, 21.8.96, S. 19.

Schnell, R./**Hill**, P.B./**Esser**, E. **(1989)**, Methoden der empirischen Sozialforschung, München/Wien, 1989.

Schnyder, S. **(1997)**, Von der Rohstoffassoziation zur Fullservice-Genossenschaft, in: Zeitschrift für das gesamte Genossenschaftswesen, Nr. 1, 1997, S. 4-19.

Scholl, R. **(1989)**, Internationalisierungsstrategien, in: Macharzina, K./Welge, M.K. (Hrsg.), Handwörterbuch Export und Internationale Unternehmung, Stuttgart, 1989, Sp. 983-1001.

Schöne, R. **(1997)**, Migros übernimmt die Mehrheit an Globus, in: Neue Zürcher Zeitung, Nr. 153, 5./6.7.97, S. 23.

Schuler, M. **(1992)**, Einkaufsvereinigungen, nichtgenossenschaftliche, in: Mändle, E./Swoboda, W. (Hrsg.), Genossenschaftslexikon, Wiesbaden, 1992, S. 164.

Schwarz, G. **(1996)**, Paukenschlag im EU-Einzelhandel, in: Neue Zürcher Zeitung, Nr. 165, 18.7.96, S. 25.

Schwarz, P. **(1979)**, Morphologie von Kooperationen und Verbänden, Tübingen, 1979.

Schweiz. Verkaufsförderungs-Forum (Hrsg.) **(1997)**, Detailhandel Schweiz 97, Rüschlikon/Hergiswil, 1997.

Schweiz. Verkaufsförderungs-Forum (Hrsg.) **(1996)**, Schweiz. Detailhandel und Grosskonsumenten 96, Hergiswil, 1996.

Seidel, M. **(1996)**, Fusionsmanagement in Genossenschaften, Stuttgart, 1996.

Serna, A. **(1997)**, Kooperation zwischen Iberia, BA und AA - Minderheitsbeteiligung vorgesehen, in: Neue Zürcher Zeitung, Nr. 165, 19./20.7.97, S. 21.

Seydoux, R. **(1992)**, Schweizer Detailhandel, Vier Antworten auf die europäische Herausforderung, CS Investment Research, Zürich, 1992.

Seÿffert, R. **(1972)**, Wirtschaftslehre des Handels, Opladen, 1972.

Sheth, J.N./**Rajendra**, S. **(1998)**, The changing face of retailing, in: Financial Times, 26.10.98, Sonderbeilage „Mastering Marketing", S. 2-3.

Siebermann, N. **(1997a)**, Der Schweizer Detailhandel baut die Hemmschwellen ab, in: Finanz und Wirtschaft, Nr. 46, 14.6.97, S. 21.

Siebermann, N. **(1997b)**, Detailhandelswerte nur in Ausnahmefällen reizvoll, Enttäuschendes Jahr für den Handel - Keine Trendwende in Sicht - Schwächephasen für Käufe nutzen, in: Finanz und Wirtschaft, Nr. 12, 12.2.97, S. 21.

Siebermann, N. **(1996)**, Das „Spar"-Konzept ist im Vormarsch, in: Finanz und Wirtschaft, Nr. 87, 6.11.96, S. 20.

Sigrist, D. **(1997)**, Übernahmephantasie für deutsche Detailhandelsaktien, in: Finanz und Wirtschaft, Nr. 46, 14.6.97, S. 33.

Skaupy, A. **(1987)**, Franchising, Handbuch für die Betriebs- und Rechtspraxis, München, 1987.

Sport 2000 (Hrsg.) **(1995)**, Geschäftsbericht 1994, Mainhausen, 1995.

Staudt, E. **et al. (1992)**, Kooperationshandbuch - Ein Leitfaden für die Unternehmenspraxis, Stuttgart, 1992.

Stauss, B., **(1994)**, Markteintrittsstrategien im internationalen Dienstleistungsmarketing, in: Thexis, Nr. 3, 1994, S. 10-16.

Steeger, U. **(1996)**, Einleitende Zusammenfassung: Globalisierung verstehen und gestalten, in: Steeger, U. (Hrsg.), Globalisierung der Wirtschaft – Konsequenzen für Arbeit, Technik, Umwelt, Berlin et al., 1996, S. 3-17.

Steinmann, H./**Schreyögg**, G. **(1991)**, Management - Grundlagen der Unternehmensführung, Wiesbaden, 1991.

Strobel, B./**Olesch**, G. **(1996)**, Zur Lage und Entwicklung der Verbundgruppen, in: Der Verbund, Nr. 2, 1996, S. 10-14.

Sutter, S. **(1996)**, Strategische Allianzen - alleine geht's nicht mehr!, in: Bulletin SKA, Nr. 7/8, 1996, S. 30-31.

Taggart, J.H./**McDermott**, M.C. **(1993)**, The Essence of International Business, New York et al., 1993.

Taoka; G.M./**Beeman**, D.R. **(1991)**, International Business, New York, 1991.

Thommen, J.-P. **(1992)**, Betriebswirtschaftslehre, Bd. 2: Materialwirtschaft, Produktion, Finanzierung, Investition, Zürich, 1992.

Tietz, B. **(1995)**, Europäisierung des Einzelhandels, in: Scholz, Ch./ Zentes, J. (Hrsg.), Strategisches Euro-Management, Stuttgart, 1995, S. 87-113.

Tietz, B. **(1994)**, Detailhandelsperspektiven für die Schweiz bis zum Jahre 2010, Zürich, 1994.

Tietz, B. **(1993 a)**, Der Handelsbetrieb: Grundlagen für die Unternehmenspolitik, München, 1993.

Tietz, B. **(1993 b)**, Zukunftsstrategien für Handelsunternehmen, Frankfurt a.M., 1993.

Tietz, B. **(1991)**, Die Internationalisierungsstrategien im europäischen Einzelhandel, in: Thexis, Nr. 3, 1991, S. 4-9.

Tietz, B. **(1990)**, Euro-Marketing, Unternehmensstrategien für den Binnenmarkt, Landsberg a. Lech, 1990.

Tietz, B./**Zentes**, J. **(1993)**, Ost-Marketing, Erfolgspotentiale osteuropäischer Konsumgütermärkte, Düsseldorf/Wien/New York, 1993.

Tordjmann, A. **(1988)**, Die Internationalisierung des Handels, in gdi-impuls, Nr. 4, 1988, S. 15-25.

van den Toorn, W./**Friedmann**, T. **(1992)**, Europäisierung der Verbundgruppen im Handel – das Beispiel Expert International, in: Zentes, J. (Hrsg.), Strategische Partnerschaften im Handel, Stuttgart, 1992, S. 237-255.

Voss, H. **(1989)**, Internationale Wettbewerbsstrategien, Beiträge zur Unternehmensführung, Bd. 1, Bayreuth, 1989.

Walldorf, G.E. **(1992)**, Joint Venture, in: Dr. Gablers Wirtschaftslexikon, Wiesbaden, 1992, S. 1748-1749.

Walldorf, G.E. **(1989)**, Auslandsmarketing, Theorie und Praxis des Auslandsgeschäfts, Wiesbaden, 1987.

Weder, R. **(1991)**, Internationale Joint Ventures, WWZ-Studien Nr. 30, Basel, 1991.

Weder, R. **(1990)**, Internationale Unternehmenskooperation: Stabilitätsbedingungen von Joint Ventures, in: Aussenwirtschaft, Heft II, 1990, S. 267-291.

Weder, R. **(1989 a)**, Joint Venture, Grüsch, 1989.

Weder, R. **(1989 b)**, Internationalisierung von Schweizer Unternehmungen: Joint Ventures und andere Formen der Zusammenarbeit als strategische Option, Discussion Paper Nr. 8904 des WWZ, Basel, 1989.

Weiss, C.A. **(1996)**, Die Wahl internationaler Markteintrittsstrategien, Eine transaktionskostenorientierte Analyse, Wiesbaden, 1996.

Weissel, E. **(1986)**, Die wirtschaftspolitische Bedeutung der Genossenschaften in Österreich, in: Patera, M. (Hrsg.), Handbuch des österreichischen Genossenschaftswesens, Wien, 1986, S. 257-437.

Welfens, P.J.J. **(1990)**, Internationalisierung von Wirtschaft und Wirtschaftspolitik - Eine Analyse der Dynamik und Gestaltbarkeit von Wirtschaft und Politik in einer sich wandelnden Weltwirtschaft, Berlin et al., 1990.

Welford, R./**Prescott**, K. **(1996)**, European Business – An Issue-Based Approach, London et al., 1996.

Welge, M.K. **(1989)**, Internationale Desinvestitionen, in: Jokisch, J./Raettig, L./Ringle, G. (Hrsg.), Finanz-, Bank- und Kooperationsmanagement, Beiträge zur Betriebswirtschaftslehre nationaler und internationaler Unternehmungen, Frankfurt a.M., 1989, S. 103-116.

Wellenbeck, M.T. **(1995)**, Leistungen einer Einkaufsgenossenschaft dargestellt am Beispiel der Nord-West-Ring eG, Mainhausen, 1995.

Wildhaber, C. **(1994)**, Klarheit im Franchiseverhältnis, in: Der Organisator, Nr. 6, 1994, S. 40-42.

Wöhe, G. **(1990)**, Einführung in die Allgemeine Betriebswirtschaftslehre, München, 1990.

Wölfle, A. **(1996)**, Genossenschaftliche GmbH und genossenschaftliche KG, Berliner Schriften zum Genossenschaftswesen, Bd. 8, Göttingen, 1996.

Wyss, T. **(1998)**, Frankreichs Hypermarchés sind auf Einkaufstour, Finanz und Wirtschaft, Nr. 4, 17.1.98, S. 32.

Yoshino, M.Y./**Rangan**, U.S. **(1995)**, Strategic Alliances, Boston, 1995.

Zach, C. **(1992)**, Der ausländische Handel kommt nach Deutschland - langsam, aber vollständig, in: Handelsblatt, Nr. 95, 18.5.92, S. 20.

Zeilberger, U. **(1986)**, Kooperation im Export, Wien, 1986.

Zentes, J. **(1995)**, Wettbewerbsstrategien auf europäischen Märkten, in: Scholz, Ch./Zentes, J. (Hrsg.), Strategisches Euro-Management, Stuttgart, 1995, S. 3-30.

Zentes, J. **(1993)**, Europäisierungsstrategien des Lebensmittelhandels, in: WiSt, Nr. 11, 1993, S. 564-568.

Zentes, J. **(1992)**, Euro-Logistik des Handels, in: BFuP, Nr. 3, 1992, S. 215-226.

Zentes, J./**Anderer**, M. **(1994)**, Handels-Monitoring 1/94: Mit Customer Service aus der Krise, in: GDI-Handels-Trendletter 1/94, Rüschlikon/Zürich, 1994. S. 1-29.

Zentes, J./**Swoboda**, B. **(1997)**, Grundbegriffe des internationalen Managements, Stuttgart, 1997.

Zentralverband Gewerblicher Verbundgruppen (Hrsg.) **(o.J.)**, Bericht 1994/95, Bonn, o.J.

Ziegler, F. **(1994)**, Internationale Wettbewerbsfähigkeit in der Wirtschaftsprüfungsbranche: eine weltweite empirische Analyse, WWZ-Forschungsbericht 3/94, Basel, 1994.

Zinser, R./**Roth**, A. **(1994)**, Vermeidbare Fehler bei der Internationalisierung, in: Pausenberger, E. (Hrsg.), Internationalisierung von Unternehmungen, Stuttgart, 1994, S. 135-156.

zur Nedden, C. **(1994)**, Internationalisierung und Organisation, Wiesbaden, 1994.

Peter Lang · Europäischer Verlag der Wissenschaften

Richard Balling

Kooperation

Strategische Allianzen, Netzwerke, Joint Ventures und andere Organisationsformen zwischenbetrieblicher Zusammenarbeit in Theorie und Praxis

Frankfurt/M., Berlin, Bern, New York, Paris, Wien, 2., durchges. Aufl. 1998. 206 S.
Europäische Hochschulschriften: Reihe 5, Volks- und Betriebswirtschaft. Bd. 2099
ISBN 3-631-33438-9 · br. DM 65.–*

Aufgrund einer Vielzahl von Wirkungsgrößen ist in den zurückliegenden Jahren eine wachsende Bedeutung der zwischenbetrieblichen Kooperation zu beobachten. Das Fehlen einer „Theorie der Kooperation" macht die Darstellung verschiedener Ansätze zur Erklärung der Kooperation nötig. In dieser Arbeit werden deshalb Ziele und Antriebsmomente zwischenbetrieblicher Zusammenarbeit zusammengeführt und miteinander verknüpft. Mit Hilfe eines Wirkungsmodells der Kooperation werden Voraussetzungen und Erfolgsfaktoren bei der Umsetzung von Kooperationen beschrieben. Eine Zusammenstellung von Erfolgsfaktoren verdichtet die in der wissenschaftlichen Literatur als wichtig identifizierten Einflußgrößen. Die Erörterung von Konflikt und Problemen von Kooperationen zeigt die Schattenseiten der zwischenbetrieblichen Zusammenarbeit. Zwanzig Kriterien zur Beschreibung von Kooperationen werden vorgestellt und erläutert. Die wahrgenommene Effektivität aus der Sicht der Beteiligten wird neben einer Reihe anderer Größen zur Erfolgsbeurteilung von Kooperationen dargestellt. Die Betrachtung der Kooperation aus der Perspektive des Wettbewerbs und der rechtlichen Rahmenbedingungen machen deutlich, daß die gebotenen Möglichkeiten von den Wirtschaftsakteuren derzeit bei weitem nicht genutzt werden. Im abschließenden Kapitel werden verschiedene Elemente einer eklektischen Theorie der Kooperation zusammengeführt, die einen Erklärungsbeitrag zur Entstehung, zum Wesen der Kooperation sowie zu den Antriebsmomenten und Wirkungsmechanismen leisten können.

Aus dem Inhalt: Definition und Erläuterung des Kooperationsbegriffes · Bedeutung der Kooperation in der Wirtschaftspraxis · Systematisierung von Kooperationen · Theoretische Ansätze zur Erklärung des Kooperationsphänomens · Ziele und Antriebsmomente von Kooperationen · Voraussetzungen, Erfolgsfaktoren und Probleme von Kooperationen · Kenngrößen zur Beschreibung und Analyse von Kooperationen · Kooperation aus der Perspektive von Wettbewerbspolitik und rechtlichen Rahmenbedingungen · Elemente einer eklektischen Theorie von Kooperation

Frankfurt/M · Berlin · Bern · New York · Paris · Wien
Auslieferung: Verlag Peter Lang AG
Jupiterstr. 15, CH-3000 Bern 15
Telefax (004131) 9402131
*inklusive Mehrwertsteuer
Preisänderungen vorbehalten